Thomas Schirmer / Andreas Hein

Word 2010 für Späteinsteiger

Thomas Schirmer
Andreas Hein

Word 2010

für Späteinsteiger

Mit 205 Abbildungen

FRANZIS
COMPUTERBUCH

Bibliografische Information der Deutschen Bibliothek

Die Deutsche Bibliothek verzeichnet diese Publikation in der Deutschen Nationalbibliografie;
detaillierte Daten sind im Internet über http://dnb.ddb.de abrufbar.

Lektorat: Markus Bauer
Satz: DTP-Satz A. Kugge, München
art & design: www.ideehoch2.de
Druck: Bercker, 47623 Kevelaer
Printed in Germany

Inhaltsverzeichnis

Kapitel 1
Einstieg und Erstkontakt

Mit einem PC oder Notebook ist das Schreiben und Gestalten von Briefen, Aushängen oder längeren Texten nicht nur kein Problem, sondern fast schon ein Vergnügen. Anders als früher mit der Schreibmaschine können Sie das, was Sie bereits geschrieben haben, immer wieder überarbeiten, verändern und anders gestalten – wie oft haben Sie sich das schon gewünscht? Sie können auch Teile eines bereits fertigen Textes in einen anderen Text übernehmen. Und wenn Sie in Ihre Texte auch Fotos und Grafiken oder Tabellen und Diagramme einfügen möchten, ist dies mit dem Computer im Handumdrehen erledigt.

Damit all dies möglich ist, muss auf Ihrem Computer ein Textverarbeitungsprogramm installiert sein. Dies ist bei Ihrem PC der Fall, und das Textverarbeitungsprogramm heißt *Word* – oder *Microsoft Word 2010*, um ganz genau zu sein.

Word 2010 ist eine gute Wahl, denn es handelt sich dabei um die neueste und beste Version des populärsten Textverarbeitungsprogramms, das momentan erhältlich ist. Allerdings ist die Bezeichnung „Textverarbeitungsprogramm" eine schamlose Untertreibung, da Sie mit Word wesentlich mehr machen können, als nur Texte zu schreiben, zu überarbeiten oder Fotos einzufügen. Word hat sich zu einem Programm entwickelt, mit dem sich Seiten wie aus einer Illustrierten oder komplette Bücher schreiben, gestalten und produzieren lassen. Mit Word können Sie eine Hochzeits- oder Vereinszeitung verfassen, Schriften mit Schatten oder Farbverläufen versehen, Fotos und Grafiken an beliebigen Stellen Ihres Textes platzieren und vieles mehr. Auch

Aushänge und Einladungskarten gestalten Sie mit Word im Handumdrehen.

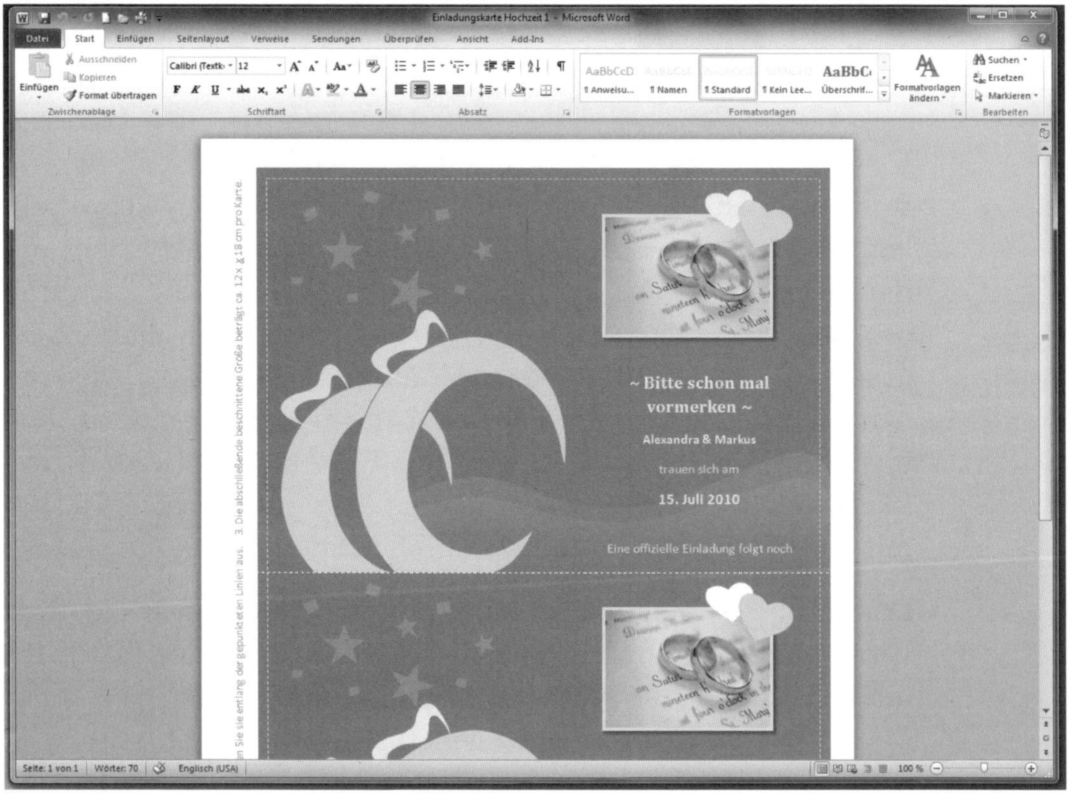

Abb. 1.1 Mit Word können Sie nicht nur Texte schreiben, sondern zum Beispiel auch Einladungskarten gestalten.

Word 2010 ist nämlich trotz aller Funktionsvielfalt sehr einfach zu handhaben, da Ihnen die wichtigsten Funktionen für alltägliche Aufgaben mit ein paar Mausklicks zur Verfügung stehen. Besonders praktisch: Word kümmert sich auch um die Rechtschreibung – sogar nicht nur um die neue, sondern auch noch um die alte Rechtschreibung! – und ein wenig sogar um die Grammatik und die richtige Wortwahl (Thesaurus). Peinliche Tippfehler oder dauerndes Korrekturlesen sind weitgehend passé.

Außerdem gibt es für schnelle Ergebnisse die vielen Vorlagen, die Word Ihnen etwa für Briefe, Kalender, Berichte und andere Standarddokumente anbietet.

Bei komplizierten Aufgaben unterstützt Word Sie zusätzlich mit speziellen Assistenten, die Sie zum Beispiel bei der Anfertigung eines Serienbriefs begleiten.

Bevor Sie allerdings solche komplexen Aufgaben mit Word erledigen können, müssen Sie sich in das Programm einarbeiten. Wichtig ist, dass Sie dabei ganz praktisch vorgehen und gleich Ihren ersten Text schreiben – dann lernen Sie's am besten. Machen Sie sich dabei auch gleich mit der Programmoberfläche von Word vertraut. Schreiben Sie Ihre ersten Texte und achten Sie darauf, wie Word auf Ihre Eingaben reagiert. Dieses Kapitel liefert Ihnen alle Informationen und Erläuterungen für Ihren Erstkontakt mit Word.

1.1 So sieht er aus: Der Word-Bildschirm im Überblick

Ist Word 2010 auf Ihrem Computer installiert – und davon gehen wir aus –, können Sie sich unverzüglich auf Entdeckungsreise begeben und Ihre ersten Texte tippen. Um mit Word arbeiten zu können, müssen Sie es – wie jedes andere Computerprogramm auch – erst einmal aufrufen. Word ist normalerweise Hauptbestandteil des Programmpakets Microsoft Office, das in mehreren unterschiedlichen Versionen erhältlich ist.

So rufen Sie Word auf

Bei einem Windows-PC – je nach Windows-Version XP, Vista oder Windows 7 – können Sie alle installierten Programme entweder über die eckige *Start*-Schaltfläche oder den runden *Start*-Knopf links unten auf dem Bildschirm starten. Um Word aufzurufen, klicken Sie also mit der Maus auf die *Start*-Schaltfläche oder den *Start*-Knopf. Das Startmenü öffnet sich. Führen Sie nun den Mauszeiger, ohne eine Maustaste zu drücken, auf den Eintrag *Alle Programme* (s. Abb. 1.3, links) Nach wenigen Augenblicken öffnet sich ein weiteres Menü, das Ihnen alle Programme und Programmordner zeigt, die auf Ihrem Computer vorhanden sind.

Linke und rechte Maustaste

Ihre Maus ist mit einer linken und einer rechten Maustaste ausgestattet (s. Abb. 1.2). Schaltflächen und Auswahlmenüs klicken Sie immer mit der linken Maustaste an. Mit der rechten Maustaste lassen Sie bei Word und allen anderen Windows-Programmen ein sogenanntes Kontextmenü erscheinen, das Ihnen eine Auswahl passender Befehle zeigt. Solange nicht ausdrücklich auf die rechte Maustaste hingewiesen wird, ist immer die linke Maustaste gemeint.

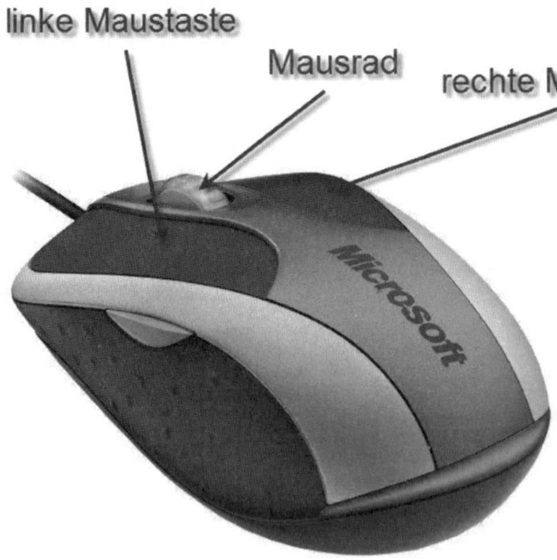

Abb. 1.2 Mit der linken Maustaste klicken Sie Schaltflächen und Menüs an, mit der rechten Maustaste rufen Sie ein Kontextmenü auf.

Klicken Sie mit der linken Maustaste auf den Eintrag *Microsoft Office*. Das Auswahlmenü öffnet sich und zeigt Ihnen die einzelnen Programme Ihres Office-Programmpakets an. Klicken Sie auf den Menüeintrag *Microsoft Word 2010* (s. Abb. 1.3, rechts). Der Aufruf erfolgt also zunächst über die Stationen *Start / Alle Programme / Microsoft Office / Microsoft Word 2010*.

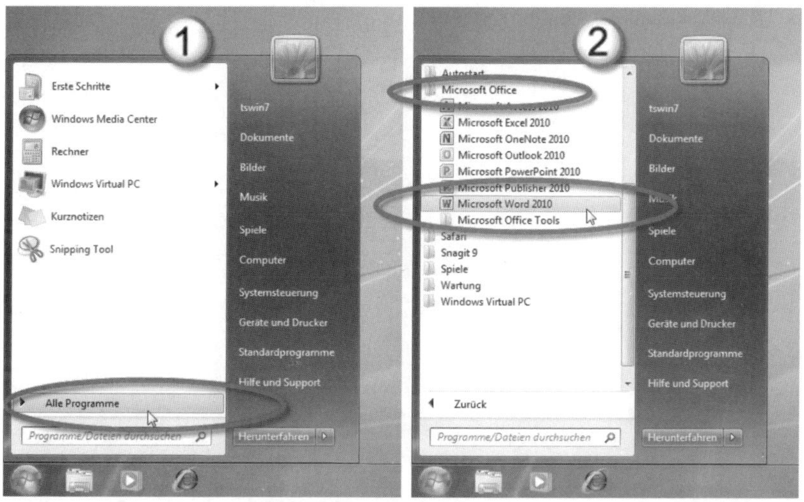

Abb. 1.3 Beim ersten Aufruf starten Sie Word über das Startmenü (1) und den Startmenüordner *Microsoft Office* (2).

Word startet und zeigt Ihnen das Word-Programmfenster mit einem leeren Dokument in Form einer leeren Seite, in die Sie nun Ihren ersten Text eingeben können.

Schnellaufruf nach mehrmaliger Benutzung

Windows macht Ihnen das Aufrufen von Word ein wenig einfacher. Es listet Ihnen nämlich die Programme, die Sie mehrmals aufgerufen haben, automatisch im Anfangsfenster des Startmenüs auf. Um Word von dort zu starten, öffnen Sie das Startmenü mit einem Klick auf die *Start*-Schaltfläche oder den *Start*-Knopf und klicken dann auf den Word-Eintrag in der Liste der häufig verwendeten Programme (s. Abb. 1.4).

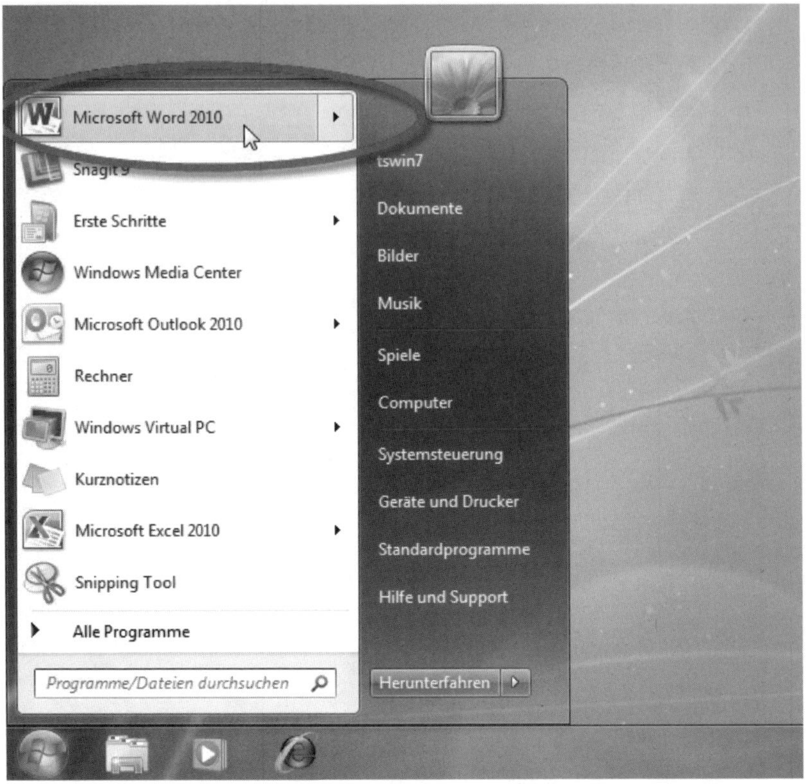

Abb. 1.4 Der *Word*-Eintrag erscheint automatisch im Startmenü, nachdem Sie Word ein paarmal aufgerufen haben.

Word-Symbol an die Taskleiste anheften

Noch schneller und einfacher können Sie Word 2010 aufrufen, wenn Sie das Word-Symbol an die Taskleiste „anheften“, was allerdings nur bei Windows 7 möglich ist. Wenn Sie Word 2010 aufrufen, erscheint nämlich nicht nur das Programmfenster von Word, sondern in der Taskleiste von Windows 7 automatisch auch noch das Word-Symbol. Wenn Sie das Word-Symbol mit der rechten (!) Maustaste anklicken, öffnet sich ein Kontextmenü, das Ihnen unter anderem den Menüeintrag *Dieses Programm an Taskleiste anheften* anbietet. Mit einem Klick auf diesen Eintrag (s. Abb. 1.5) weisen Sie Windows 7 an, das Symbol immer in der Taskleiste anzuzeigen – auch dann, wenn Sie Word beendet haben. Mit einem Klick auf das Word-Symbol in der Taskleiste können Sie Word nun jederzeit ohne Umwege über das Startmenü aufrufen.

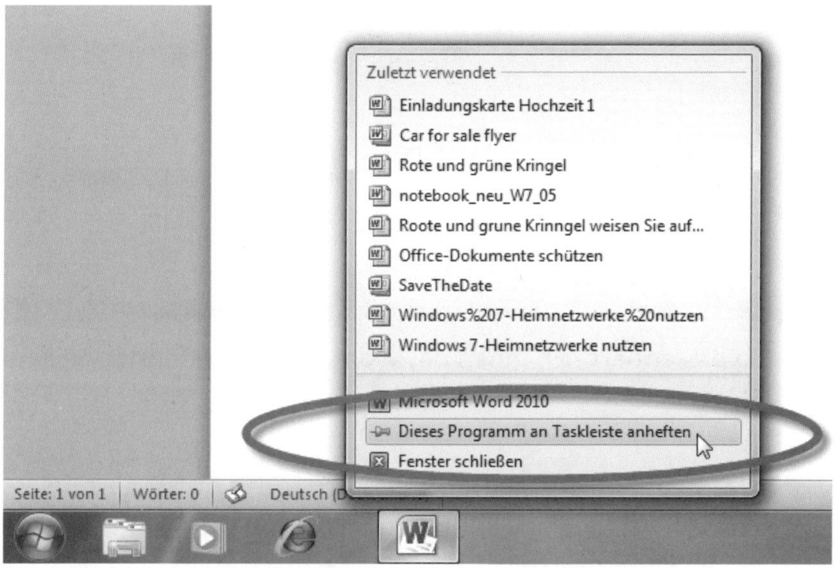

Abb. 1.5 So heften Sie das Word-Symbol an die Taskleiste an.

Das Word-Programmfester

Wie alle Computerprogramme, die auf einem Windows-Computer laufen, besitzt auch Word ein eigenes Programmfenster. Da alle Programmfenster über gleiche bzw. ähnliche Bedienelemente verfügen, werden Sie wahrscheinlich keine Probleme haben, sich im Word-Fenster zurechtzufinden (s. Abb. 1.6).

Abb. 1.6 So präsentiert sich Ihnen das Word-Programmfenster beim ersten Aufruf als Vollbild.

Das Programmfenster von Word kann entweder als verkleinertes Fenster oder als Vollbild erscheinen. Als Vollbild füllt das Fenster den gesamten Bildschirm aus – Sie bekommen dann nur noch das Programmfenster und die Taskleiste von Windows angezeigt (s. auch Abb. 1.6). Wenn Sie Texte eingeben und/oder bearbeiten möchten, ist dies die beste Einstellung, weil Word dann so groß wie möglich dargestellt wird. Ein verkleinertes Programmfenster gibt hingegen den Blick auf andere Windows-Programme und/oder den Windows-Hintergrund frei und kann im Gegensatz zum Vollbild verschoben und in der Größe verändert werden.

Die notwendigen Schaltflächen zur Größenänderung finden Sie in der Titelleiste. Dort steht außerdem der Name Ihres Textes. Für Word handelt es sich jetzt um ein Dokument. Solange Sie einem Text keinen Namen gegeben haben, nennt Word ihn einfach *Dokument1*, *Dokument2* usw.

Standardbedienelemente im Überblick

Wenn Sie gleich mit dem ersten Text loslegen, machen Sie sich nach und nach mit den einzelnen Bedienelementen Ihres Word-Programmfensters vertraut. Der technisch klingende Fachbegriff „Bedienelement" bezeichnet die unterschiedlichen Möglichkeiten, einem Programm mitzuteilen, was es für Sie tun soll. Diese Bedienelemente sind weitestgehend standardisiert, sehen immer gleich aus und lassen sich immer auf die gleiche Weise benutzen. Sie müssen sich also nur einmal einarbeiten.

Ihr Word 2010-Programmfenster enthält folgende wichtige Bedienelemente: Ganz oben die Titelleiste mit den Fensterschaltflächen (links), dem Dokumentnamen (mittig) und der Schnellzugriffsleiste (rechts); eine vertikale Bildlaufleiste am rechten und eventuell eine horizontale Bildlaufleiste am unteren Rand des Programmfensters. Ebenfalls am unteren Rand angesiedelt ist die Statuszeile, die unter anderem die aktuelle Seitenangabe („Seite 1 von 1"), die Ansichtsschaltflächen und einen Zoomregler enthält. Was diese Bedienelemente bewirken, können Sie gleich ausprobieren.

Das ist aber noch nicht alles. Es fehlt noch das wichtigste Bedienelement Ihres Word 2010-Programms – das Menüband mit seinem *Datei*-Menü und seinen Registerkarten. Statt der vielen Menüs und Symbolleisten, die bei anderen Windows-Programmen eingesetzt werden, gibt es bei Word 2010 nur noch das Menüband, das Ihnen immer genau die Funktionen und Einstellungsmöglichkeiten zeigt, die Sie gerade benötigen.

Wo sich diese einzelnen Elemente befinden, zeigt Ihnen die folgende Abbildung.

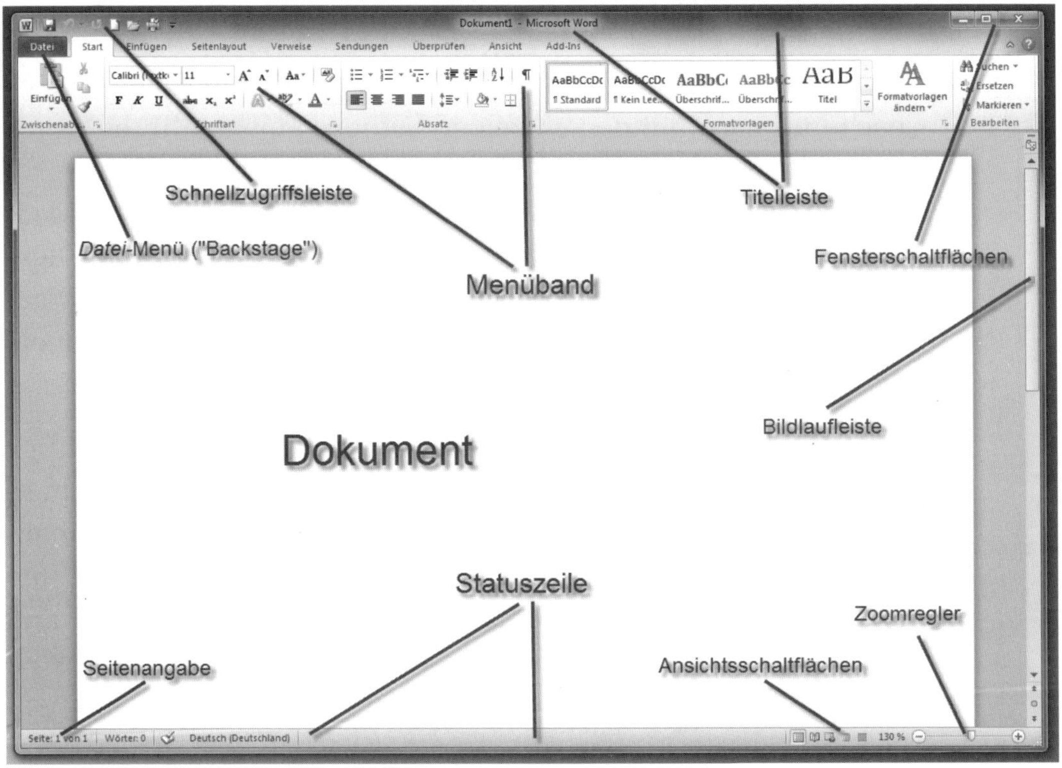

Abb. 1.7 Die wichtigsten Bedienelemente Ihres Word-Programmfensters im Überblick

Das Menüband im Detail

Wenn Sie bereits Erfahrung mit anderen Windows-Programmen haben, kennen Sie Menüleisten und Symbolleisten. Das Menüband in den Microsoft Office-Programmen Word, Excel, PowerPoint, Publisher und Outlook vereint diese beiden Elemente in einem (in Office 2007 hieß es übrigens noch „Multifunktionsleiste"). Die wichtigste Eigenschaft ist aber, dass es automatisch, fast „intelligent", Schaltflächen für die jeweils sinnvollen Funktionen in den entsprechenden Registerkarten bereitstellt. Je nachdem, was Sie gerade auf Ihrem Arbeitsblatt machen, sehen die Registerkarten anders aus.

Gruppen und Registerkarten

Grundsätzlich hilft Ihnen das Menüband dabei, schnell die Funktionen und Befehle zu finden, die Sie für die Erledigung ganz bestimmter Aufgaben benötigen.

Die Befehle und Funktionen sind im Menüband als Symbole oder Auswahllisten dargestellt und in Gruppen zusammengefasst, die auf thematisch unterschiedlichen Registerkarten angeordnet sind (s. Abb. 1.8).

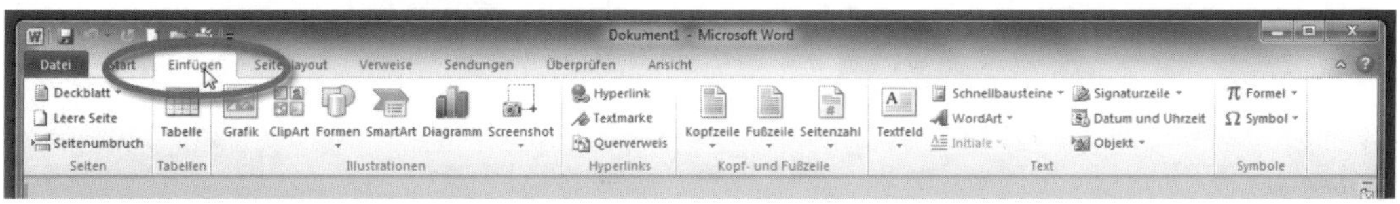

Abb. 1.8 Das Menüband enthält Registerkarten mit Symbolen und Auswahllisten für verschiedene Aufgabenbereiche.

Wie bei einem Karteikasten liegen im Menüband mehrere Registerkarten hintereinander. Sie bekommen immer nur die Gruppen und Symbole der Registerkarte angezeigt, die sich gerade im Vordergrund befindet. Mit einem Klick auf den Karteireiter einer anderen Registerkarte holen Sie diese in den Vordergrund.

Registerkarten mit dem Mausrad wechseln

Wenn Ihre Maus nicht nur mit einer rechten und linken Maustaste, sondern auch noch mit einem Mausrad (s. Abb. 1.2) ausgestattet ist, können Sie noch komfortabler zwischen den Registerkarten wechseln. Wenn Sie den Mauszeiger auf das Menüband ziehen und dann das Mausrad bewegen, öffnen Sie eine Registerkarte nach der anderen. Bewegen Sie das Mausrad nach vorn, blättern Sie vor, bewegen Sie das Mausrad nach hinten, blättern Sie zurück. Auf diese Weise können Sie auf eine Registerkarte wechseln, ohne den Mauszeiger auf den kleinen und schwer zu treffenden Karteireiter führen und klicken zu müssen.

Gleich nach dem Aufruf zeigt Ihnen Word 2010 im Menüband die insgesamt sieben Standardregisterkarten *Start, Einfügen, Seitenlayout, Verweise, Sendungen, Überprüfen* und *Ansicht*. Wenn Sie Ihre Texte schreiben und Schriftstücke gestalten, kommen – je nachdem, was Sie gerade machen – noch weitere Registerkarten hinzu. Klicken Sie in Ihrem Word-Dokument etwa auf eine Tabelle oder ein Foto, erscheinen automatisch zusätzliche Registerkarten mit den wichtigsten Tabellen- und Grafikfunktionen.

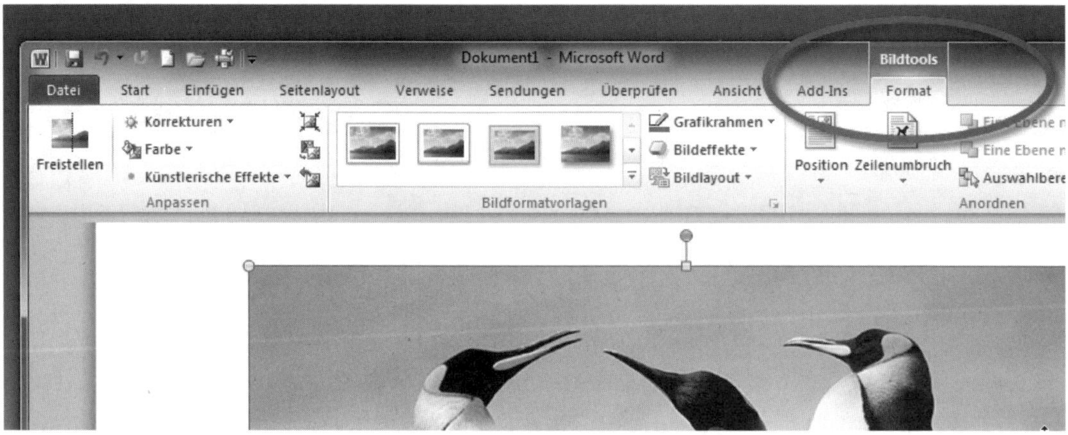

Abb. 1.9 Klicken Sie auf ein Foto, erscheint automatisch eine zusätzliche Registerkarte mit Bildwerkzeugen („Bildtools“).

Word stellt sich selbst vor

An den Bezeichnungen der Registerkarte und den Symbolen der einzelnen Schaltflächen lässt sich – manchmal mit ein wenig Fantasie – bereits erkennen, welche Funktionen und Befehle auf den unterschiedlichen Registerkarten zu finden sind. Doch Fantasie ist eigentlich gar nicht notwendig, da sich die Schaltflächen und Symbole auch selbst vorstellen. Wenn Sie den Mauszeiger kurze Zeit auf einem Symbol oder einer Auswahlliste ruhen lassen, wird der Eintrag farbig gekennzeichnet und es erscheint ein kleines Fenster mit einer Funktionserläuterung – die sogenannte Schnellinformation oder englisch „QuickInfo“.

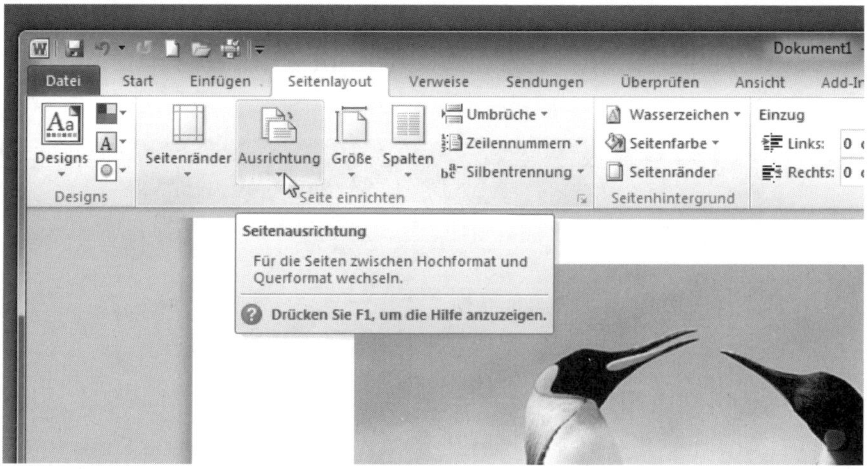

Abb. 1.10 Die Schnellinformation erscheint wenige Augenblicke, nachdem Sie den Mauszeiger auf einen Eintrag geführt haben.

QuickInfos gibt es bei Word und anderen Programmen nicht nur bei den Symbolschaltflächen, sondern auch bei vielen anderen Elementen und Einträgen. Wenn Sie wissen möchten, welche Funktion ein bestimmtes Element oder ein bestimmter Eintrag hat, führen Sie einfach den Mauszeiger darauf und warten einen kleinen Moment. Meist erscheint dann ein kleines QuickInfo-Fenster mit einem Funktionshinweis.

Mauszeiger ruhen lassen und nicht klicken

Wichtig ist, dass Sie den Mauszeiger tatsächlich nur auf einen Registerkarteneintrag führen, ihn dort einen kurzen Moment ruhen lassen und nicht klicken. Mit einem Klick aktivieren Sie das Bedienelement und rufen die betreffende Funktion auf.

Dreiecke und Auswahlfenster

Die Registerkarten des Menübands zeigen Ihnen zwei unterschiedliche Arten von Symbolschaltflächen – Symbolschaltflächen mit und ohne Dreieck. Wenn Sie genau hinschauen, erkennen Sie, dass einige Schaltflächen nicht nur mit einem Symbol oder einer Vorschaudarstellung, sondern zusätzlich mit einem kleinen Dreieck gekennzeichnet sind, das nach unten weist.

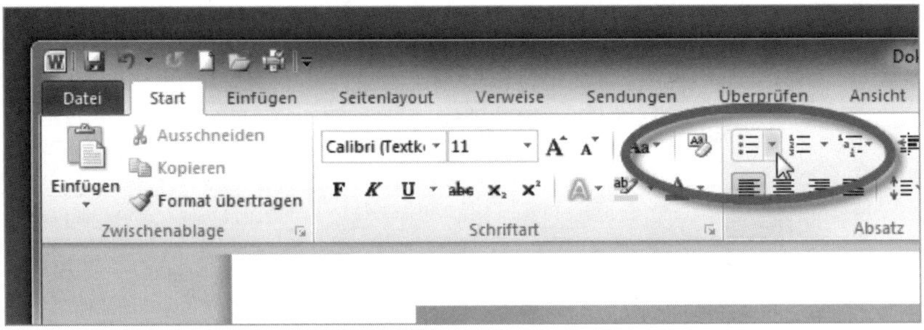

Abb. 1.11 Auf den Registerkarten des Menübands sind viele Elemente mit einem kleinen Dreieck gekennzeichnet.

Das nach unten weisende Dreieck zeigt Ihnen an, dass die dazugehörige Funktion nicht sofort ausgeführt wird, wenn Sie mit der Maus auf die Symbolschaltfläche klicken, sondern dass zunächst eine Ausklappliste erscheint. Dabei kann es sich um eine lange Liste von Einträgen oder um ein Fenster mit Vorschauansichten handeln, in der oder dem Sie dann mit einem weiteren Klick Ihre Wahl treffen.

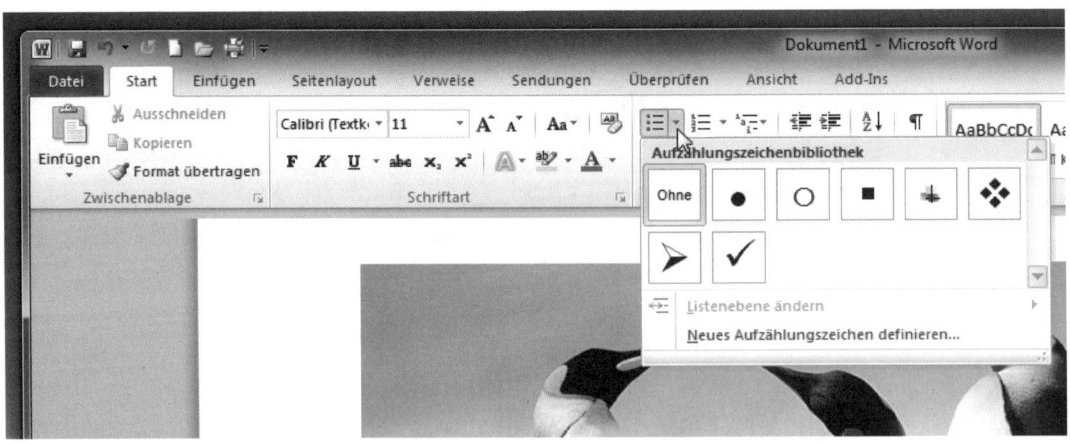

Abb. 1.12 Ein Klick auf eine Symbolschaltfläche mit Dreieck öffnet immer eine Auswahlliste oder ein Auswahlfenster.

Diagonalpfeil und Dialogfelder

Außer den Symbolschaltflächen und Auswahllisten entdecken Sie auf den Registerkarten des Menübands noch ein weiteres Bedienelement: Bei vielen Gruppenbezeichnungen ist rechts daneben eine kleine Schaltfläche mit einem kleinen Pfeil zu erkennen, der nach rechts unten weist. Diese Diagonal-Pfeilschaltfläche zeigt Ihnen an, dass es zu dieser Gruppe ein Dialogfenster gibt, das noch viel mehr Auswahlmöglichkeiten und Funktionen enthält. Diese Dialogfenster heißen bei Word 2010 Dialogfelder.

Die Schnellinformation ist auch bei den Diagonalpfeil-Schaltflächen aktiv. Wenn Sie also wissen möchten, welches Dialogfeld Sie mit einem Klick auf die betreffende Diagonalpfeil-Schaltfläche aufrufen, lassen Sie den Mauszeiger einfach ein wenig auf der Schaltfläche ruhen. Nach wenigen Augenblicken erscheint dann das Fenster der Schnellinformation, das Sie über den Inhalt und sogar über das Aussehen des Dialogfelds in Kenntnis setzt.

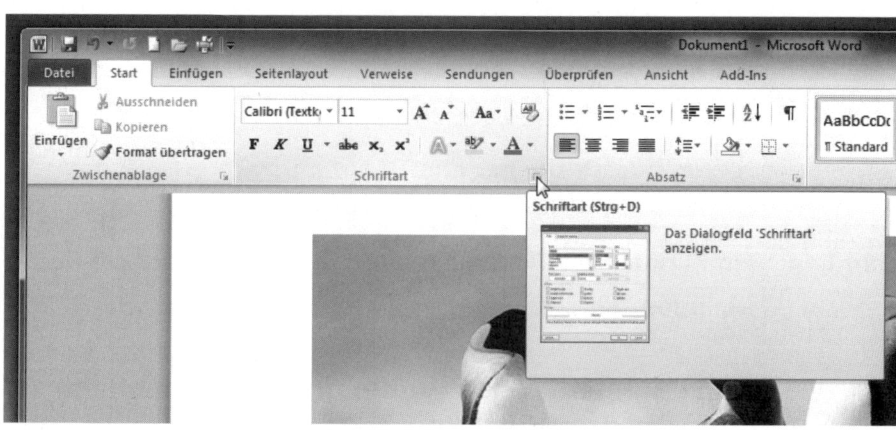

Abb. 1.13 Die Schnellinformation gibt Ihnen einen kurzen Hinweis auf das Dialogfeld, das Sie über die Schaltfläche aufrufen können.

Wenn Sie dann auf die Diagonalpfeil-Schaltfläche klicken, öffnet sich ein Dialogfenster mit vielen zusätzlichen Einstellungs- und Auswahlmöglichkeiten. Die Funktionen und Optionen, die

Ihnen dort zur Verfügung stehen, beziehen sich immer auf den Themenbereich der jeweiligen Gruppe.

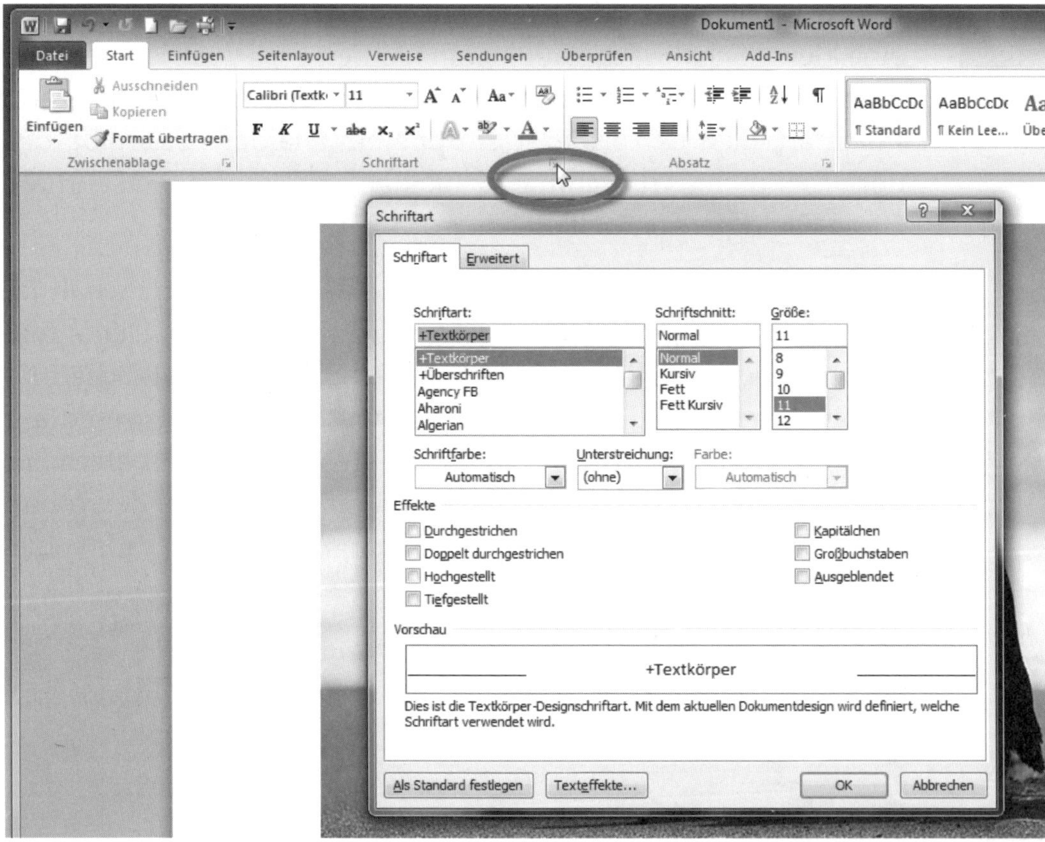

Abb. 1.14 Ein Klick auf die Diagonalpfeil-Schaltfläche öffnet das dazugehörige Dialogfenster.

Anpassungen, Fenstergröße und Gruppeninhalte

Das Menüband und die Schnellzugriffsleiste von Word 2010 lassen sich individuell anpassen. So ist es möglich, die Belegung der einzelnen Registerkarten zu ändern, neue Gruppen zu definieren, Registerkarten umzubenennen und vieles mehr. Wie das geht, lesen Sie im folgenden Kapitel.

Aber auch wenn Sie angesichts der Vielfalt der Symbole in Versuchung kommen, das Menüband zunächst einmal etwas aufzuräumen, raten wir für den Einstieg dringend davon ab, hier etwas zu ändern. Denn die Beschreibungen in diesem Buch wie auch in der Hilfefunktion von Word und in anderen Informationsquellen wie dem Internet gehen von der Standardbelegung aus. Wenn Sie diese ändern, sind Sie in Problemsituationen ganz auf sich gestellt und wissen schlimmstenfalls nicht mehr weiter.

Falls Sie aber doch etwas experimentieren wollen, können wir Ihnen hier verraten, dass sich individuelle Anpassungen auch wieder in den Ausgangszustand zurücksetzen lassen. Unser Tipp: Warten Sie noch etwas mit individuellen Anpassungen. Wenn Sie sich später im Programm auskennen, können Sie leichter entscheiden, welche Funktionen Sie im Menüband nicht benötigen.

Noch etwas hat Einfluss auf das Erscheinungsbild des Menübands: Normalerweise nimmt dieses ja die gesamte Bildschirmbreite ein, wenn Sie sich das Word-Programmfenster in maximaler Größe als Vollbild anzeigen lassen. Verkleinern Sie das Programmfenster, wird das Menüband nicht einfach vorn oder hinten abgeschnitten, sondern insgesamt so gestaucht, dass in jeder Gruppe Symbole und Auswahllisten verschwinden oder weiter zusammengefasst werden.

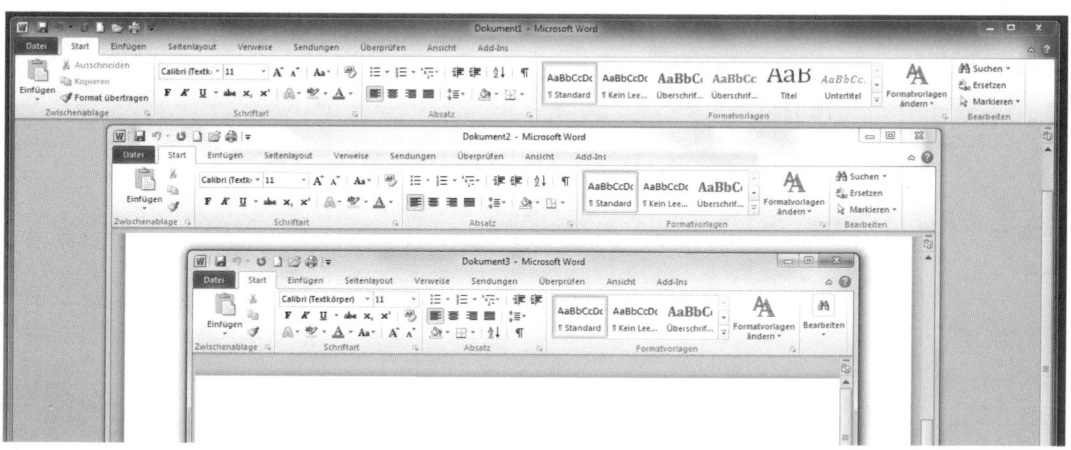

Abb. 1.15 Die Belegung des Menübands ist abhängig von der Größe des Programmfensters.

Das Datei-Menü („Backstage")

Ganz neu in Word 2010 ist die Backstage-Ansicht („backstage" heißt auf deutsch etwa „hinter den Kulissen"), die Sie über die Registerkarte *Datei* öffnen. Hier verwalten Sie Ihre Word-Dokumente mit grundlegenden Datei-Operationen wie Öffnen, Speichern oder Schließen. Außerdem finden Sie hier Druckfunktionen und die Programm-Optionen, also die Word-Grundeinstellungen.

Wenn Sie das *Datei*-Menü mit einem Klick auf den Karteireiter *Datei* öffnen, zeigt Word mehrere Menüeinträge. Einige Einträge sind mit Symbolen gekennzeichnet, andere nicht. Klicken Sie auf einen Eintrag mit Symbol, öffnet sich ein separates Dialogfenster. Klicken Sie auf einen Eintrag ohne Symbol, füllt sich das komplette Word-Programmfenster mit den dazugehörigen Einstellungsmöglichkeiten und Auswahloptionen.

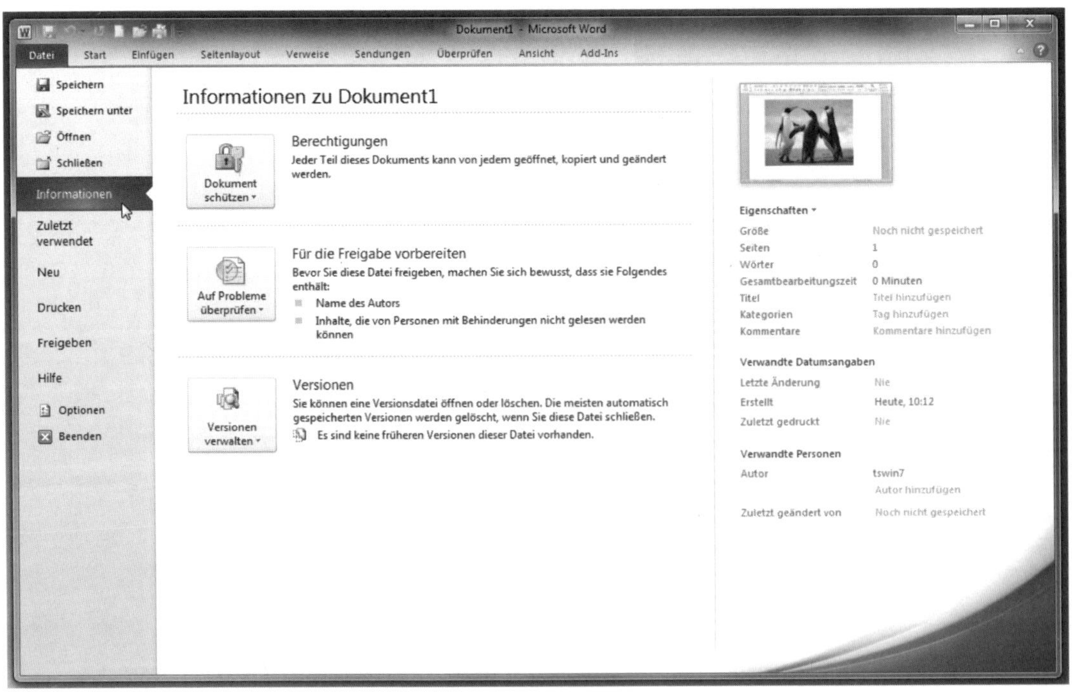

Abb. 1.16 Die Backstage-Ansicht füllt das komplette Word-Programmfenster.

Gleiches Datei-Menü in allen Office-Programmen
Das *Datei*-Menü und die neue Backstage-Ansicht gibt es nicht nur bei Word 2010, sondern bei allen „großen" Programmen des Microsoft Office-Programmpakets – also auch bei Excel, PowerPoint und Publisher.

Die Symbolleiste für den Schnellzugriff

Ein weiteres wichtiges Bedienelement von Word 2010 ist die Symbolleiste für den Schnellzugriff ganz links in der Titelleiste direkt über den Menüband-Karteireitern *Datei, Start* und *Einfügen*.

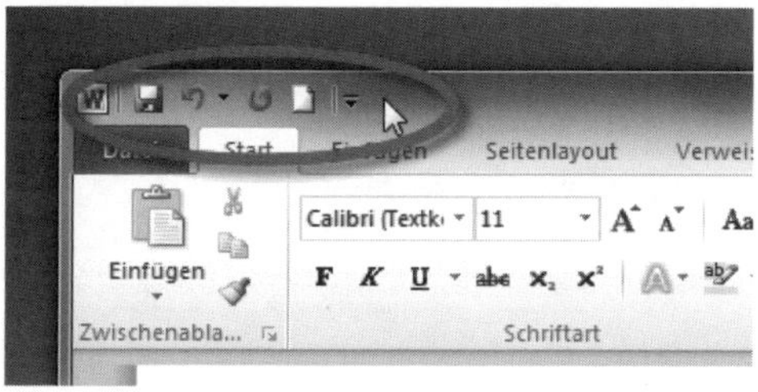

Abb. 1.17 Die Schnellzugriffsleiste ist Teil der Titelleiste des Word-Programmfensters.

Das Wortungetüm „Symbolleiste für den Schnellzugriff" weist eindeutig auf den Sinn und Zweck dieser kleinen Leiste hin. Hier finden Sie Symbolschaltflächen, über die Sie bestimmte Funktionen und Befehle schnell aufrufen können. Wenn Sie sich die Schnellzugriffsleiste – wie wir sie fortan verkürzt nennen werden – anschauen, stellen Sie allerdings fest, dass sich dort gerade einmal vier Symbolschaltflächen befinden. Weil jeder Anwender mit der Zeit einen eigenen Arbeitsstil entwickelt, lässt sich die Schnellzugriffsleiste aber erweitern und individuell anpassen – dazu mehr im nächsten Kapitel.

Arbeitsbereich und Einfügemarke

Was jetzt in der Vorstellung des Programmfensters von Word 2010 noch fehlt, sind zwei Elemente, die nicht zur Bedienung gehören – der Arbeitsbereich, in dem Sie Ihre Inhalte eingeben, und die Einfügemarke, die Ihnen zeigt, an welcher Position in Ihrem Arbeitsbereich Buchstaben, Grafiken, Tabellen und andere Einfügeobjekte erscheinen.

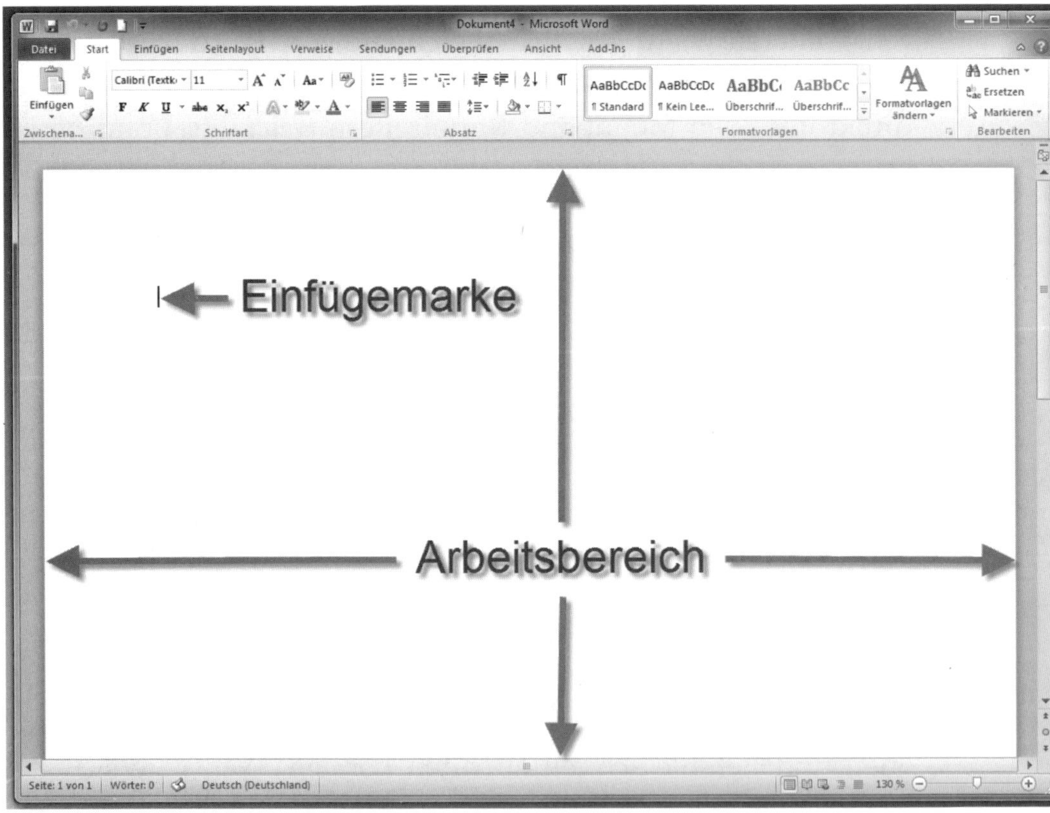

Abb. 1.18 Den Arbeitsbereich von Word können Sie sich am besten als eine Art elektronisches Blatt Papier vorstellen.

Der Arbeitsbereich befindet sich unterhalb des Menübands und ist Ihr elektronisches Blatt Papier im Hochformat. Die Einfügemarke ist der vertikale Strich, der etwa im Sekundentakt ein- und ausgeblendet wird. Dort, wo die Einfügemarke blinkt, erscheinen die Buchstaben, die Sie auf Ihrer Tastatur eintippen, oder das digitale Foto, das Sie mit ein paar Mausklicks in Ihr Word-Dokument einfügen.

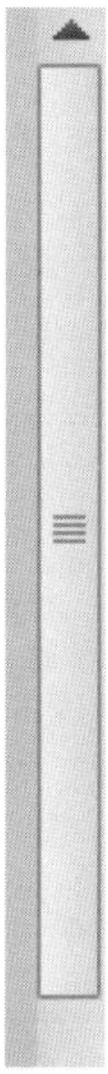

Bildlaufleiste

Da Word Ihnen Ihr elektronisches Blatt normalerweise im Hochformat anzeigt, Ihr Bildschirm aber Querformat hat, sehen Sie immer nur einen Teil Ihres Dokuments. Mithilfe der Bildlaufleiste, die sich am rechten Rand Ihres Programmfensters befindet, können Sie Ihr elektronisches Blatt Papier nach oben oder unten schieben oder bei mehrseitigen Dokumenten nach oben oder unten blättern. Sie führen dazu den Mauszeiger auf den Schieberegler der Bildlaufleiste, drücken die linke Maustaste, halten sie gedrückt und ziehen den Regler mit gedrückter Maustaste nach unten oder oben (s. Abb. 1.19).

Bei einem mehrseitigen Dokument können Sie den Anzeigeausschnitt mit einem Klick auf die Dreieckschaltflächen der Seitennavigation, die sich im unteren Bereich der Bildlaufleiste befindet (s. Abb. 1.19), seitenweise nach oben oder unten bewegen. Klicken Sie auf die Schaltfläche mit den beiden nach oben weisenden Dreiecken, blättert Word eine Seite vor, klicken Sie auf die Schaltfläche mit den beiden nach unten weisenden Dreiecken, blättert Word eine Seite zurück.

Unter Umständen zeigt Ihnen Word noch eine zweite Bildlaufleiste am unteren Rand des Programmfensters an. Das ist immer dann der Fall, wenn Ihr Dokument breiter ist als das Programmfenster. Diese „horizontale Bildlaufleiste" lässt sich genauso bedienen wie die stets sichtbare vertikale Bildlaufleiste.

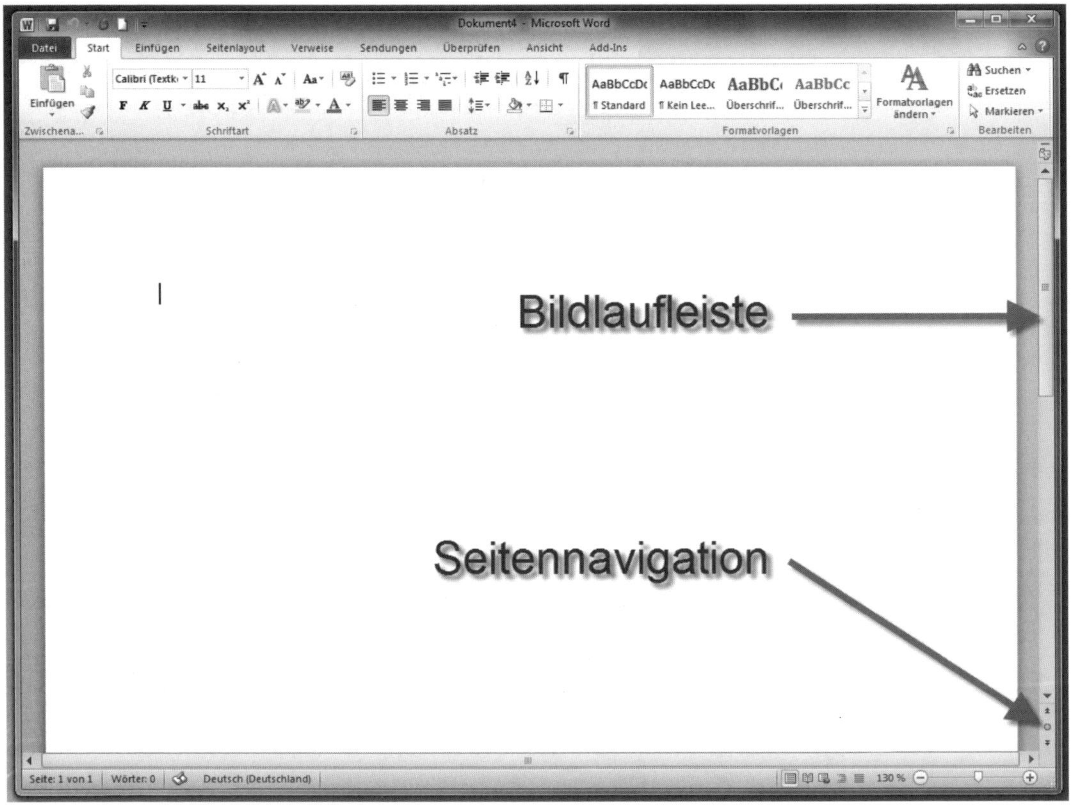

Abb. 1.19 Mit der Bildlaufleiste und den Schaltflächen der Seitennavigation können Sie Ihr elektronisches Blatt bewegen.

Mausrad statt Bildlaufleiste

Noch schneller als mit der Bildlaufleiste können Sie Ihr Word-Dokument direkt mit der Maus bewegen. Dazu muss Ihre Maus mit einem Mausrad ausgestattet sein. Ist dies der Fall, können Sie Ihr Dokument durch Drehen des Mausrads nach oben oder unten bewegen. Voraussetzung ist, dass sich der Mauszeiger im Arbeitsbereich Ihres Word-Programmfensters befindet.

Word mit der Tastatur steuern

Manche Computernutzer ziehen die Tastatur der Maus vor, wenn es um die Programmsteuerung geht. Auch Word können Sie mit der Tastatur steuern, indem Sie zum Beispiel Menüs und Funktionen mit bestimmten Tastenkombinationen (gleichzeitig gedrückte Tasten) oder Tastenfolgen öffnen. Einige ganz wichtige Tastenkombinationen stellen wir später vor, andere sehen Sie z. B. in den Schnellinformationen.

Tastenbezeichnungen im Überblick

Da im Folgenden immer wieder von bestimmten Tasten Ihrer Tastatur die Rede sein wird, ist es an der Zeit, Ihnen kurz die wichtigsten Tastenbezeichnungen vorzustellen. Die meisten werden Sie bereits kennen, aber sicher ist sicher.

Der Einfachheit und der besseren Übersicht wegen haben wir die Tastenbezeichnungen in der folgenden Grafik zusammengefasst.

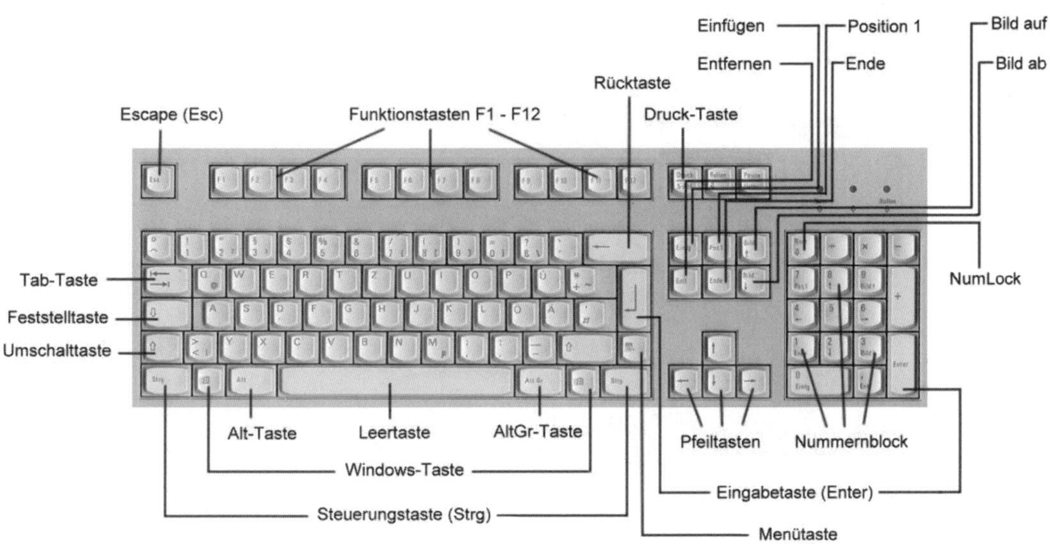

Abb. 1.20 Tastenbezeichnungen einer Windows-Standardtastatur

1.2 Gleich mal ausprobieren: Das erste Word-Dokument

Ohne große Vorrede und Vorbereitung beginnen Sie sofort mit Ihrem ersten Word-Dokument. Ganz nebenbei werden Sie sich dabei auch mit den Grundzügen der Texteingabe und Textformatierung vertraut machen und Ihre Tastatur ein wenig genauer kennenlernen.

Fangen Sie einfach an und geben Sie einen etwas längeren Text mit mehreren Absätzen ein, damit Sie genügend Material für die folgenden kleinen Übungen haben. Schreiben Sie daher bitte den folgenden Beispieltext ab – im konkreten Fall hat das nämlich auch den Vorteil, dass Sie sich demnächst nach getaner Arbeit bei einer Tasse Tee mit selbstgebackenem englischem Teegebäck stärken können.

Abb. 1.21 Lohn Ihrer Mühen könnten frische Scones sein.

Rufen Sie also – falls dies nicht längst geschehen ist – Word auf (*Start / Alle Programme / Microsoft Office / Microsoft Word 2010*) und geben Sie in Ihr leeres Word-Dokument den Beispieltext ein, der auf der nächsten Seite abgedruckt ist.

Wie Sie bei der Eingabe bemerken werden, enthält der Text einige kleine Hürden, die Sie aber sehr leicht nehmen können, wenn Sie sich mit Ihrer Tastatur vertraut gemacht haben und einige Hinweise beachten, die Sie in den folgenden Abschnitten finden.

Achtung: Word reagiert auf Ihre Eingaben!

Ein Phänomen, das Sie beim Eintippen des Beispieltextes nicht verunsichern sollte, ist, dass Word auf Ihre Eingaben reagiert. Wörter werden automatisch getrennt oder rot oder grün unterkringelt, und vielleicht korrigiert Word einige Ihrer Tippfehler sogar automatisch. Außerdem wird die im Beispieltext verwendete E-Mail-Adresse in Ihrem Word-Dokument auf einmal blau und unterstrichen dargestellt. Warum das so ist und was dort passiert, erfahren Sie in den folgenden Abschnitten.

Scones

Scones werden zum klassischen englischen „Five o'clock Tea", dem Fünfuhr-Tee, gereicht. Von der Form her erinnern Scones an kleine Brötchen, und genau wie Brötchen werden auch Scones normalerweise nicht trocken, sondern mit Butter und Marmelade oder – noch besser – mit Schmand oder Crème Fraîche und Marmelade verzehrt. Der klassische Aufstrich ist Clotted Cream mit Erdbeermarmelade. Clotted Cream, eine Art Rahmsahne, ist allerdings hierzulande nur zu horrenden Preisen zu bekommen – 170 Gramm kosten immerhin 5,90 € (www.esszimmer-hamburg.de, E-Mail: info@esszimmer-hamburg.de).

Rezepte für Scones gibt es in Massen. Aufwand und Ergebnis sind bei folgendem Rezept optimal:

Zutaten

500 Gramm Mehl, 5 Esslöffel Zucker, 125 Gramm Butter, 2 Eier, 1 Päckchen Trockenhefe, 125 ml Milch, 1 Prise Salz, Rosinen nach Vorliebe, Backpapier.

Zubereitung

In einer großen Teigschüssel Mehl, Zucker, Hefe, Salz und Butter in Flocken vermischen. Mit den Eiern, der angewärmten Milch und Rosinen zu einem glatten Teig verkneten und 30 Minuten ruhen lassen.

Teig etwa zwei Zentimeter dick auswalzen und mit einem Plätzchenausstecher oder einem Glas von etwa zehn Zentimetern Durchmesser ausstechen. Auf ein eingefettetes Backblech oder Backpapier legen, leicht mit Milch bestreichen und im vorgeheizten Backofen bei 180 Grad etwa 15 Minuten backen.

Servieren Sie die fertigen Scones warm mit selbstgemachter Clotted Cream, Schmand oder Crème Fraîche und Erdbeermarmelade zum Tee.

Texteingabe: Allgemeine Hinweise

Der Text, den Sie auf Ihrer Tastatur eintippen, erscheint in Ihrem Word-Dokument immer an der Stelle, an der sich die Einfügemarke gerade befindet. Die Einfügemarke ist ein kleiner vertikaler Strich (|), der etwa im Sekundentakt blinkt.

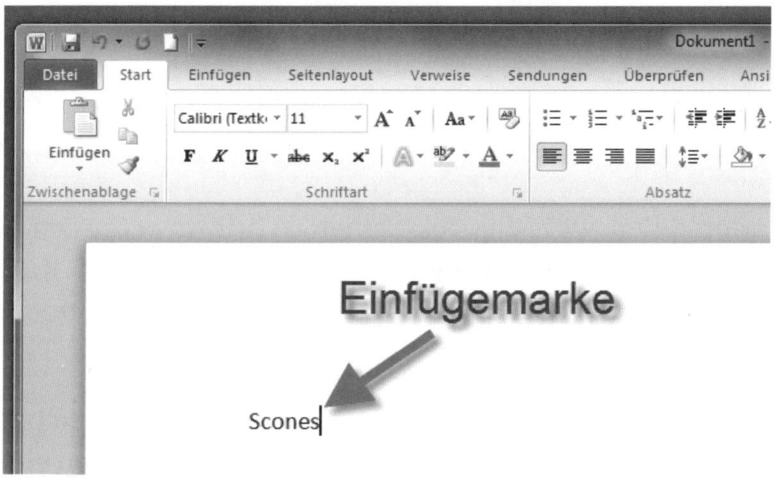

Abb. 1.22 Ihre Texteingaben erscheinen immer an der Einfügemarke.

Bei Word und allen anderen Textverarbeitungsprogrammen geben Sie Ihren Text fortlaufend ein, ohne sich dabei um den Zeilenumbruch zu kümmern. Anders als beim Tippen mit einer Schreibmaschine müssen Sie am Ende einer Zeile keine Taste drücken, um zum Anfang der Folgezeile zu wechseln. Wenn ein Wort nicht mehr in die Zeile passt, setzt Word es automatisch in eine neue Zeile.

Mit der `Enter`-Taste, die auf Ihrer Tastatur mit dem gleichen Symbol gekennzeichnet ist wie die Wagenrücklauftaste bei einer elektrischen Schreibmaschine, weisen Sie Word an, einen Absatz zu setzen. Beim Eintippen des Beispieltextes müssen Sie also nach dem Titel „Scones" die `Enter`-Taste gleich zweimal hintereinander drücken – das erste Mal, um hinter „Scones" einen Absatz einzufügen, das zweite Mal, um einen leeren Absatz zu produzieren. Ist dies geschehen, erscheint der Text, den Sie dann fortlaufend eingeben, in der dritten Zeile Ihres Word-Dokuments.

Abb. 1.23 Um die Leerzeile zwischen Überschrift und Fließtext zu erzeugen, drücken Sie nach Eingabe des Titels zweimal die Eingabetaste.

Leerstellen zwischen einzelnen Wörtern erzeugen Sie mit der Leer-Taste, der großen unbezeichneten Taste Ihrer Tastatur. Sollten Sie sich vertippen, können Sie Ihre Fehleingaben mit der Rück-Taste löschen.

Ein Druck auf die Rück-Taste entfernt das Zeichen, das sich direkt vor der Einfügemarke befindet. Sollte Ihnen ein Tippfehler erst später auffallen, klicken Sie direkt hinter das betreffende Wort oder den betreffenden Buchstaben. Die Einfügemarke saust dann an die Stelle und Sie können dort vorhandene Buchstaben mit der Rück-Taste löschen und neue Buchstaben einfügen. Um Ihre Texteingabe am Ende des Textes fortsetzen zu können, müssen Sie die Einfügemarke mit einem gezielten Mausklick dorthin bewegen.

Einfügemarke mit der Maus oder den Pfeiltasten bewegen

Die Einfügemarke ist Ihr wichtigstes Instrument bei der Texteingabe und Textbearbeitung, denn nur dort, wo sich die Einfügemarke befindet, können Sie Text neu eingeben oder entfernen. In Ihrem Word-Dokument können Sie die Einfügemarke nicht nur mit der Maus, sondern auch mit den Pfeiltasten Ihrer Tastatur nach rechts, links, oben oder unten bewegen.

Die Umstellung von Klein- auf Großschreibung erfolgt genau wie bei einer Schreibmaschine mithilfe einer der beiden `Umschalt`-Tasten. Und genau wie bei einer Schreibmaschine sind alle Tasten (mindestens) doppelt belegt: Groß- und Kleinbuchstaben auf den Buchstabentasten, Ziffern, gängige Sonderzeichen auf den Zifferntasten sowie einige Tasten mit weiteren gängigen Sonderzeichen. Die untere Tastenangabe erscheint bei Klein-, die obere Tastenangabe bei Großschreibung.

Bei der Eingabe der Bezeichnung „Five o'clock Tea" benötigen Sie das Anführungs- und das Auslassungszeichen. Ersteres bekommen Sie durch die Tastenkombination `Umschalt` + `2`, Letzteres durch `Umschalt` + `#`. Obwohl Sie jedes Mal die gleiche Tastenkombination drücken, macht Word aus den Anführungszeichen automatisch obere und untere Anführungszeichen.

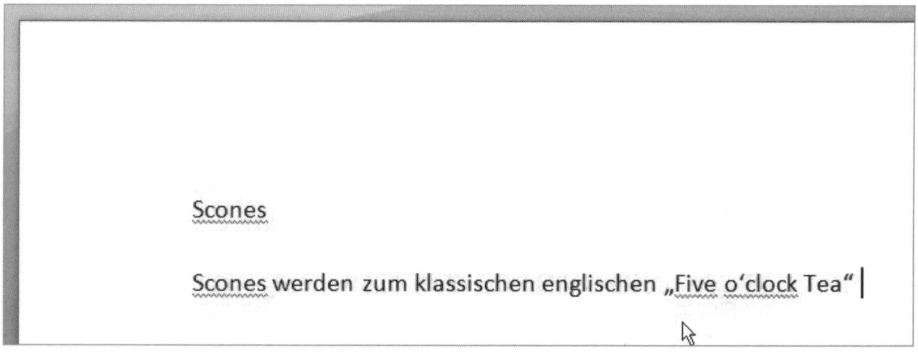

Abb. 1.24 Word macht aus den Anführungszeichen automatisch untere und obere Anführungszeichen.

Wenn Sie den Beispieltext fortlaufend eingeben, werden Sie feststellen, dass Word auch die beiden Gedankenstriche bei der Einfügung „– noch besser –" automatisch verlängert. Verantwortlich dafür ist eine Funktion namens *AutoKorrektur*, die bei Word ständig aktiv ist und bereits eine ganze Reihe vorgefertigter Korrekturmuster enthält.

AutoKorrektur rückgängig machen und anpassen

Normalerweise leistet die AutoKorrektur Ihnen gute Dienste. Aber natürlich müssen Sie die Änderungen, die die AutoKorrektur vornimmt, nicht einfach hinnehmen, sondern können sie mit einem Klick auf die Schaltfläche *Rückgängig* in der Schnellzugriffsleiste von Word 2007 auch wieder rückgängig machen. Noch bessere Dienste leistet die AutoKorrektur, wenn Sie sie erweitern und Ihrem Bedarf anpassen. Wie dies funktioniert, erfahren Sie in Kapitel 2, „Word gemütlich einrichten".

Texteingabe: Sonderzeichen und Sondertasten

Im ersten Absatz des Beispieltextes stoßen Sie auf mehrere Sonderzeichen: Akzente („Crème Fraîche"), das Euro-Symbol € und den Klammeraffen @, der in E-Mail-Adressen verwendet wird.

Akzente erzeugen Sie, indem Sie zuerst die Akzent-Taste und dann die Taste des Buchstabens drücken, auf dem sich der Akzent befinden soll. Crème Fraîche geben Sie also als „Cr`eme Fra^iche" ein.

Das Euro-Symbol erzeugen Sie über die Taste e. Wenn Sie sich Ihre Tastatur etwas genauer ansehen, werden Sie feststellen, dass mehrere Tasten, wie zum Beispiel die Tasten 2, 3, 7, ß, Q und e, nicht nur doppelt, sondern dreifach belegt sind. Die dritte Belegung, also zum Beispiel die hochgestellten Ziffern, geschweiften Klammern und eben das Euro-Symbol, erhalten Sie, wenn Sie die Taste AltGr rechts neben der Leer-Taste gedrückt halten und dann auf die gewünschte Taste drücken. Die Tastenkombination für das Euro-Symbol ist also AltGr + e.

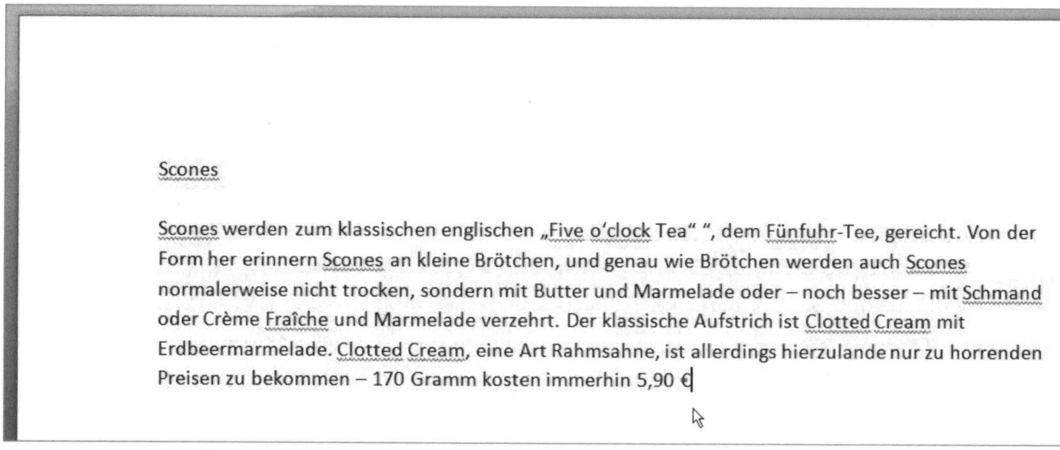

Scones

Scones werden zum klassischen englischen „Five o'clock Tea“ “, dem Fünfuhr-Tee, gereicht. Von der Form her erinnern Scones an kleine Brötchen, und genau wie Brötchen werden auch Scones normalerweise nicht trocken, sondern mit Butter und Marmelade oder – noch besser – mit Schmand oder Crème Fraîche und Marmelade verzehrt. Der klassische Aufstrich ist Clotted Cream mit Erdbeermarmelade. Clotted Cream, eine Art Rahmsahne, ist allerdings hierzulande nur zu horrenden Preisen zu bekommen – 170 Gramm kosten immerhin 5,90 €

Abb. 1.25 Das Euro-Symbol erzeugen Sie mit der Tastenkombination `AltGr` + `e`.

Wenn es Ihnen geglückt ist, das Euro-Symbol einzufügen, wird Ihnen auch die Eingabe des Klammeraffen @ keine Probleme bereiten. Sie benutzen dafür einfach die Tastenkombination `AltGr` + `Q`.

Texteingabe: Internet- und E-Mail-Adressen

Sobald Sie die Internet- und die E-Mail-Adresse des Beispieltextes geschrieben haben und eine Leerstelle oder ein Satzzeichen eingeben, stellt Word die jeweilige Adresse blau unterstrichen dar. Auch das ist das Ergebnis der AutoKorrektur. Word erkennt, dass es sich bei den Eingaben um eine Internet- und eine E-Mail-Adresse handelt, und stellt diese nicht nur farbig und unterstrichen dar, sondern legt für jede Adresse auch noch eine Verknüpfung, einen sogenannten Hyperlink, an.

Sinn und Zweck der Verknüpfung ist es, Ihnen eine Direktverbindung ins Internet bzw. zu Ihrem E-Mail-Programm zu verschaffen. Wenn Sie die Steuerungstaste `Strg` gedrückt halten und auf eine der beiden Verknüpfungen klicken, können Sie sich nämlich das angegebene Internetangebot direkt anzeigen lassen oder sofort eine E-Mail an die angegebene E-Mail-Adresse schicken. Voraussetzung dafür ist natürlich, dass Ihr Computer mit dem Internet verbunden ist.

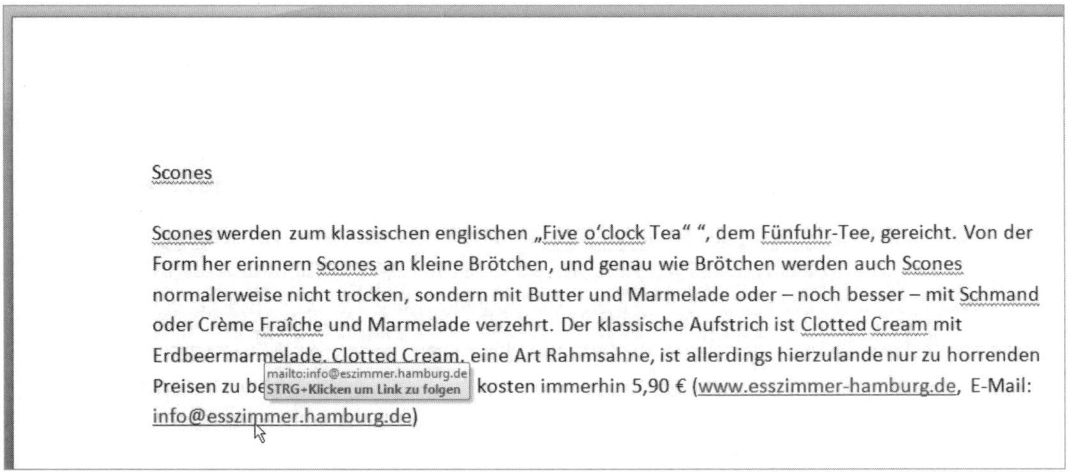

Scones

Scones werden zum klassischen englischen „Five o'clock Tea" ", dem Fünfuhr-Tee, gereicht. Von der Form her erinnern Scones an kleine Brötchen, und genau wie Brötchen werden auch Scones normalerweise nicht trocken, sondern mit Butter und Marmelade oder – noch besser – mit Schmand oder Crème Fraîche und Marmelade verzehrt. Der klassische Aufstrich ist Clotted Cream mit Erdbeermarmelade. Clotted Cream, eine Art Rahmsahne, ist allerdings hierzulande nur zu horrenden Preisen zu be kosten immerhin 5,90 € (www.esszimmer-hamburg.de, E-Mail: info@esszimmer.hamburg.de)

mailto:info@eszimmer.hamburg.de
STRG+Klicken um Link zu folgen

Abb. 1.26 Word stellt Internet- und E-Mail-Adressen automatisch als Verknüpfungen dar.

Sollten Sie die Verknüpfungen und die damit verbundene farbige Kennzeichnung nicht benötigen, haben Sie zwei Möglichkeiten, die automatische Korrektur zurückzunehmen.

Am einfachsten ist es, wenn Sie direkt nach der Umwandlung der Adresseingabe durch die AutoKorrektur auf die *Rückgängig*-Schaltfläche in der Schnellstartleiste klicken. Word entfernt dann Kennzeichnung und Verknüpfung sofort. Haben Sie diesen Zeitpunkt verpasst, können Sie die Verknüpfung jederzeit entfernen, indem Sie mit der rechten Maustaste auf die Verknüpfung klicken und im Menü, das dann auf Ihrem Bildschirm erscheint, den Menüeintrag *Hyperlink entfernen* anklicken.

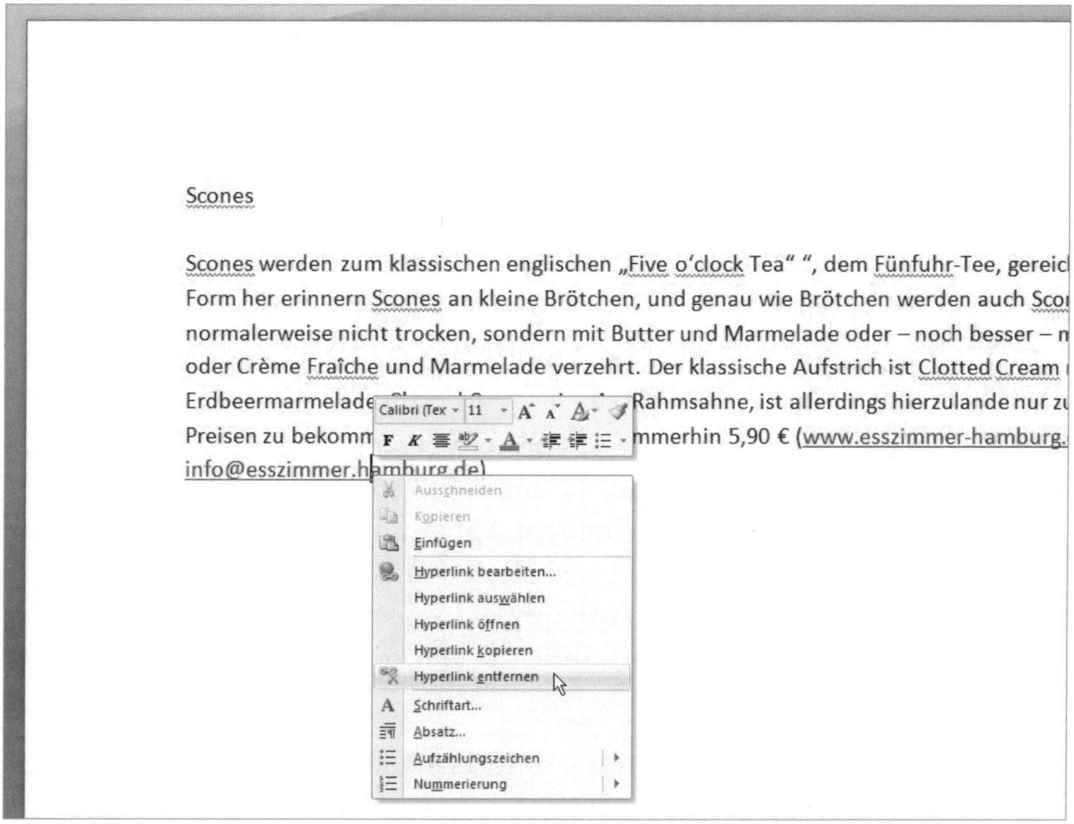

Abb. 1.27 Verknüpfungen können Sie auch nachträglich noch jederzeit entfernen (Rechtsklick / *Hyperlink entfernen*).

Kennzeichnung von Internet- und E-Mail-Adressen abschalten

Selbstverständlich können Sie Word anweisen, Internet- und E-Mail-Adressen überhaupt nicht zur Kenntnis zu nehmen und nicht zu kennzeichnen. Da es sich dabei um eine Funktion der AutoKorrektur handelt, geschieht dies über eine Anpassung der AutoKorrektur-Einstellungen. Wie sich die AutoKorrektur anpassen lässt, erfahren Sie in Kapitel 2, „Word 2010 gemütlich einrichten".

Texteingabe: Rote und grüne geringelte Linien

Haben Sie die Verknüpfungen hinter sich gelassen, ist nur noch ein wenig Durchhaltevermögen notwendig. Alle Besonderheiten, die der Beispieltext nun noch aufweist, kennen Sie bereits.

Das Einzige, was Sie vielleicht noch irritieren könnte, sind die roten und grünen geringelten Linien, mit denen Word einige Wörter automatisch kennzeichnet. Sie weisen Sie auf die Rechtschreib- (rot) bzw. die Grammatikprüfung (grün) von Word hin. Normalerweise überprüft Word nämlich Ihre Texteingaben auf Grammatik- und Rechtschreibfehler und vergleicht Ihre Eingaben ständig mit einer Grammatikliste und einem Wörterbuch. Eine geringelte Linie bedeutet aber nicht unbedingt, dass Sie ein Wort falsch geschrieben oder einen Grammatikfehler gemacht haben, sondern zunächst nur, dass Word das betreffende Wort nicht in seinem Wörterbuch findet oder eine Grammatikkonstruktion nicht nachvollziehen kann.

Die Rechtschreibprüfung unterkringelt aber nicht nur unbekannte Wörter, sie macht Ihnen auch Korrekturvorschläge und gibt Ihnen die Möglichkeit, das Wörterbuch zu erweitern. Das Auffüllen ist wichtig, damit Word Ihnen nicht immer wieder korrekt geschriebene Wörter unterkringelt. Wie Sie die Korrekturvorschläge übernehmen und das Wörterbuch auffüllen, können Sie jetzt gleich an Ihrem Beispieltext umsetzen.

Unterkringelungen werden nicht gedruckt

Wenn Sie ein Word-Dokument drucken, werden die roten und grünen geringelten Linien der Grammatik- und Rechtschreibprüfung nicht mitgedruckt. Sie müssen diese Markierung also nicht umständlich entfernen, um ein „sauberes“ Dokument drucken zu können.

Das erste Wort, das Word in Ihrem Beispieltext rot unterkringelt hat, ist das Wort „Scones“ – was ja auch kein Wunder ist, da Word normalerweise ein deutsches Wörterbuch benutzt. Wenn Sie mit der rechten Maustaste auf das Wort „Scones“ klicken, erscheint ein Menü, das Ihnen im oberen Bereich unter anderem die Begriffe „Scenes“, „Schönes“ und „Stones“ als Alternativen und im unteren Bereich einige weitere Menüoptionen zur Auswahl anbietet. Da Sie – spätestens wenn Sie das Rezept einmal ausprobiert haben – das Wort „Scones“ in Zukunft häufiger verwenden werden, klicken Sie auf die Option *Hinzufügen zum Wörterbuch.*

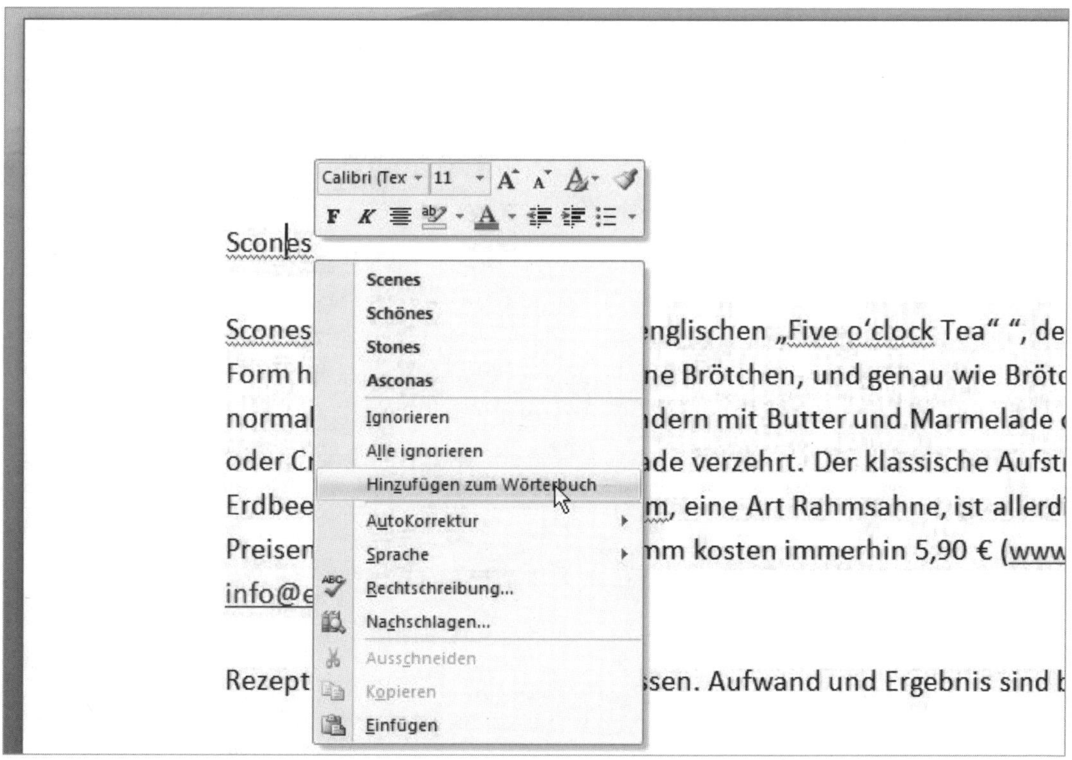

Abb. 1.28 Mit einem Klick auf den *Hinzufügen*-Eintrag bringen Sie dem Wörterbuch das Wort „Scones“ bei.

Das Menü schließt sich, und sämtliche roten Unterkringelungen des Wortes „Scones" verschwinden wie von Geisterhand. Word hat den neuen Begriff seinem Wörterbuch hinzugefügt.

Ignorieren statt Hinzufügen

Wollen Sie ein Wort, das von Word nicht erkannt wird, aber trotzdem korrekt geschrieben ist, dem Wörterbuch nicht hinzufügen, aber dennoch die störenden Ringellinien entfernen, wählen Sie die Kontextmenüoption *Alle ignorieren*. Die Rechtschreibprüfung nimmt dann dieses Wort im aktuellen Dokument nicht mehr zur Kenntnis.

Das nächste Wort mit einer geringelten Markierung ist „Fünfuhr-Tee". Klicken Sie mit der rechten Maustaste darauf, bietet Ihnen das Menü die Schreibung „Fünfuhrtee" als Alternative an. Da nach neuer deutscher Rechtschreibung „Fünfuhrtee" die korrekte Schreibung ist, klicken Sie auf das Alternativangebot.

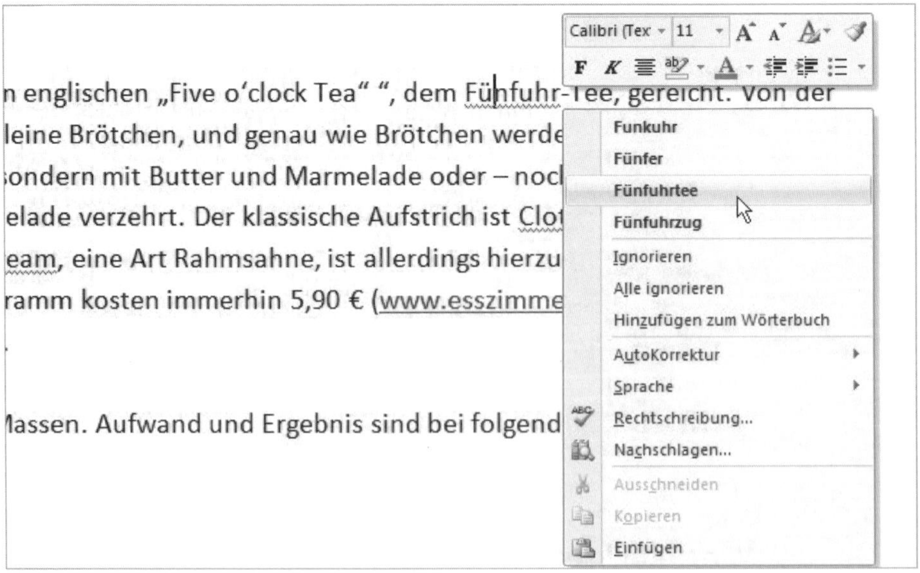

Abb. 1.29 Mit einem Klick übernehmen Sie das richtig geschriebene Wort in Ihren Beispieltext.

Das Menü schließt sich, und anstelle des falsch geschriebenen Worts „Fünfuhr-Tee" erscheint nun der „Fünfuhrtee" in Ihrem Beispieltext.

Neue und alte Rechtschreibung
Sollten Sie die neue Rechtschreibung ablehnen, können Sie in Word auch die alte Rechtschreibung verwenden. Word „kennt" beide Varianten und prüft beide sehr zuverlässig. Da Word aber normalerweise das Wörterbuch der neuen deutschen Rechtschreibung verwendet, müssen Sie Word gegebenenfalls anweisen, das Wörterbuch der alten Rechtschreibung zu verwenden. Wie dies funktioniert, erfahren Sie im Kapitel 2, „Word 2010 gemütlich einrichten".

Bei den folgenden roten Unterkringelungen verfahren Sie auf die beschriebene Weise: Sie klicken mit der rechten Maustaste auf das unterkringelte Wort und entscheiden dann, ob Sie eine der angebotenen Alternativen übernehmen, das Wort in das Wörterbuch übernehmen oder es komplett ignorieren lassen möchten. So viel sei an dieser Stelle verraten: Für den Begriff „Schmand" sind beide Schreibungen (-d und -t) möglich, und „selbstgemachter" kann nach neuer deutscher Rechtschreibung auch in zwei Wörtern geschrieben werden („selbst gemachter").

Während die Rechtschreibprüfung eigentlich sehr zuverlässig arbeitet, steckt die Grammatikprüfung sozusagen noch in den Kinderschuhen. Word erkennt viele Grammatikfehler nicht, unterkringelt aber häufig Passagen, die grammatisch korrekt sind.

In Ihrem Beispieltext hat Word im Abschnitt „Zubereitung" das Wort „einer" grün unterkringelt. Was Sie bei einem grün unterkringelten Wort tun können, ist ähnlich wie bei der Rechtschreibprüfung: Klicken Sie mit der rechten Maustaste auf das unterkringelte Wort und schauen Sie sich im Menü die Alternativvorschläge an. Wenn diese, wie im vorliegenden Fall, sinnlos sind, klicken Sie auf den Menüeintrag *Grammatik*. Auf Ihrem Bildschirm erscheint dann das Dialogfenster *Grammatik*, in dem die Korrekturvorschläge begründet und wiederholt werden. Da die Vorschläge dadurch aber auch nicht besser werden, klicken Sie am besten auf die Schaltfläche *Einmal ignorieren*, um wenigstens die grüne Markierung auszublenden.

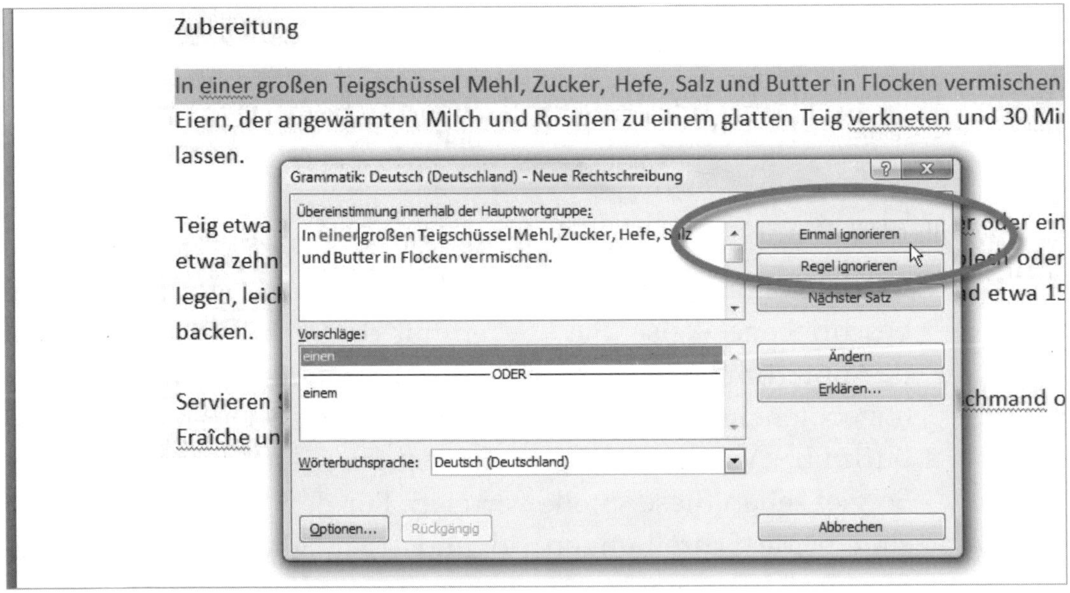

Abb. 1.30 Nach einem Klick auf die Schaltfläche *Einmal ignorieren* schließt sich das Dialogfenster und die grüne Unterkringelung verschwindet.

Speichern und öffnen

Da es sich bei dem Beispieltext um einen etwas längeren Text handelt, den Sie vielleicht nicht in einem Stück, sondern etappenweise eingeben, sollten Sie ihn gleich am Anfang und dann in regelmäßigen Abständen speichern. Sie haben dann auch die Möglichkeit, die Texteingabe komplett zu beenden, Word und Ihren Computer auszuschalten und die Arbeit zu einem passenden Zeitpunkt fortzusetzen.

Falls Sie noch nicht mit dem Speichern und Öffnen von Dokumenten vertraut sind, ist dies kein Problem. Mit ein paar Mausklicks können Sie dies so erledigen, dass es zumindest für die Belange des Beispieltextes reicht.

Word-Dokumente in eigenen Ordnern speichern

Wie Sie Ihre Word-Dokumente in einem übersichtlichen Ordnersystem und auf unterschiedlichen Datenträgern speichern und von dort auch wieder öffnen können, erfahren Sie im Kapitel 4, „Grundlagen: Dokumente speichern und öffnen“.

So speichern Sie Ihren Beispieltext

Um Ihren Beispieltext zu speichern, brauchen Sie nichts weiter zu tun, als die ersten Wörter des Textes einzugeben und in der Schnellzugriffsleiste auf die Schaltfläche *Speichern* zu klicken.

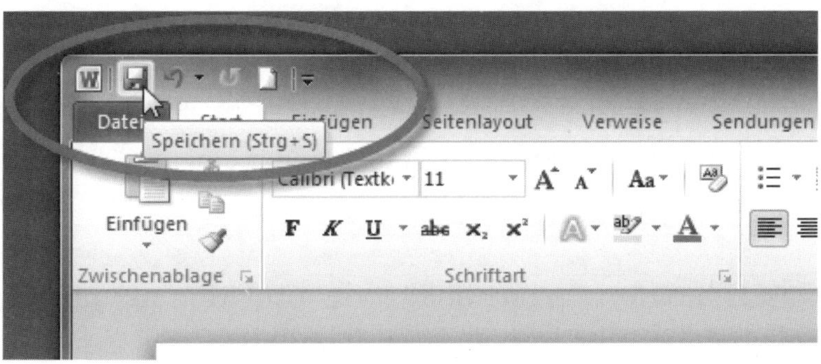

Abb. 1.31 Klicken Sie in der Schnellzugriffsleiste auf die Schaltfläche *Speichern*.

Auf Ihrem Bildschirm erscheint das Dialogfenster *Speichern unter*, in dem Sie angeben können, wo und unter welchem Namen Ihr Word-Dokument gespeichert werden soll. Word bietet Ihnen aber bereits als Speicherort den Ordner *Dokumente* (wenn Ihr Computer mit Windows Vista arbeitet) oder die Bibliothek *Dokumente* (wenn Ihr Computer mit Windows 7 arbeitet) und als Dateinamen das erste Wort Ihres Beispieltextes, *Scones*, an. Diese

Standardangaben können Sie getrost übernehmen. Klicken Sie daher einfach auf die Schaltfläche *Speichern*.

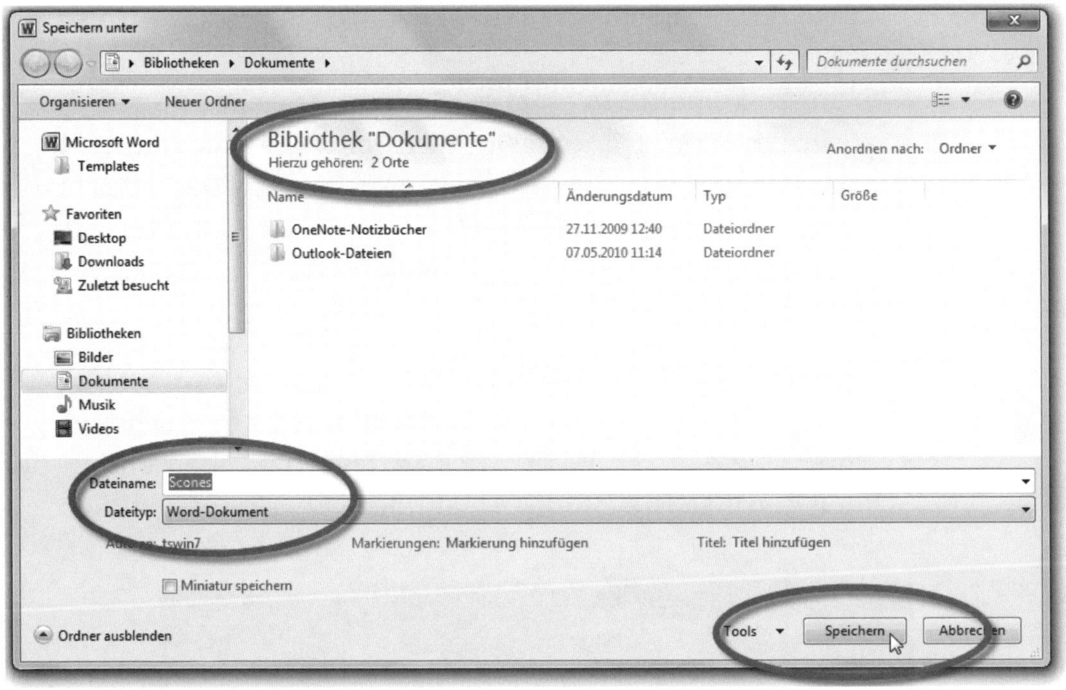

Abb. 1.32 Übernehmen Sie die Standardangaben mit einem Klick auf die Schaltfläche *Speichern*.

Das Dialogfenster schließt sich, und der aktuelle Inhalt Ihres Beispieltextes ist nun auf der Festplatte Ihres Computers gespeichert. In der Titelleiste Ihres Word-Programmfensters erscheint jetzt als Dokumenttitel die Angabe *Scones – Microsoft Word*.

Fahren Sie mit der Eingabe des Beispieltextes fort und denken Sie daran, alle fünf bis zehn Minuten in der Schnellzugriffsleiste auf die Symbolschaltfläche *Speichern* zu klicken. Word überschreibt dann den auf der Festplatte gespeicherten Inhalt mit dem neuen erweiterten Inhalt Ihres Beispieldokuments.

Sie können die Eingabe des Beispieltextes und Word nun jederzeit beenden. Sollten Sie es nicht bereits von sich aus getan haben, erinnert Sie Word dann daran, vorher den aktuellen Inhalt Ihres Beispieltextes zu speichern, was Sie mit einem einzigen Mausklick auf die *OK*-Schaltfläche im Hinweisfenster erledigen können.

So öffnen Sie Ihren Beispieltext wieder

Wollen Sie mit der Eingabe des Beispieltextes fortfahren, rufen Sie Word auf und öffnen das *Datei*-Menü. Word zeigt Ihnen in der Backstage-Ansicht automatisch den Bereich *Zuletzt verwendet* an, in dem die Dokumente aufgelistet sind, an denen Sie zuletzt gearbeitet haben. Falls Sie noch keine anderen Dokumente verfasst und gespeichert haben, erscheint dort nur der Eintrag des Scones-Dokuments, das Sie nun mit einem Klick wieder öffnen können.

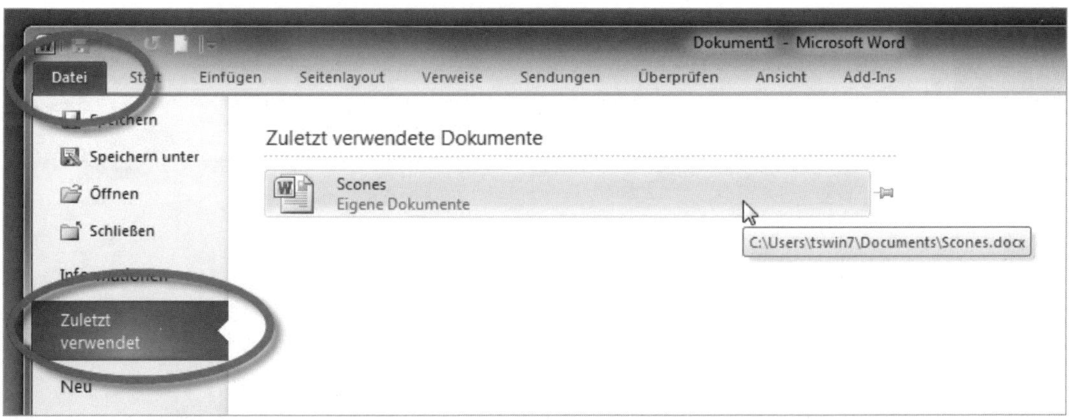

Abb. 1.33 Der Dateieintrag Ihres Beispieltextes ist in der Liste der zuletzt verwendeten Dokumente aufgeführt.

Mit einem Klick auf den Menüeintrag *Öffnen* rufen Sie das Dialogfenster *Öffnen* auf, in dem Sie dann die Datei Ihres Beispieltextes anwählen und mit einem Klick auf die Schaltfläche *Öffnen* aufrufen können. Dies ist aber nur dann notwendig, wenn Sie ein Dokument vor längerer Zeit bearbeitet und in der Zwischenzeit viele neue Dokumente verfasst haben. Wesentlich schneller und einfacher öffnen Sie Ihren Beispieltext nämlich über die Liste *Zuletzt verwendete Dokumente*, in der automatisch die letzten 20 Dokumente aufgeführt werden. Es reicht ein einziger Klick auf einen Listeneintrag, um das betreffende Dokument zu öffnen.

Noch einfacher geht's mit der „Sprungliste" von Windows 7

Ist Ihr Computer mit Windows 7 ausgestattet, können Sie Ihre Word-Dokumente noch schneller und einfacher öffnen, indem Sie den Mauszeiger einfach auf den Startmenü-Eintrag von Word 2010 führen. Windows 7 öffnet dann im Startmenü automatisch die sogenannte Sprungliste, die Ihnen die Word-Dokumente zeigt, an denen Sie zuletzt gearbeitet haben. Mit einem Mausklick können Sie von dort auch zu Ihrem Scones-Dokument springen (s. Abb. 1.34).

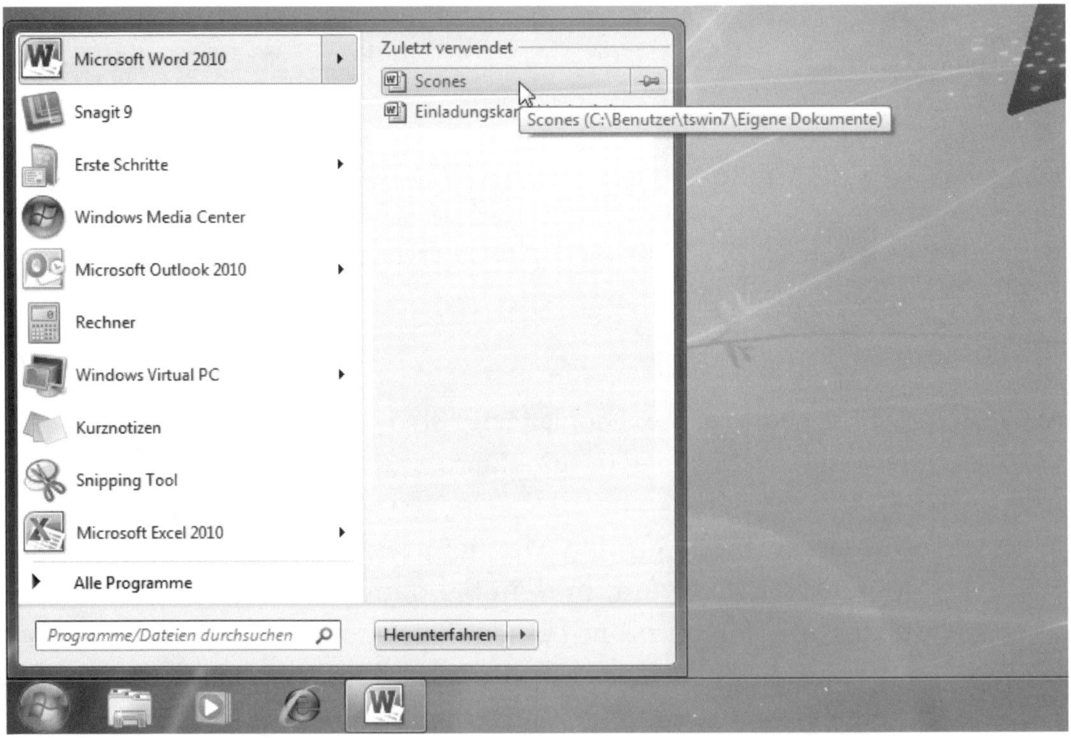

Abb. 1.34 Bei Windows 7 öffnen Sie Ihr Scones-Dokument mit der Sprungliste des Startmenüs noch schneller.

Formatierung: Dokumente übersichtlicher und schöner gestalten

So, nun haben Sie Ihren Beispieltext eingegeben und korrigiert. Was jetzt noch zu tun bleibt, ist, das Rezept in eine etwas attraktivere Form zu bringen. Bisher haben Sie sich nur um den Inhalt, nicht aber um die Form des Beispieltextes gekümmert. Wie der Teig des Rezepts ist aber auch jedes Word-Dokument eine formbare Masse, die Sie nach Vorliebe und Bedarf verändern können.

Formatierung

Bei Word ändern Sie nicht einfach Schriftarten, Schriftgrößen, Zeilenabstände, Absatzausrichtungen und alle möglichen anderen Eigenschaften, sondern Sie „formatieren". Der Fachbegriff Formatierung wird Ihnen bei Word immer wieder begegnen. Fast alles, was mit der Formatierung zu tun hat, ist bei Word 2010 auf der Registerkarte *Start* des Menübands zusammengefasst.

In den folgenden Abschnitten lernen Sie die Grundlagen der Text- und Absatzformatierung kennen, die gleichzeitig Ihr Rüstzeug für die Bewältigung der Aufgaben sind, die Sie ab Kapitel 5 dieses Buches erwarten.

Keine Formatierung ohne Markierung mit Maus oder Tastatur

Wenn Sie die Darstellung eines Buchstabens, eines Wortes, einer Überschrift, eines Satzes, eines Absatzes, einer bestimmten Passage, eines kompletten Textes oder kurz gesagt die Darstellung irgendeines Elements Ihres Dokuments verändern möchten, müssen Sie den gewünschten Bereich vorher markieren. Sie müssen Word ja irgendwie deutlich machen, was es ändern soll. „Keine Formatierung ohne Markierung" ist eine der wenigen Grundregeln, die Sie unbedingt beachten müssen – und das nicht nur bei Word, sondern bei so gut wie jedem anderen Computerprogramm.

Wie also markieren Sie eine bestimmte Passage oder ein bestimmtes Element eines Word-Dokuments? Wie so oft bei Word gibt es dafür mehrere Möglichkeiten. Die beiden einfachsten, das Markieren mit der Maus und das Markieren mit den Pfeiltasten, können Sie gleich einmal an Ihrem Beispieltext ausprobieren. Zuvor noch ein wenig Theorie.

Um eine bestimmte Passage eines Word-Dokuments mit der Maus zu markieren, fahren Sie einfach mit der Maus darüber, während Sie die linke Maustaste gedrückt halten. Der Bereich, über den Sie dann die Maus bewegen, wird bei Word 2010 hellblau unterlegt, also markiert. Lassen Sie die Maustaste los, bleibt die Markierung erhalten.

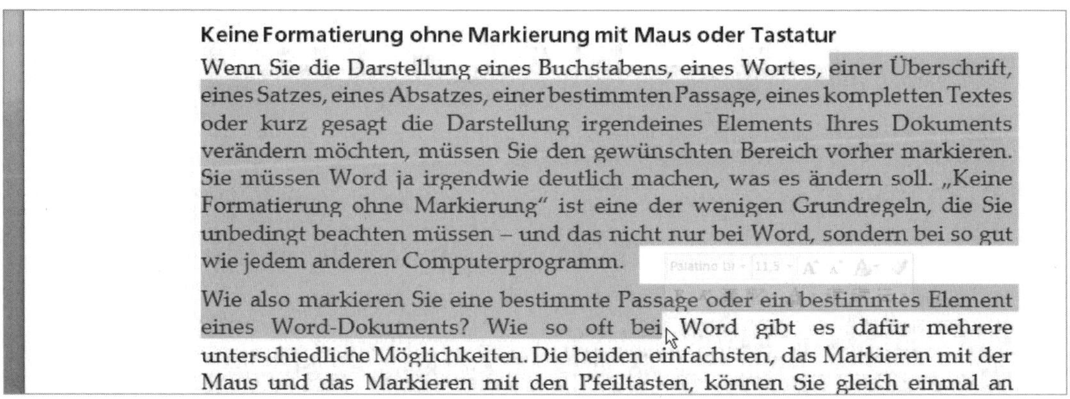

Keine Formatierung ohne Markierung mit Maus oder Tastatur

Wenn Sie die Darstellung eines Buchstabens, eines Wortes, einer Überschrift, eines Satzes, eines Absatzes, einer bestimmten Passage, eines kompletten Textes oder kurz gesagt die Darstellung irgendeines Elements Ihres Dokuments verändern möchten, müssen Sie den gewünschten Bereich vorher markieren. Sie müssen Word ja irgendwie deutlich machen, was es ändern soll. „Keine Formatierung ohne Markierung" ist eine der wenigen Grundregeln, die Sie unbedingt beachten müssen – und das nicht nur bei Word, sondern bei so gut wie jedem anderen Computerprogramm.

Wie also markieren Sie eine bestimmte Passage oder ein bestimmtes Element eines Word-Dokuments? Wie so oft bei Word gibt es dafür mehrere unterschiedliche Möglichkeiten. Die beiden einfachsten, das Markieren mit der Maus und das Markieren mit den Pfeiltasten, können Sie gleich einmal an

Abb. 1.35 Markierte Passagen werden bei Word 2007 hellblau unterlegt.

Sie können mit der Maus nun die Formatierungsoptionen aufrufen, die sich dann ausschließlich auf den markierten Bereich beziehen. Egal, ob Einzelbuchstabe, Wort, Satz, Absatz, längere Passage oder Text – mit dieser Maustechnik können Sie alles Mögliche markieren, wenn Sie den Mauszeiger zu Beginn zielgenau direkt vor oder hinter den gewünschten Markierungsbereich führen.

In puncto Mausmarkierung hat Word aber noch eine ganze Reihe von Sonderfunktionen parat. Die wichtigsten sind:

- Ein Doppelklick auf ein Wort markiert das Wort, ein Dreifachklick auf ein Wort markiert einen kompletten Absatz.
- Führen Sie die Maus links neben einem Absatz langsam immer weiter nach links, wird der Mauszeiger zu einem nach rechts weisenden Pfeil. Ist dies der Fall, können Sie mit einem Mausklick die Zeile markieren, vor der sich der Mauszeiger befindet, mit einem Doppelklick den kompletten Absatz und mit einem Dreifachklick das komplette Dokument.
- Unter Zuhilfenahme der Steuerungstaste `Strg` können Sie mit der Maus auch nicht zusammenhängende Bereiche markieren. Solange Sie `Strg` gedrückt halten, können Sie Ihre Markierung jederzeit um einzelne ausgewählte Textstellen erweitern.

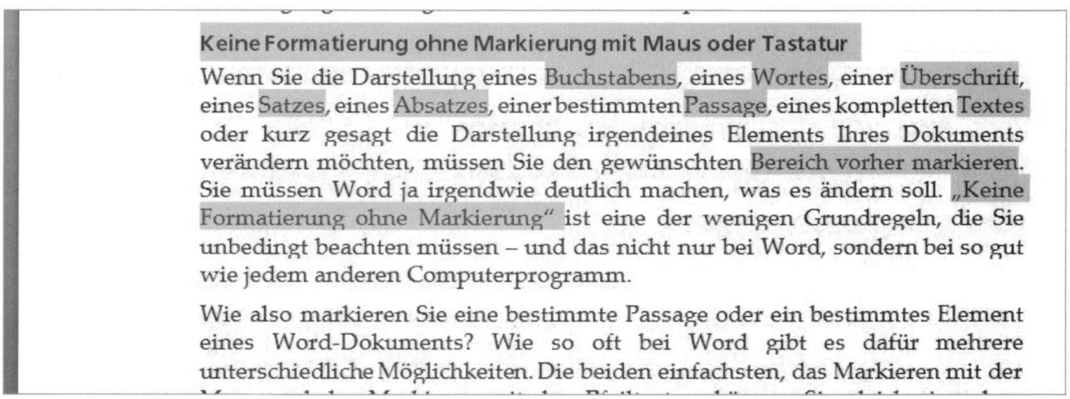
Keine Formatierung ohne Markierung mit Maus oder Tastatur

Wenn Sie die Darstellung eines Buchstabens, eines Wortes, einer Überschrift, eines Satzes, eines Absatzes, einer bestimmten Passage, eines kompletten Textes oder kurz gesagt die Darstellung irgendeines Elements Ihres Dokuments verändern möchten, müssen Sie den gewünschten Bereich vorher markieren. Sie müssen Word ja irgendwie deutlich machen, was es ändern soll. „Keine Formatierung ohne Markierung" ist eine der wenigen Grundregeln, die Sie unbedingt beachten müssen – und das nicht nur bei Word, sondern bei so gut wie jedem anderen Computerprogramm.

Wie also markieren Sie eine bestimmte Passage oder ein bestimmtes Element eines Word-Dokuments? Wie so oft bei Word gibt es dafür mehrere unterschiedliche Möglichkeiten. Die beiden einfachsten, das Markieren mit der

Abb. 1.36 Unter Zuhilfenahme der `Strg`-Taste können Sie mit der Maus auch unzusammenhängend markieren.

Sie können aber auch mit den Pfeiltasten Ihrer Tastatur markieren. Das geht manchmal sogar schneller als das Markieren mit der Maus, da Sie Ihre Hände ohnehin meist auf der Tastatur haben. Das Prinzip ist ganz einfach: Normalerweise bewegen Sie mit den Pfeiltasten ja die Einfügemarke nach rechts, links, oben oder unten. Wenn Sie zusätzlich zu den Pfeiltasten die Umschalttaste `Umschalt` drücken, wird aus der Bewegung der Einfügemarke eine Markierung. Mit ein wenig Übung können Sie mit der Kombination aus Umschalttaste und Pfeiltasten schnell und sicher markieren.

Textformatierung: Schriftarten, Schriftgrößen und Auszeichnungen

Nun aber schnell zurück zu Ihrem Beispieltext und seiner „Verschönerung". Schon mit wenigen Mausklicks lässt sich das Aussehen des Rezepts nämlich deutlich aufwerten. Dies könnte zum Beispiel dadurch geschehen, dass Sie eine andere Schriftart verwenden, die Überschrift und Zwischenüberschriften etwas größer setzen und wichtige Angaben und Begriffe farbig oder durch Kursiv- oder Fettsetzung hervorheben.

Schriftart ändern

Da es sich um einen Sachtext handelt, ist eine deutlichere Schriftart vielleicht besser geeignet. Um den gesamten Beispieltext in eine andere Schriftart zu setzen, müssen Sie – getreu der Devise „Keine Formatierung ohne Markierung" – zunächst den gesamten Text markieren. Probieren Sie dabei am besten gleich mehrere Möglichkeiten aus:

1. Klicken Sie mit der Maus vor den Titel „Scones", halten Sie die Maustaste gedrückt und ziehen Sie den Mauszeiger bis ans Ende des Textes. Solange Sie die Maustaste gedrückt halten, folgt die Markierung immer Ihrer Mausbewegung. Sind Sie am Ende Ihres Textes angekommen, lassen Sie die Maustaste los; der komplette Text ist markiert. Klicken Sie mit der Maus in den Text, verschwindet die Markierung wieder.

2. Bewegen Sie nun die Einfügemarke mit den Pfeiltasten vor den Titel „Scones", drücken Sie die Umschalttaste, halten Sie sie gedrückt und bewegen Sie die Einfügemarke dann mit den Pfeiltasten bis ans Ende des Textes. Solange Sie die Umschalttaste gedrückt halten, folgt die Markierung der Bewegung

der Einfügemarke, die Sie mit den Pfeiltasten steuern. Ist alles markiert, nehmen Sie die Finger von den Tasten.

3. Wählen Sie nun die neue Schriftart aus. Öffnen Sie dazu auf der Registerkarte *Start* des Menübands die Ausklappliste *Schriftart* mit einem Klick auf die kleine Schaltfläche mit dem nach unten weisenden Dreieck.

4. Nun haben Sie die Qual der Wahl, die allerdings dadurch wesentlich vereinfacht wird, dass Word 2010 Ihnen den kompletten Text in einer sogenannten Live-Vorschau immer in der Schriftart anzeigt, die Sie in der Ausklappliste gerade angewählt haben. Trotzdem könnten Sie sich mit der Schriftauswahl stundenlang beschäftigen. Um die Sache kurz zu machen, klicken Sie in der Ausklappliste auf den Schriftarteintrag *Arial*. Das Auswahlfenster schließt sich, die Markierung bleibt, aber der komplette Text wird in einer anderen Schriftart angezeigt.

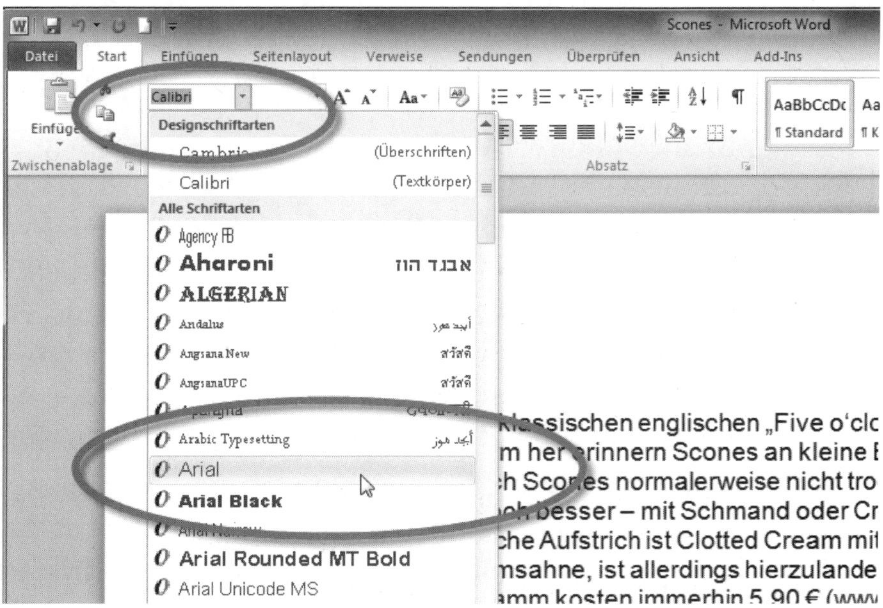

Abb. 1.37 Die neue Schriftart Arial legen Sie in der Ausklappliste *Schriftart* der Registerkarte *Start* fest.

Sollte Ihnen Arial nicht zusagen, können Sie selbstverständlich auch eine andere Schriftart wählen, die Ihnen besser gefällt. Sie können natürlich auch mehrere Schriftarten gleichzeitig verwenden, zum Beispiel unterschiedliche Schriftarten für die Überschrift, die Zwischenüberschriften und den eigentlichen Text. Sie müssen dabei nur daran denken, vor der Schriftartauswahl entsprechend zu markieren.

Schriftgrößen und -auszeichnungen verändern

Jetzt können Sie sich an das Vergrößern und Fettsetzen der Überschrift und der beiden Zwischenüberschriften machen:

1. Markieren Sie die Überschrift Ihres Beispieltextes, indem Sie entweder doppelt auf das Wort „Scones" klicken oder mit gedrückter Maustaste darüber fahren und dann die Maustaste loslassen oder indem Sie die Einfügemarke mit den Pfeiltasten vor oder hinter das Wort „Scones" bewegen, die Umschalttaste drücken und gedrückt halten, dann die rechte oder linke Pfeiltaste so lange drücken, bis das ganze Wort markiert ist, und dann die Finger von den Tasten nehmen.

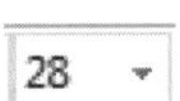

2. Legen Sie nun die neue Schriftgröße fest. Word 2010 bietet Ihnen dafür von sich aus bereits ein Kontextmenü an, das erst transparent ist und immer deutlicher wird, je näher Sie den Mauszeiger dorthin bewegen. Führen Sie den Mauszeiger in das Kontextmenü, öffnen Sie das Ausklappmenü *Schriftgrad* mit einem Klick auf die Schaltfläche mit dem nach unten weisenden Dreieck und wählen Sie die Zahlenangabe 28 (s. Abb. 1.38). Alternativ können Sie aber auch auf der Registerkarte *Start* der Multifunktionsleiste die Ausklappliste *Schriftgrad* öffnen und dort die Zahlenangabe 28 wählen. Haben Sie Ihre Auswahl getroffen, verschwindet die Ausklappliste, die Markierung bleibt erhalten und die Überschrift wird größer.

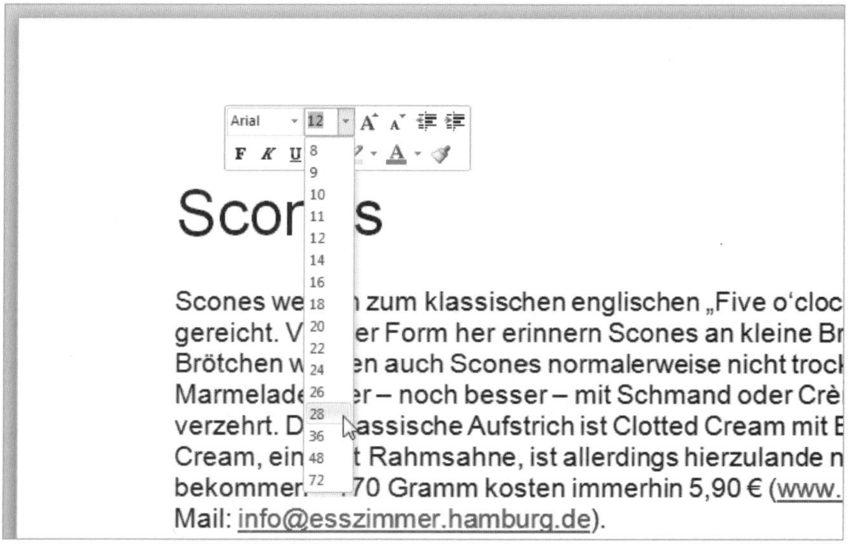

Abb. 1.38 Wählen Sie für die Überschrift den Schriftgrad 28.

Schriftgröße in Grad

Word verwendet für die Schriftgröße die Bezeichnung *Schriftgrad* und gibt die Größe in Punkt (pt) an. 1 pt entspricht 0,351 mm. Bei Briefen und in Büchern ist die Schrift normalerweise 10 pt oder 12 pt groß.

F

3. Da die Überschrift noch markiert und das Kontextmenü – falls Sie es verwendet haben – noch geöffnet ist, können Sie sie auch gleich fett setzen, indem Sie im Kontextmenü auf die Symbolschaltfläche *Fett* klicken (s. Abb. 1.39). Ist das Kontextmenü nicht zu sehen, können Sie es mit einem Rechtsklick auf die Markierung wieder einblenden. Alternativ können Sie aber auch in der Multifunktionsleiste auf der Registerkarte *Start* auf die Symbolschaltfläche *Fett* klicken. Die Markierung bleibt erhalten und die Überschrift wird fett gesetzt.

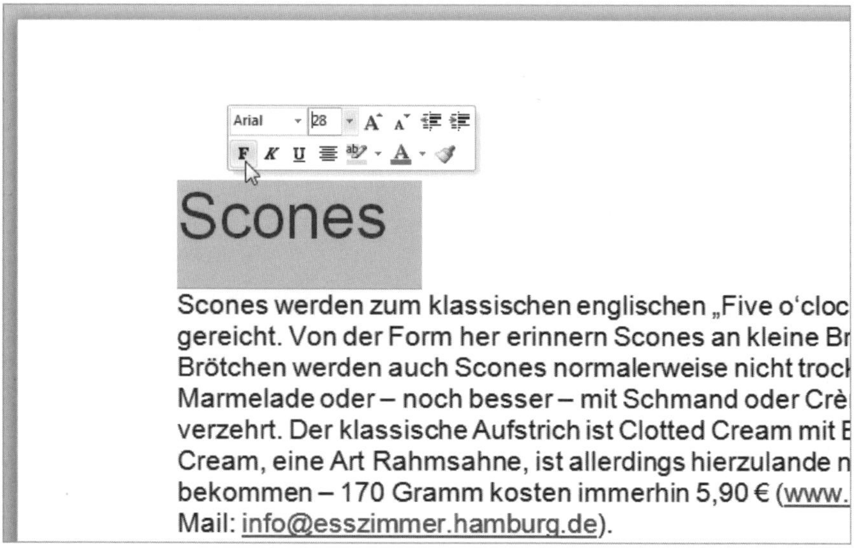

Abb. 1.39 Klicken Sie im Kontextmenü auf die Symbolschaltfläche für Fettschrift.

Auszeichnung

Der Fachbegriff für Fett- und Kursivsetzung, Unterstreichung, Schattierung und ähnliche Schrifteigenschaften lautet „Auszeichnung". Die wichtigsten Auszeichnungen sind auf der Registerkarte *Start* des Menübands in der Gruppe *Schriftart* zusammengefasst und können auch über das Kontextmenü aufgerufen werden.

4. Vergrößern Sie nun die beiden Zwischenüberschriften „Zutaten" und „Zubereitung", und setzen Sie sie ebenfalls fett. Da Word Ihnen die Möglichkeit bietet, unzusammenhängend zu markieren, können Sie dies in einem Rutsch erledigen. Das funktioniert allerdings nur, wenn Sie für die Markierung die Maus und nicht die Pfeiltasten verwenden! Markieren Sie dazu die erste Zwischenüberschrift „Zutaten" mit der Maus (Mauszeiger vor das Wort, Maustaste gedrückt halten, Mauszeiger über das Wort ziehen, Maustaste loslassen), drücken Sie die Steuerungstaste Strg und halten Sie sie gedrückt, markieren Sie dann die zweite Zwischenüberschrift „Zube-

reitung“ (Mauszeiger vor das Wort, Maustaste gedrückt halten, Mauszeiger über das Wort ziehen, Maustaste loslassen) und lassen Sie die Maustaste los. Nach diesem akrobatischen Akt sollten nun beide Zwischenüberschriften markiert sein.

5. Klicken Sie mit der rechten Maustaste auf eine der beiden Markierungen, wählen Sie im Kontextmenü den Schriftgrad *14* und klicken Sie auf die Symbolschaltfläche *Fett*. Die beiden Zwischenüberschriften werden etwas größer und fett dargestellt.

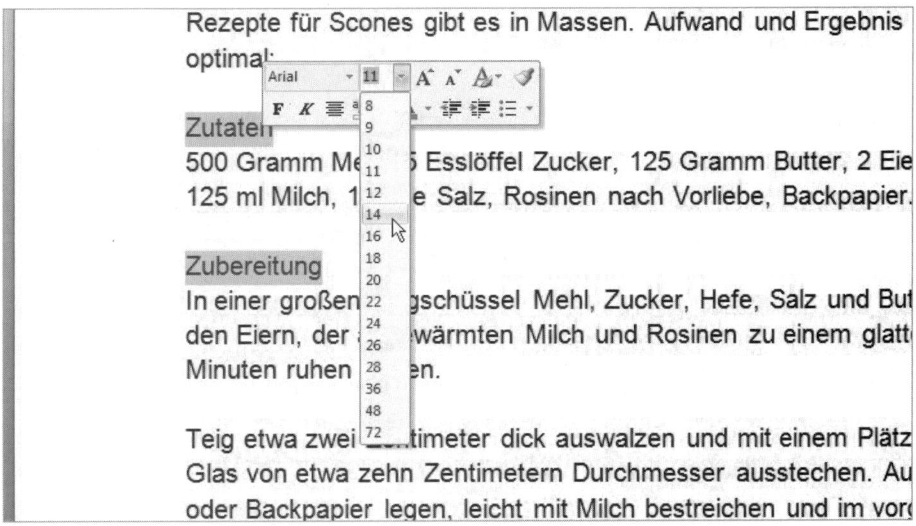

Abb. 1.40 Wählen Sie im Kontextmenü die Schriftgröße *14* und klicken Sie auf die Schaltfläche für Fettschrift.

Damit wäre die Textformatierung zunächst erledigt. Wenn Sie sich genau an die Vorgaben gehalten haben, sollte Ihr Beispieltext jetzt so ähnlich aussehen wie in der folgenden Abbildung.

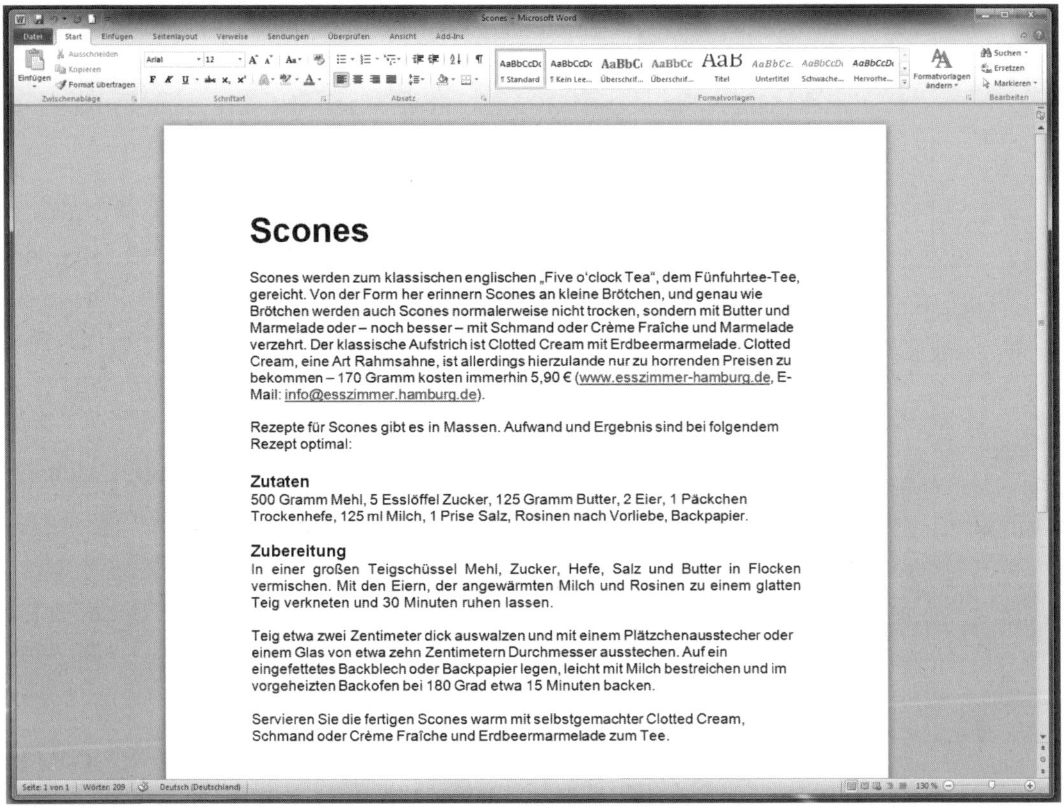

Abb. 1.41 Der Beispieltext nach der Textformatierung

Sie können natürlich noch weiter experimentieren und den Beispieltext mit anderen Schriftarten, Schriftgrößen und Auszeichnungen noch attraktiver machen.

Absatzformatierung: Zeilenabstand, Ausrichtung und Einzüge

Nicht nur mit Textformatierungen, auch mit größeren oder geringeren Zeilenabständen, Zentrierungen oder Blocksatz und Einrückungen oder Einzügen können Sie ein Dokument besser lesbar machen und optisch ansprechender gestalten. Die Funktionen für die wichtigsten Absatzformatierungen sind bei Word auch nur einen Mausklick entfernt. Sie finden sie im Menüband auf der Registerkarte *Start* in der Gruppe *Absatz* und zum Teil auch im Kontextmenü.

Zeilenabstand ändern

Da es sich bei Ihrem Beispieltext um ein Rezept handelt, das Sie vielleicht ausdrucken, mit in Ihre Küche nehmen und tatsächlich ausprobieren möchten, sollte es vor allen Dingen auch mit einigem Abstand noch gut lesbar sein. Eine leichte Vergrößerung des Zeilenabstands hilft dabei enorm. Um die Zeilenabstände Ihres Beispieltextes zu vergrößern, gehen Sie auf folgende Weise vor:

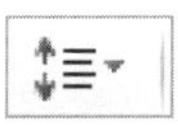

1. Markieren Sie den gesamten Text außer der Überschrift mit der Maus oder den Pfeiltasten und öffnen Sie in der Gruppe *Absatz* der Registerkarte *Start* die Ausklappliste *Zeilenabstand*.
2. Wählen Sie die Zahlenangabe 1,5. Die Ausklappliste schließt sich, die Markierung bleibt erhalten und der Text wird 1,5-zeilig gesetzt.

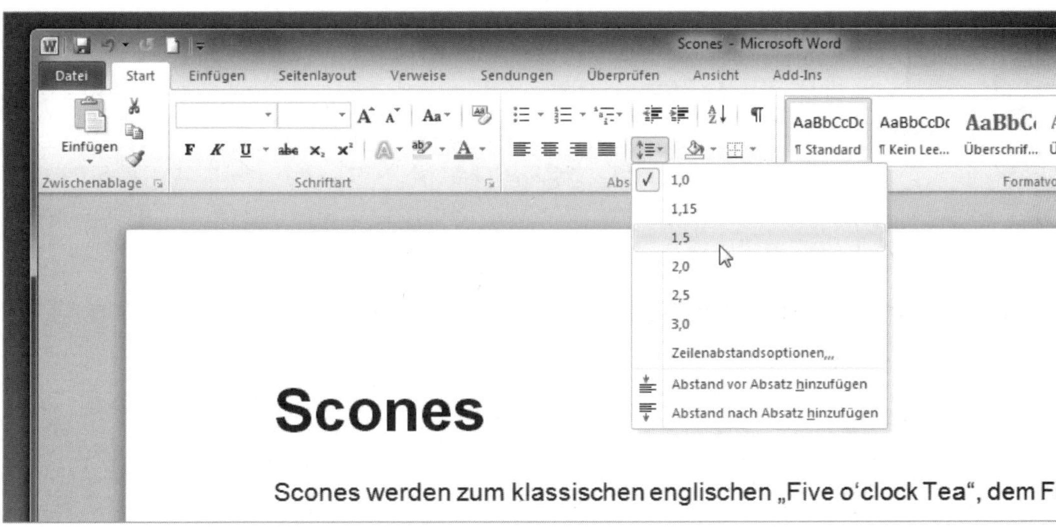

Abb. 1.42 Wählen Sie in der Ausklappliste *Zeilenabstand* den Eintrag *1,5*.

3. Klicken Sie mit der Maus in den Text oder drücken Sie eine Pfeiltaste, um die Markierung auszublenden.

Zeilenabstand

Normalerweise wird der Zeilenabstand bei Word in der Maßangabe „Zeile“ angezeigt. 1,0 wird daher auch als „einzeilig“, 1,5 als „anderthalbzeilig“, 2,0 als „zweizeilig“ bezeichnet. Die Maßangabe selbst stammt noch aus dem Bleisatz, als der Zeilenabstand mithilfe von Leerzeilen eingeschoben werden musste, und wurde auch bei Schreibmaschinen verwendet. Bei Word gilt: Eine Zeile = Buchstabenhöhe + 20%, sodass der Zeilenabstand bei einer Schriftgröße von 10 pt also 12 pt beträgt.

Ausrichtungen ändern

Absatzausrichtungen – rechtsbündig, linksbündig, zentriert und Blocksatz – sind ebenfalls ein wesentliches Element der Textgestaltung. Der Blocksatz etwa, der im Buchdruck üblich ist, gibt den meisten Texten eine elegante Note. Zentrierungen hingegen sind zwar auch elegant, hemmen aber den Lesefluss und werden vor allem für Überschriften, Gedichte und Speisekarten verwendet.

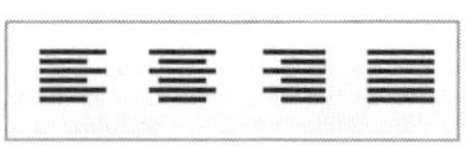

Um den Absätzen Ihres Beispieltextes eine andere Ausrichtung zu geben, brauchen Sie nichts weiter zu tun, als den oder die Absätze, die Sie anders ausrichten möchten, zu markieren und dann auf der Registerkarte *Start* des Menübands in der Gruppe *Absatz* auf eine der vier Symbolschaltflächen *Linksbündig, Zentriert, Rechtsbündig* oder *Blocksatz* zu klicken.

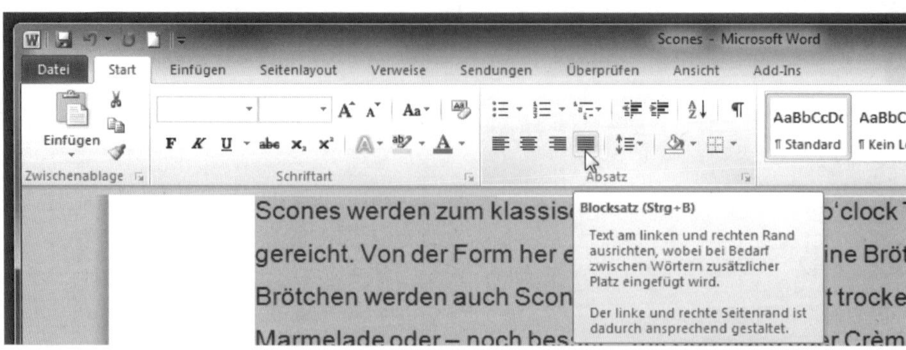

Abb. 1.43 Die Schaltflächen für die Absatzausrichtung finden Sie auf der Registerkarte *Start* in der Gruppe *Absatz*.

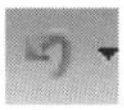

Gefällt Ihnen das Ergebnis nicht, können Sie es mit einem Klick auf die Symbolschaltfläche *Rückgängig* in der Schnellzugriffsleiste wieder rückgängig machen. Probieren Sie einfach mehrere Varianten aus.

Der Einfachheit halber können Sie aber auch den kompletten Text im Blocksatz setzen und die Überschrift zentrieren. Das Ergebnis sähe dann auch bei Ihrem Beispieltext so aus wie in der folgenden Abbildung.

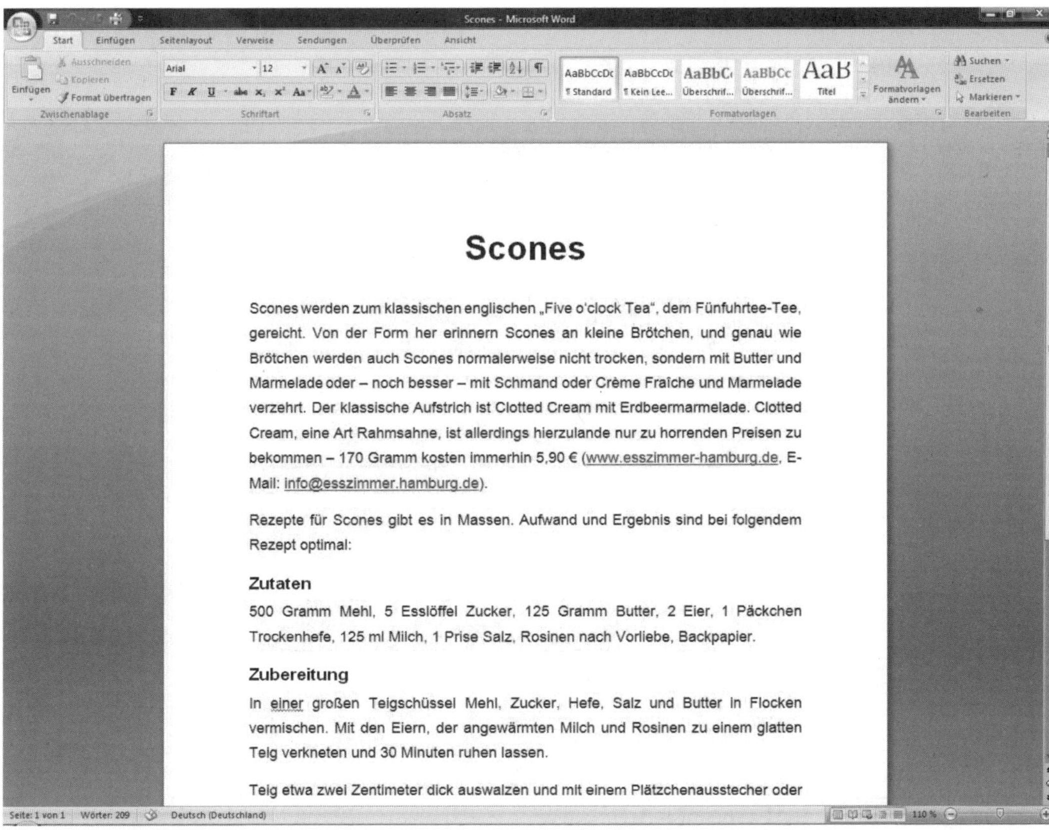

Abb. 1.44 Der Beispieltext im Blocksatz mit zentrierter Überschrift

Einzüge verwenden

Mit Einrückungen – oder Einzügen, wie der Fachbegriff lautet – lässt sich ein Text übersichtlicher gestalten. Und natürlich sind weder für Word noch für Sie Einzüge ein Problem. Am einfachsten rücken Sie Absätze mit einer vorgefertigten Funktion ein, die Word Ihnen auch in der Gruppe *Absatz* der Registerkarte *Start* anbietet. Wenn die Einzüge millimetergenau erfolgen sollen, stellt Word Ihnen dafür sogar ein Lineal zur Verfügung, das Sie aber erst etwas später kennenlernen werden.

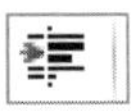

Um in Ihrem Beispieltext die Anleitungen für die Zutaten und die Zubereitung einzurücken, markieren Sie die drei betreffenden Absätze (Steuerungstaste nicht vergessen!) und klicken dann in der Gruppe *Absatz* auf die Symbolschaltfläche *Einzug vergrößern*.

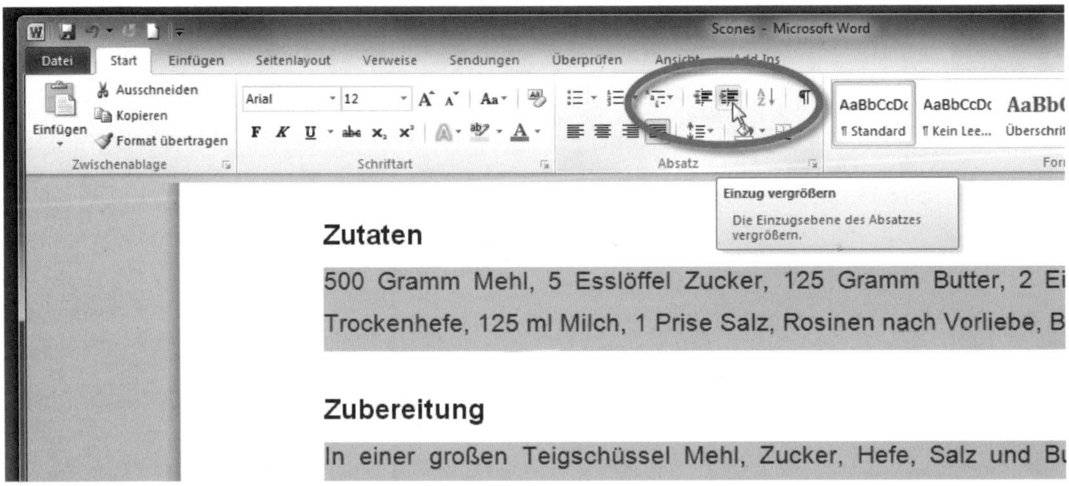

Abb. 1.45 Für das Einrücken ist die Schaltfläche *Einzug vergrößern* in der Gruppe *Absatz* zuständig.

Ist Ihnen der Einzug nicht groß genug, klicken Sie einfach noch einmal auf die Schaltfläche.

Ist der Einzug dann zu groß, klicken Sie auf die daneben liegende Schaltfläche *Einzug verkleinern*. Mit ein wenig Herumprobieren werden Sie eine optimale Lösung finden. Das Endergebnis unseres Beispieltextes sieht jedenfalls so aus, wie es die Seitenansicht in der folgenden Abbildung zeigt.

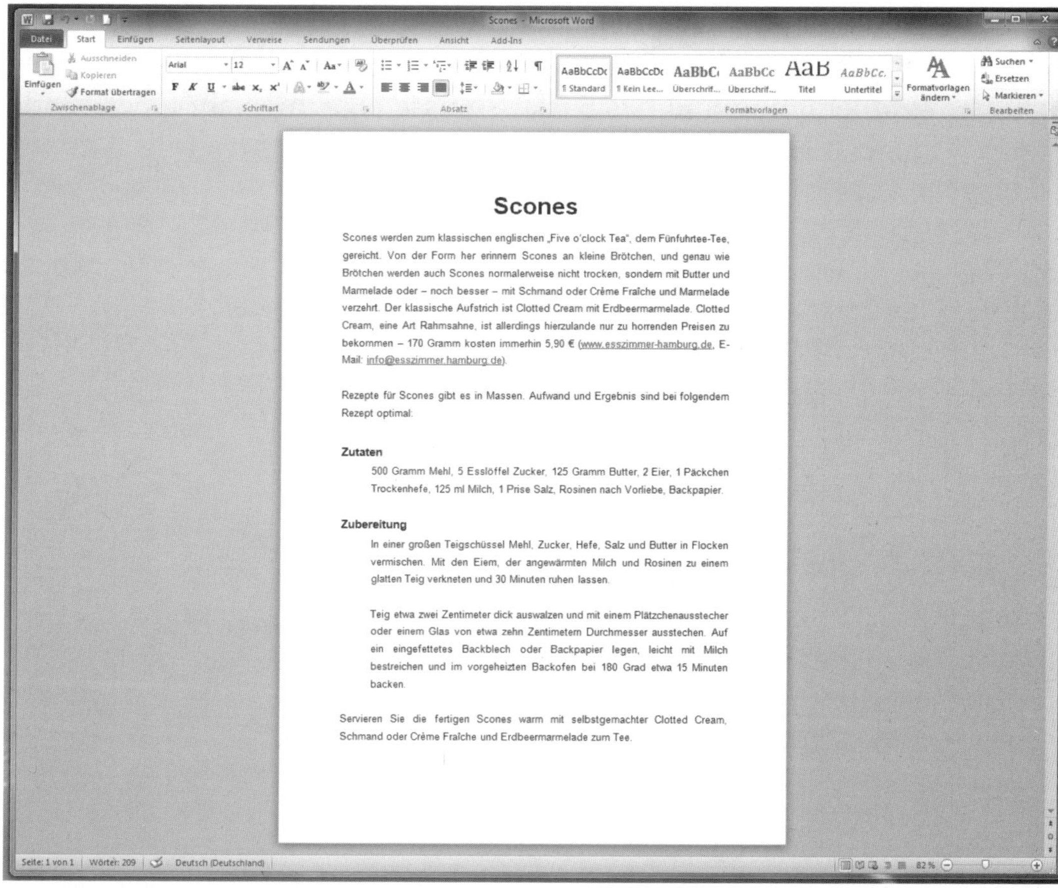

Abb. 1.46 Das fertige Ergebnis des Rezeptbeispiels

Zu guter Letzt: Speichern und Drucken

Da der Beispieltext jetzt viel zu schön ist, um einfach auf Nimmerwiedersehen zu verschwinden, sollten Sie ihn – falls Sie dies nicht längst getan haben – speichern und nach Möglichkeit drucken (Drucker einschalten, Symbolschaltfläche *Schnelldruck* in der *Schnellzugriffs*leiste anklicken oder *Datei*-Menü öffnen, Menüeintrag *Drucken* wählen und auf die Schaltfläche *Drucken* klicken). Dann beenden Sie Word mit einem Klick auf die *X*-Schaltfläche in der Titelleiste, schalten Ihren Computer aus, nehmen das Rezept, gehen die dort genannten Zutaten kaufen und überraschen Ihre Lieben mit Scones und einer Tasse Tee. Die angegebenen Mengen reichen für vier bis sechs Personen, für die Vorbereitung und das Backen müssen Sie ungefähr eine Stunde einplanen.

Kapitel 2

Word 2010 gemütlich einrichten

Word 2010 ist außerordentlich anpassungsfähig – und das gleich in zweierlei Hinsicht. Es bietet Ihnen zum einen viele Einstellungsmöglichkeiten, die die Bedienung ein wenig einfacher machen und Ihnen helfen, die Übersicht zu behalten. So können Sie zum Beispiel der Schnellzugriffsleiste Symbolschaltflächen für alle Befehle und Funktionen hinzufügen, die Sie häufig verwenden, oder die Belegung des Menübands anpassen. Zum anderen verfügt Word über eine ganze Reihe von Funktionen, mit denen Sie es tatsächlich zu Ihrem eigenen, individuellen Programm machen können, das auf Ihren ganz persönlichen Bedarf abgestimmt ist. So können Sie etwa die AutoKorrektur mit eigenen Inhalten füttern, das Wörterbuch fortlaufend optimieren oder die Farbgestaltung ändern. Nach und nach wird so aus dem Fertighaus Word ein gemütliches Eigenheim, in dem Sie sich rundum wohlfühlen.

Was das Wohlbefinden allerdings beeinträchtigen kann, sind die kleinen Eigenmächtigkeiten, die Word sich manchmal erlaubt. Da werden völlig korrekt eingegebene Wörter automatisch korrigiert, Absätze eingerückt oder Assistenten eingeblendet, die Ihnen nicht nur überhaupt nicht weiterhelfen, sondern Sie auch noch von Ihrer Arbeit abhalten.

In diesem Kapitel erfahren Sie, wie Sie Word so einrichten, dass Sie sich darin zu Hause fühlen. Sie bekommen vorgeführt, wie Sie Word individualisieren, lernen die wichtigsten Anpassungsmöglichkeiten kennen und erfahren, wie Sie Word unerwünschte Eigenmächtigkeiten abgewöhnen.

Einige der hier angesprochenen Anpassungen werden Sie erst vornehmen, wenn Sie sich ein wenig tiefer in Word eingearbeitet haben. Das Kapitel ist daher ausdrücklich nicht als Aufgabenkapitel gedacht, das Sie von vorn bis hinten durcharbeiten sollten, sondern als Informationskapitel, ein Fundus, auf den Sie bei Bedarf zurückgreifen. Durchblättern und Querlesen ist aber auch dann unbedingt zu empfehlen, wenn Sie noch ganz am Anfang Ihrer Word-Karriere stehen.

2.1 Anpassen und optimieren

Bei Word 2010 können Sie nicht nur auf vorgefertigte Funktionen zurückgreifen, sondern auch ganz individuelle Anpassungen vornehmen, mit denen Sie es zu Ihrem persönlichen Programm machen.

Farbschema ändern

Normalerweise zeigt sich Word 2007 in blaugrauem Gewand. Multifunktionsleiste, Statuszeile, Dialog- und Hinweisfenster und auch der Hintergrund Ihres Word-Arbeitsbereichs werden in Blau-/Grautönen dargestellt. Sollte Ihnen diese Farbgebung nicht zusagen, können Sie mit einigen wenigen Mausklicks ein anderes Farbschema auswählen. Dazu öffnen Sie den Backstage-Bereich mit einem Klick auf den *Datei*-Reiter und klicken unten im *Datei*-Menü auf die Schaltfläche *Optionen*.

Abb. 2.1 Klicken Sie im Backstage-Menü auf die Schaltfläche *Optionen*.

Auf Ihrem Bildschirm erscheint das Dialogfenster *Word-Optionen,* das Ihnen den Abschnitt *Allgemeine Optionen für das Arbeiten mit Word* anzeigt. Dort befindet sich unter anderem auch die Ausklappliste *Farbschema,* die Sie mit einem Klick auf die Schaltfläche mit dem nach unten weisenden Dreieck öffnen. Sie haben dort die Wahl zwischen den beiden zusätzlichen Farbalternativen *Silber* und *Schwarz.*

Probieren Sie es einfach aus. Wählen Sie den Eintrag *Schwarz* (s. Abb. 2.2) und klicken Sie dann auf die *OK*-Schaltfläche des Dialogfensters. Das Fenster schließt sich und sofort zeigt sich Word in neuem Gewand.

Sollte Ihnen das neue Farbschema nicht zusagen, rufen Sie das Dialogfenster *Word-Optionen* erneut auf (*Datei / Optionen*) und probieren das Alternativschema aus. Sagt Ihnen auch dies nicht zu, stellen Sie auf das blaue Farbeschema zurück.

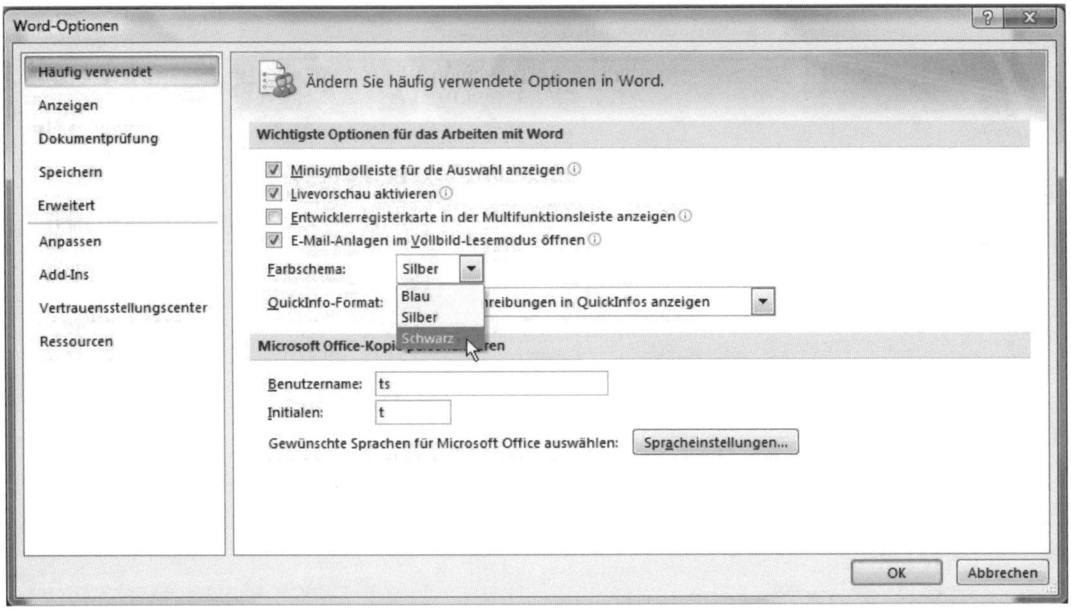

Abb. 2.2 Entscheiden Sie sich für eine der beiden alternativen Farbvarianten und klicken Sie dann auf die *OK*-Schaltfläche.

Das Farbschema gilt für alle Microsoft Office-Programme
Das Farbschema, das Sie hier einstellen, gilt automatisch für alle Programme des Microsoft Office-Programmpakets. Wählen Sie in Word das Farbschema *Schwarz*, erscheinen auch zum Beispiel Excel und PowerPoint in Schwarz. Eine unterschiedliche Farbwahl – Word schwarz und Excel blau – ist nicht möglich.

Symbolleiste für den Schnellzugriff anpassen

Die vielleicht wichtigste Anpassungsmöglichkeit von Word 2010 betrifft die Schnellzugriffsleiste, die in ihrer Standardbelegung ja lediglich die vier Symbolschaltflächen *Speichern*, *Rückgängig*, *Wiederholen* und *Schnelldruck* enthält. Damit die Schnellzugriffsleiste ihren Zweck erfüllen kann, müssen Sie sie anpassen und mit Schaltflächen für die Funktionen und Befehle füllen, die Sie oft verwenden.

Word bietet Ihnen dafür gleich mehrere Möglichkeiten.

Schaltflächen über das Auswahlmenü der Schnellzugriffsleiste hinzufügen

Die einfachste Anpassungsmöglichkeit führt über die Dreiecksschaltfläche, die sich direkt an der Schnellzugriffsleiste befindet. Wenn Sie darauf klicken, öffnet sich ein Auswahlmenü, in dem Sie einige Symbolschaltflächen mit wichtigen Funktionen hinzufügen, aber auch entfernen können.

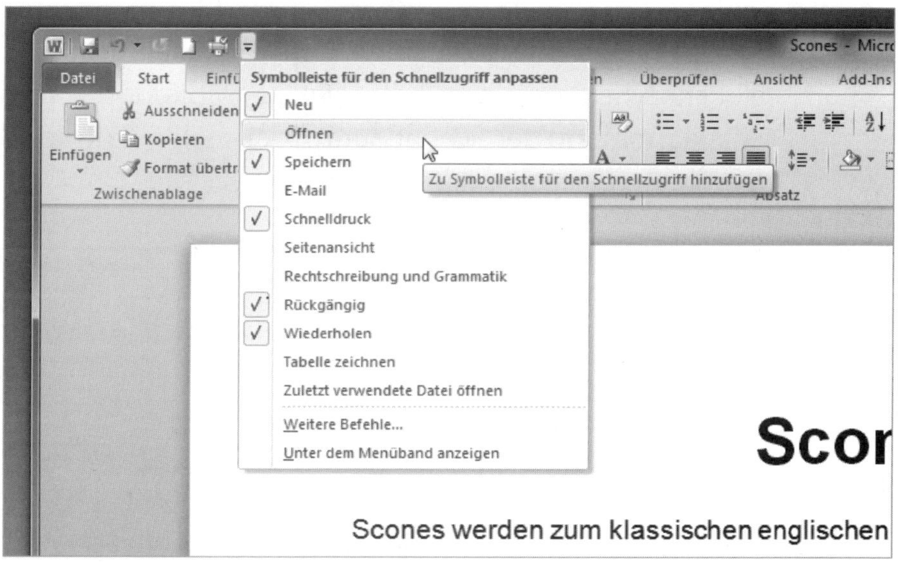

Abb. 2.3 Das Auswahlmenü der Schnellzugriffsleiste bietet Ihnen bereits einige Schaltflächen an, die Sie an- und abwählen können.

Das Häkchen vor einem Eintrag zeigt an, dass in der Schnellzugriffsleiste eine entsprechende Schaltfläche enthalten ist. Wenn Sie zum Beispiel – wie auf der Abbildung zu sehen ist – auf den Eintrag *Öffnen* klicken, schließt sich das Ausklappmenü und die Symbolschalfläche *Öffnen* wird der Schnellzugriffsleiste hinzugefügt. Lassen Sie sich das Ausklappmenü erneut anzeigen, ist jetzt dort vor dem Eintrag *Öffnen* ein Häkchen zu sehen.

Die Auswahl an Schaltflächen ist im Ausklappmenü der Schnellzugriffsleiste allerdings sehr begrenzt. Wesentlich umfassender, schneller und vor allen Dingen systematischer können Sie die Schnellzugriffsleiste über das bereits bekannte Dialogfenster *Word-Optionen* anpassen.

Schaltflächen über das Dialogfenster Word-Optionen verwalten

Das Dialogfenster *Word-Optionen*, aufzurufen über das *Datei*-Menü (*Datei / Optionen*), enthält den Navigationseintrag *Symbolleiste für den Schnellzugriff*. Dort können Sie sich dann die Belegung der Schnellzugriffsleiste nach dem Baukastenprinzip zusammenstellen. Noch etwas schneller gelangen Sie dorthin, wenn Sie im Ausklappmenü der Schnellzugriffsleiste den Eintrag *Weitere Befehle* wählen (*Dreiecksschaltfläche / Weitere Befehle*).

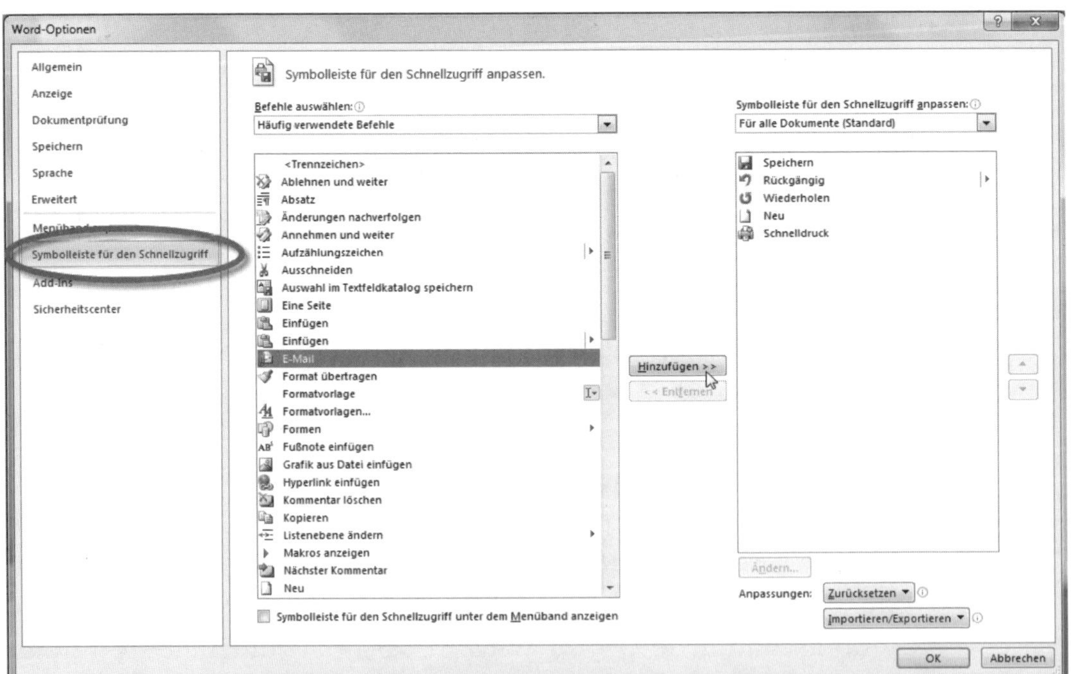

Abb. 2.4 Das Dialogfenster *Word-Optionen* ist auch für die Anpassung der Schnellzugriffsleiste zuständig.

Das Zusammenstellen der Schaltfläche für die Schnellzugriffsleiste ist denkbar einfach: Die linke Auswahlliste zeigt Ihnen die Funktionen und Befehle, die rechte Auswahlliste die Belegung der Schnellzugriffsleiste. Um nun einen bestimmten Eintrag in die Schnellzugriffsleiste hineinzubekommen, wählen Sie ihn mit der Maus in der linken Liste an und klicken auf die Schaltfläche *Hinzufügen*. Der Eintrag erscheint dann in der rechten Liste. In welcher Reihenfolge die Symbolschaltflächen in der Schnellzugriffsleiste angezeigt werden, können Sie mithilfe der beiden Pfeilschaltflächen festlegen, die sich rechts neben der rechten Belegungsliste befinden.

In der linken Auswahlliste werden Ihnen zunächst nur die häufig verwendeten Befehle angezeigt. Um der Schnellzugriffsleiste einen Befehl hinzuzufügen, der dort nicht aufgeführt ist, öffnen Sie die Ausklappliste *Befehle auswählen* mit einem Klick auf die dazugehörige Dreiecksschaltfläche. Sie bekommen dann eine lange Auswahlliste aller möglichen Befehlszusammenstellungen angezeigt. Sie haben dort unter anderem die Wahl zwischen den Befehlen jeder einzelnen Registerkarte des Menübands, den Befehlen, die im Menüband nicht vorhanden sind, und den Befehlen, die Sie über die Registerkarte *Datei* aufrufen.

Um zum Beispiel der Schnellzugriffsleiste eine Symbolschaltfläche für den Aufruf des Dialogfensters *AutoKorrektur-Optionen* hinzuzufügen, gehen Sie auf folgende Weise vor:

Da in der Liste der häufig verwendeten Befehle kein Eintrag für die Autokorrektur angezeigt wird, öffnen Sie die Ausklappliste *Befehle hinzufügen* und wählen dort den Eintrag *Alle Befehle* – dann können Sie sicher sein, dass Ihnen der AutoKorrektur-Eintrag auch tatsächlich angezeigt wird.

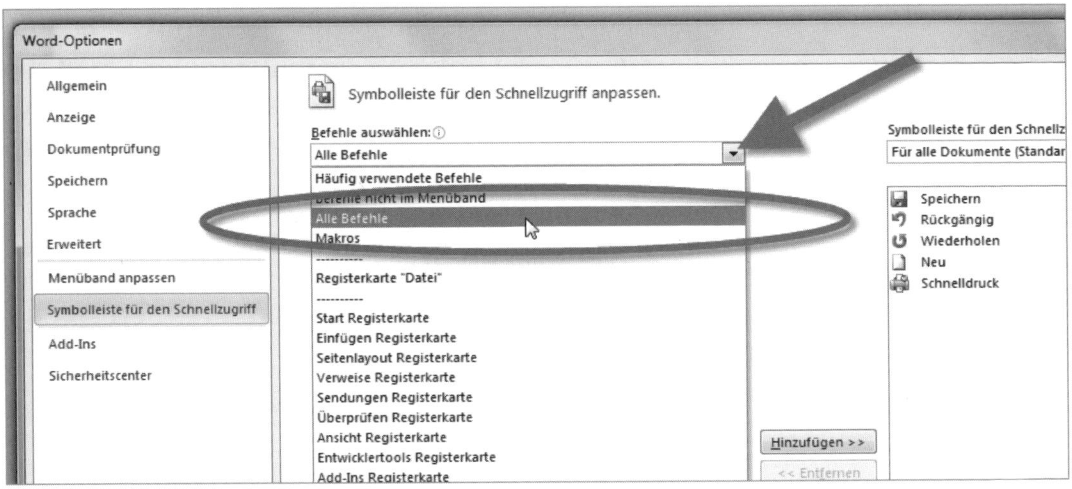

Abb. 2.5 Wählen Sie in der Ausklappliste *Befehle auswählen* den Eintrag *Alle Befehle*.

In der linken Auswahlliste werden Ihnen nun sämtliche Befehle, die Word zu bieten hat, in alphabetischer Reihenfolge präsentiert. Bewegen Sie die Liste mithilfe des Schiebereglers so weit nach unten, bis der Eintrag *AutoKorrektur-Optionen* zu sehen ist, markieren Sie ihn mit einem Mausklick und klicken Sie dann auf die Schaltfläche *Hinzufügen*. Der Eintrag erscheint nun in der rechten Liste.

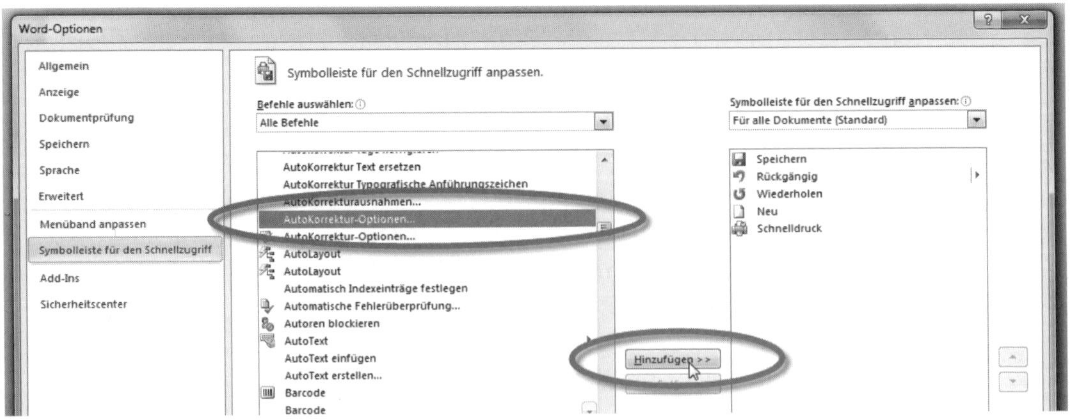

Abb. 2.6 Markieren Sie den Listeneintrag *AutoKorrektur-Optionen* und klicken Sie auf die Schaltfläche *Hinzufügen*.

Das war's eigentlich schon. Mithilfe der Pfeilschaltflächen können Sie jetzt noch bestimmen, an welcher Position die Symbolschaltfläche *AutoKorrektur-Optionen* in der Schnellzugriffsleiste erscheinen soll.

Nutzen Sie die Gelegenheit und fügen Sie der Schnellzugriffsleiste auch gleich noch einige weitere Schaltflächen für die Befehle und Funktionen hinzu, die Sie häufig verwenden. Das dazu notwendige Verfahren haben Sie ja jetzt kennengelernt.

Selbstverständlich können Sie auch Schaltflächen aus der Schnellzugriffsleiste entfernen. Sie markieren dazu einfach einen überflüssigen Eintrag in der Belegungsliste und klicken dann auf die Schaltfläche *Entfernen*.

Haben Sie Ihre Auswahl getroffen, schließen Sie das Dialogfenster *Word-Optionen* mit einem Klick auf die *OK*-Schaltfläche. Ihre Erweiterungen und Anpassungen werden dann in die Schnellzugriffsleiste übernommen. Die erweiterte Schnellzugriffsleiste erscheint automatisch in der Titelleiste aller vorhandenen und zukünftigen Word-Dokumente.

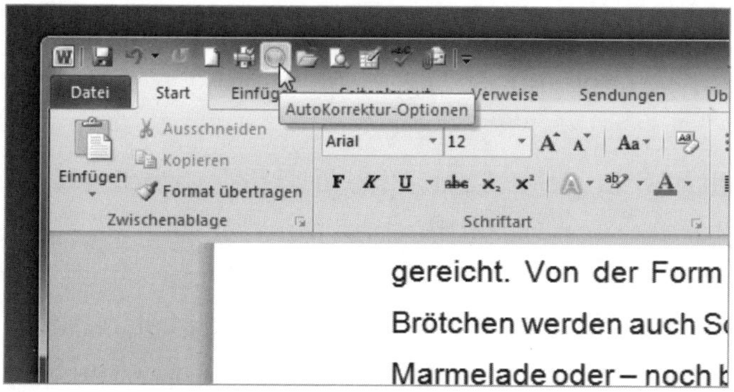

Abb. 2.7 Erst wenn Sie die Schnellzugriffsleiste angepasst haben, kann sie Ihnen gute Dienste leisten.

Schaltflächen über das Kontextmenü des Menübands hinzufügen

Noch einfacher als über das Dialogfenster *Word-Optionen* können Sie die Schnellzugriffsleiste über das Kontextmenü des Menübands anpassen. Sobald Sie feststellen, dass Sie einen bestimmten Befehl des Öfteren über eine der Registerkarten aufrufen, die meist im Hintergrund liegen, lohnt es sich, diesen Befehl in die Schnellzugriffsleiste aufzunehmen. Dazu müssen Sie nur mit der rechten Maustaste auf den betreffenden Befehl klicken und im Kontextmenü den Eintrag *Zu Symbolleiste für den Schnellzugriff hinzufügen* wählen. In der Schnellzugriffsleiste erscheint dann sofort die entsprechende Symbolschaltfläche.

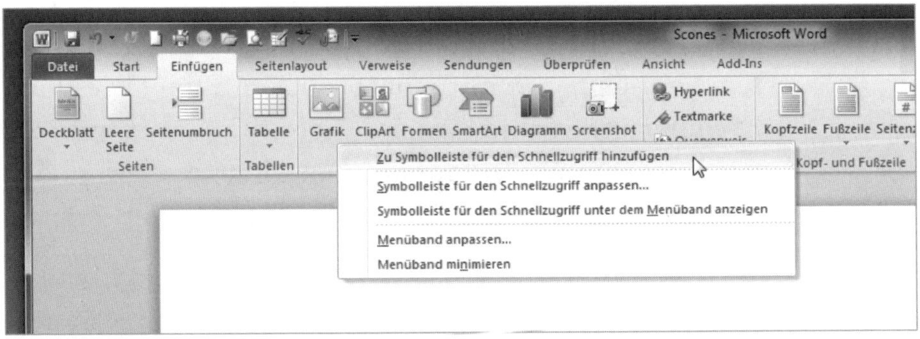

Abb. 2.8 Sie können jeden Befehl und jede Funktion des Menübands in die Schnellzugriffsleiste übernehmen.

Schaltflächen aus der Schnellzugriffsleiste entfernen

Das Entfernen von Schaltflächen aus der Schnellzugriffsleiste ist genauso einfach wie das Hinzufügen. Denn auch dafür können Sie ein Kontextmenü benutzen. Um eine bestimmte Schaltfläche aus der Schnellzugriffsleiste zu entfernen, klicken Sie einfach mit der rechten Maustaste darauf und wählen die Kontextmenüoption *Aus Symbolleiste für den Schnellzugriff entfernen* und der Fall ist erledigt.

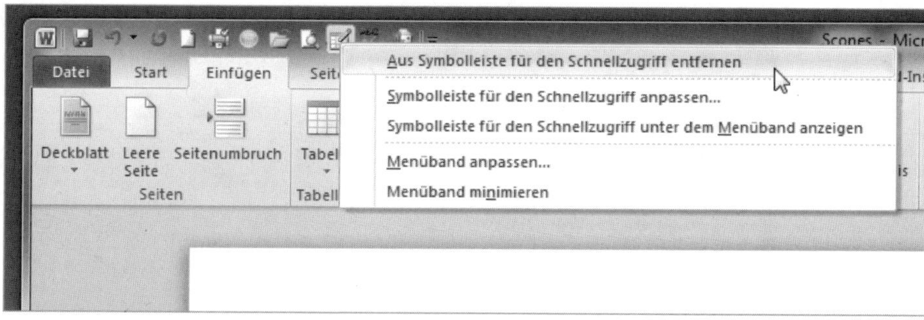

Abb. 2.9 Überflüssige Symbolschaltflächen entfernen Sie am einfachsten über das Kontextmenü der Schnellzugriffsleiste.

Schnellzugriffsleiste unterhalb des Menübands anzeigen

Sollten Sie die Schnellzugriffsleiste häufig nutzen, empfinden Sie es möglicherweise als nachteilig, dass sie in der Titelleiste viel Platz für sich beansprucht und die Maus-Wege vom Arbeitsbereich Ihres Word-Dokuments dorthin relativ weit sind. Abhilfe schaffen Sie damit, dass Sie sich die Schnellzugriffsleiste unterhalb des Menübands anzeigen lassen:

Klicken Sie auf die Dreiecksschaltfläche direkt an der Schnellzugriffsleiste und wählen Sie ganz unten in der Auswahlliste den Befehl *Unter dem Menüband anzeigen* (s. Abb. 2.10). Die Schnellzugriffsleiste wird sofort unter dem Menüband angezeigt (s. Abb. 2.11).

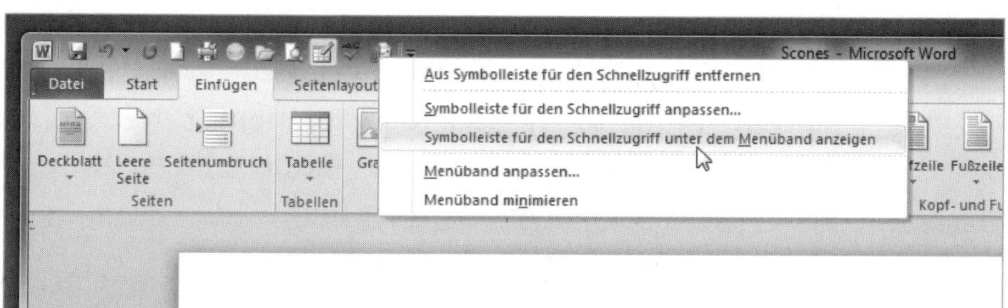

Abb. 2.10 Ein Klick auf die betreffende Kontextmenüoption …

Abb. 2.11 … und die Schnellzugriffsleiste rutscht unter das Menüband.

Aus Fehlern lernen: Typische Tippfehler in die AutoKorrektur übernehmen

Wie die Bezeichnung vermuten lässt, korrigiert die AutoKorrektur Ihre Eingaben automatisch und ersetzt ein Wort, das Sie eingeben, durch ein anderes Wort oder ganze Wortpassagen. Typische Dreher („Beispeil" statt „Beispiel"), Fehler („Rythmus" statt „Rhythmus") und Floskeln („mfg" wird zu „Mit freundlichen Grüßen") werden automatisch korrigiert und ersetzt.

Die AutoKorrektur arbeitet mit einer simplen Tabelle, bei der in der einen Spalte die Fehleingaben und Abkürzungen und in der anderen Spalte die Korrekturen und Floskeln verzeichnet sind. Die Ersetzungstabelle enthält allerdings nur wenige typische Tippfehler und Floskeln, der Wirkungsgrad der AutoKorrektur ist daher zunächst noch recht gering.

Zum Glück ist die AutoKorrektur aber lernfähig. Mit wenig Aufwand können Sie die Ersetzungstabelle erweitern, indem Sie sie ständig mit neuen typischen Tippfehlern füttern. Nach und nach machen Sie die AutoKorrektur dadurch zu einem wichtigen und sehr effektiven Korrekturinstrument.

Am einfachsten füttern Sie die Ersetzungstabelle während der normalen Texteingabe ganz nebenbei. Die Rechtschreibkontrolle unterkringelt ja bereits die Wörter, die ihr unbekannt sind, rot. Meist sehen Sie sofort, ob Sie sich tatsächlich vertippt haben. Ist dies wiederholt der Fall, nehmen Sie den Fehler am besten gleich auf folgende Weise in die AutoKorrektur auf:

1. Markieren Sie das rot unterkringelte Wort, klicken Sie mit der rechten Maustaste darauf, führen Sie den Mauszeiger auf die Kontextmenüoption *AutoKorrektur* und klicken Sie im Untermenü auf den Eintrag *AutoKorrektur-Optionen*.

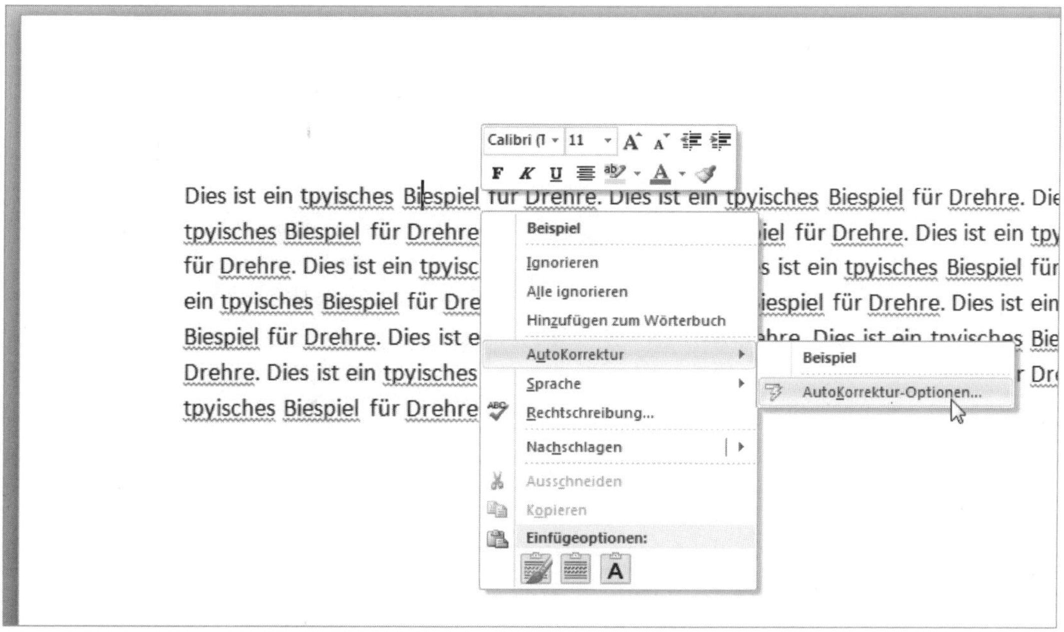

Abb. 2.12 Klicken Sie rechts auf das markierte Wort und wählen Sie im Kontextmenü *AutoKorrektur / AutoKorrektur-Optionen*.

2. Auf Ihrem Bildschirm erscheint das Dialogfenster der AutoKorrektur. Im unteren Teil des Dialogfensters sehen Sie die Ersetzungstabelle. Direkt darüber befindet sich die Eingabezeile, über die Sie die Tabelle mit zusätzlichen Einträgen versorgen können. Das von Ihnen falsch geschriebene und markierte Wort – in diesem Fall das Wort „Biespiel" – ist bereits im Feld *Ersetzen* eingetragen. Tragen Sie im Feld *Durch* die korrekte Schreibung – hier das Wort „Beispiel" – ein und kli-

cken Sie auf die Schaltfläche *Hinzufügen*. Das Wortpaar wird in die Ersetzungstabelle aufgenommen.

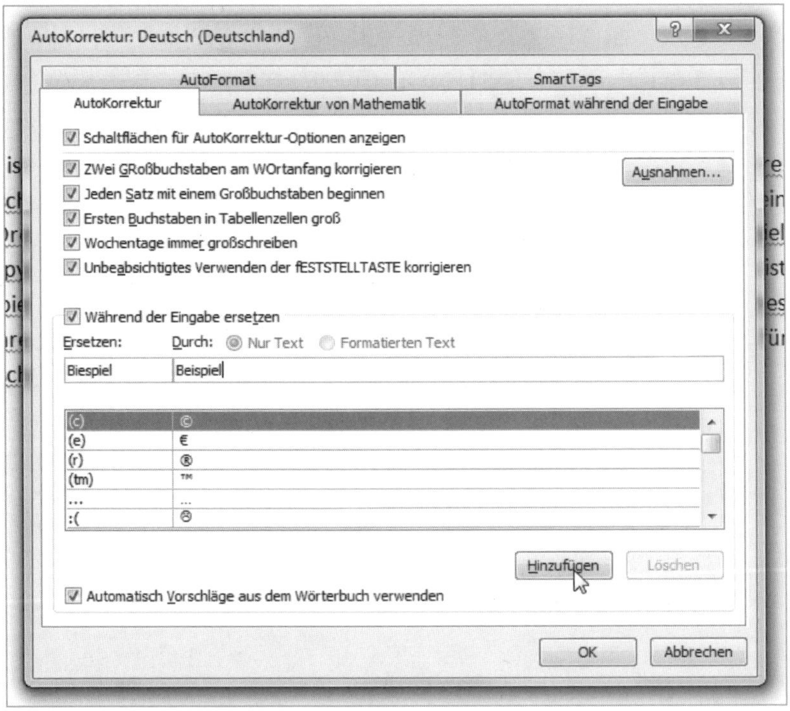

Abb. 2.13 Tragen Sie das richtig geschriebene Wort ein und klicken Sie auf die Schaltfläche *Hinzufügen*.

3. Schließen Sie das Dialogfenster *AutoKorrektur* mit einem Klick auf die *OK*-Schaltfläche und fahren Sie mit der Texteingabe fort.

In Zukunft können Sie sich beim Wort „Beispiel“ ruhig vertippen und „Biespiel“ eingeben, die AutoKorrektur wandelt Ihren Tippfehler sofort in die korrekte Schreibung um. Wenn Sie die AutoKorrektur immer weiter mit Ihren Tippfehlern füttern, wird sie schnell zu Ihrer ganz eigenen Korrekturhilfe.

Eigenes Kurzschriftsystem mit der AutoKorrektur anlegen

Der Clou bei der AutoKorrektur ist, dass sie nicht etwa auf ein einziges Wort beschränkt ist. Wenn Sie wollen, können Sie auch für längere Textpassagen Korrekturbausteine verwenden. Sogar formatierte Passagen können von der AutoKorrektur automatisch eingefügt werden. Absenderangaben, inklusive Telefonnummer und E-Mail-Adresse, Wegbeschreibungen oder Bankverbindungen – diese und ähnliche Versatzstücke könnten Sie auch als AutoKorrektur-Bausteine festlegen und mit einem Kürzel versehen. Nach der Eingabe des Kürzels fügt die AutoKorrektur den kompletten Baustein automatisch ein. Sie ersparen sich dadurch das Tippen und Formatieren der betreffenden Passagen. Ganz abgesehen davon, dass Sie bestimmte Angaben, wie zum Beispiel die Bankleitzahl Ihrer Hausbank oder Ihre Mobiltelefonnummer, nicht auswendig lernen müssen.

Um die AutoKorrektur mit neuem Inhalt zu füttern und zum Beispiel aus Ihren Kontoangaben einen automatischen Kurzschrifteintrag zu machen, gehen Sie auf folgende Weise vor:

1. Normalerweise markieren Sie in Ihrem Word-Dokument das Wort oder die Textpassage, die Sie zu einem AutoKorrektur-Eintrag machen möchten. Da Sie Ihre Kontoangaben wahrscheinlich noch nicht in ein Word-Dokument eingetragen haben, geben Sie sie jetzt in ein leeres Dokument ein und markieren sie.

2. Rufen Sie nun das Dialogfenster der AutoKorrektur auf. Öffnen Sie dazu zunächst das Dialogfenster *Word-Optionen* (*Datei / Optionen*), wählen Sie dort den Eintrag *Dokumentprüfung* und klicken im Inhaltsbereich auf die Schaltfläche *Auto-Korrektur-Optionen*.

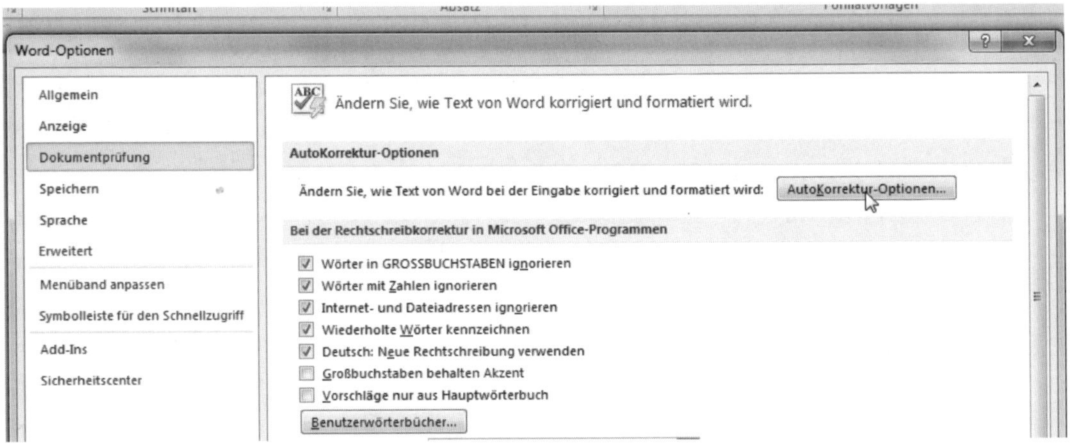

Abb. 2.14 Normalerweise erfolgt der Direktaufruf der AutoKorrektur sehr umständlich über das Dialogfenster *Word-Optionen*.

3. Auf Ihrem Bildschirm erscheint das Dialogfenster der AutoKorrektur. Die markierte Textpassage – in diesem Fall Ihre Bankverbindung – ist bereits im Feld *Durch* eingetragen. Tragen Sie jetzt im Feld *Ersetzen* ein Kürzel ein, das Sie sich gut merken können und das nicht bereits häufig für andere Dinge verwendet wird. Da es sich im konkreten Fall um Ihre Bankverbindung handelt, wäre vielleicht „BVB1" eine gute Wahl. Klicken Sie dann auf die Schaltfläche *Hinzufügen* (s. Abb. 2.15). Ihr Kurzschrifteintrag wird in die Ersetzungstabelle aufgenommen.

4. Schließen Sie das Dialogfenster mit einem Klick auf die *OK*-Schaltfläche oder nutzen Sie die Gelegenheit, um gleich noch weitere Kurzschriftersetzungen einzutragen. Schließen Sie dann das Dialogfenster.

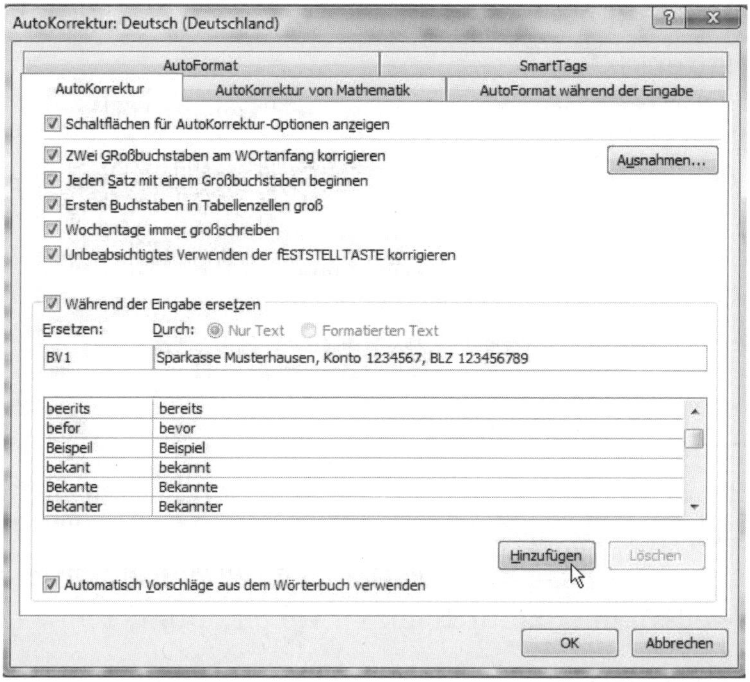

Abb. 2.15 Denken Sie bei der Vergabe der Kürzel daran, keine gängigen, sondern individuelle Abkürzungen zu verwenden.

AutoKorrektur-Symbolschaltfläche in die Schnellzugriffsleiste übernehmen

Aus unerfindlichen Gründen ist das direkte Aufrufen der AutoKorrektur bei Word 2010 nur sehr umständlich zu bewerkstelligen. Aus diesem Grund sollten Sie der Schnellzugriffsleiste Ihres Word-Programms ganz schnell eine Symbolschaltfläche hinzufügen, über die Sie das Dialogfenster der AutoKorrektur mit einem einzigen Mausklick aufrufen. Wie dies funktioniert, ist etwas weiter oben im Abschnitt „Schaltflächen über das Dialogfenster Word-Optionen verwalten“ genau beschrieben.

Pflegefall: Das Wörterbuch muss ständig aktualisiert werden

Word benutzt für die Rechtschreibkontrolle ein Wörterbuch. Ihre Eingaben werden ständig mit dem Bestand des Wörterbuchs verglichen. Findet Word dort ein Wort nicht, wird es rot unterkringelt. Dies ist nicht nur bei einigen durchaus korrekt geschriebenen Wörtern, sondern vor allem auch bei Familiennamen, Mundart-Begriffen und neudeutschen Wortschöpfungen der Fall.

Natürlich können Sie die Unterkringelungen ignorieren, doch dann verzichten Sie darauf, dass die Rechtschreibkorrektur Ihnen zum Beispiel auch dann helfend zur Seite steht, wenn Sie in Ihren Dokumenten Familiennamen verwenden. Die wesentlich bessere Alternative ist, dass Sie das Wörterbuch ständig erweitern und dadurch immer weiter optimieren.

Die Erweiterung des Wörterbuchs ist mit zwei Mausklicks erledigt. Wann immer Word ein korrekt geschriebenes Wort rot unterkringelt, klicken Sie mit der rechten Maustaste auf das unterkringelte Wort und wählen den Kontextmenübefehl *Hinzufügen zum Wörterbuch.*

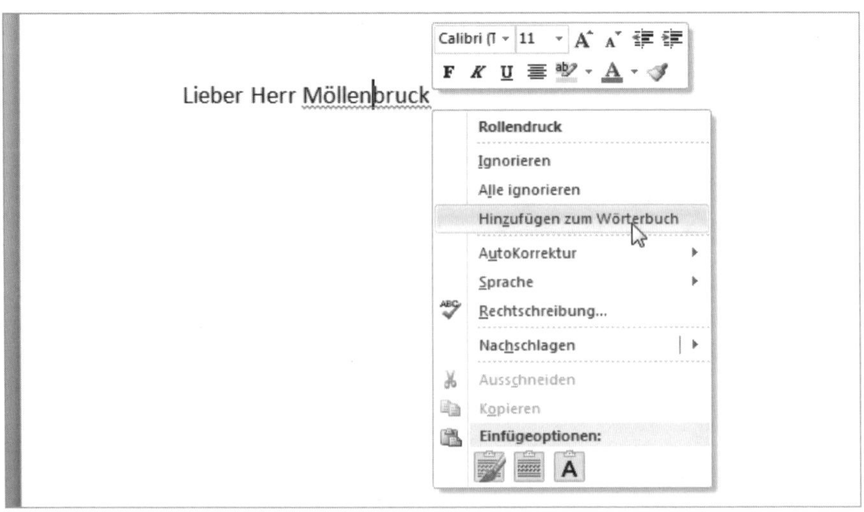

Abb. 2.16 Über das Kontextmenü können Sie das Wörterbuch sehr leicht erweitern.

Wichtige Einstellungen im Dialogfenster Word-Optionen

Das Dialogfenster *Word-Optionen*, das Sie über das *Datei*-Menü aufrufen (*Datei / Optionen*), ist eine Sammelstelle für zahlreiche Einstellungsmöglichkeiten, die ganz unterschiedliche Bereiche Ihres Word-Programms betreffen.

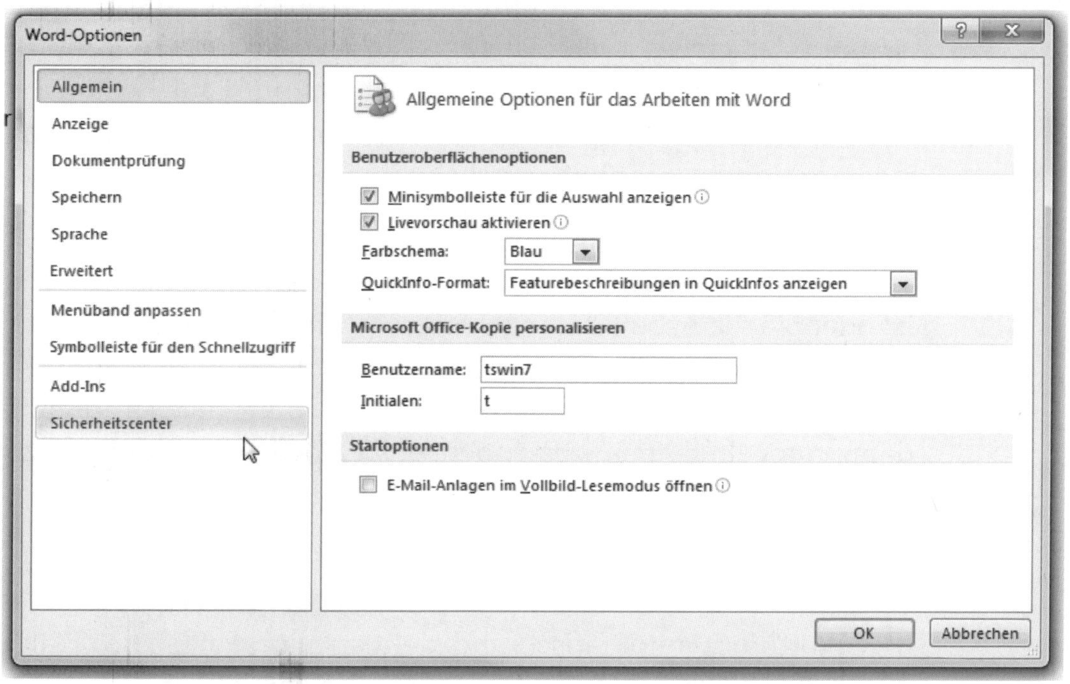

Abb. 2.17 Das Dialogfenster *Word-Optionen* fasst wichtige Grundeinstellungen zusammen.

Dies ist nicht der Ort, um jede einzelne Einstellungsmöglichkeit durchzugehen. In den Aufgabenkapiteln werden Sie immer wieder auf bestimmte Einstellungen hingewiesen, die Sie hier vornehmen können. Dennoch sollten Sie jetzt die Gelegenheit nutzen, sich im Dialogfenster *Word-Optionen* umzusehen und die unterschiedlichen Inhaltsbereiche zu öffnen, um einen groben Überblick darüber zu bekommen, was Sie dort eigentlich alles einstellen können.

Auf zwei wichtige Einstellungsmöglichkeiten möchten wir Sie hier ganz besonders hinweisen: die automatische Speicherung und die Umstellung der Rechtschreibkontrolle auf die alte Rechtschreibung.

Kurze Intervalle für die automatische Speicherung

Damit Ihnen Ihr Word-Dokument bei einem plötzlichen Stromausfall oder einem Systemabsturz nicht verloren geht, müssen Sie es speichern. Erst durch das Speichern wird Ihr Dokument auf die Festplatte Ihres Computers geschrieben und kann dann jederzeit wieder geöffnet, angezeigt und bearbeitet werden.

Um einem Datenverlust vorzubeugen, ist es aber nicht damit getan, dass Sie ein Dokument erst dann speichern, wenn es fertig ist oder Sie die Arbeit daran beenden möchten. Sie sollten es sich vielmehr zur Regel machen, das Dokument gleich zu Beginn zu speichern, ihm einen Namen zu geben und den Speichervorgang dann in regelmäßigen Abständen, etwa alle 5 bis 10 Minuten, zu wiederholen. Beim erneuten Speichern wird der alte Inhalt einfach mit dem neuen überschrieben.

Da das Zwischenspeichern natürlich oft vergessen wird, erledigt Word dies automatisch und stellt auch im Falle eines Falles das Dokument so gut wie möglich wieder her. Allerdings ist das Speicherintervall, das Word verwendet, relativ groß, sodass Sie es auf 5 Minuten verkürzen sollten. Bei einem Stromausfall verlieren Sie dann maximal 5 Minuten Ihrer Arbeit an einem Dokument.

Um das Speicherintervall auf 5 Minuten zu verkürzen, gehen Sie folgendermaßen vor:

1. Öffnen Sie das Dialogfenster *Word-Optionen* (*Datei / Optionen*) und öffnen Sie den Inhaltsbereich *Speichern.*
2. Ganz oben im Inhaltsbereich befindet sich der Abschnitt *Dokumente speichern*. Stellen Sie sicher, dass dort der Eintrag

AutoWiederherstellen-Informationen speichern alle x Minuten aktiviert ist, und tragen Sie in das Minutenfeld eine „5" ein.

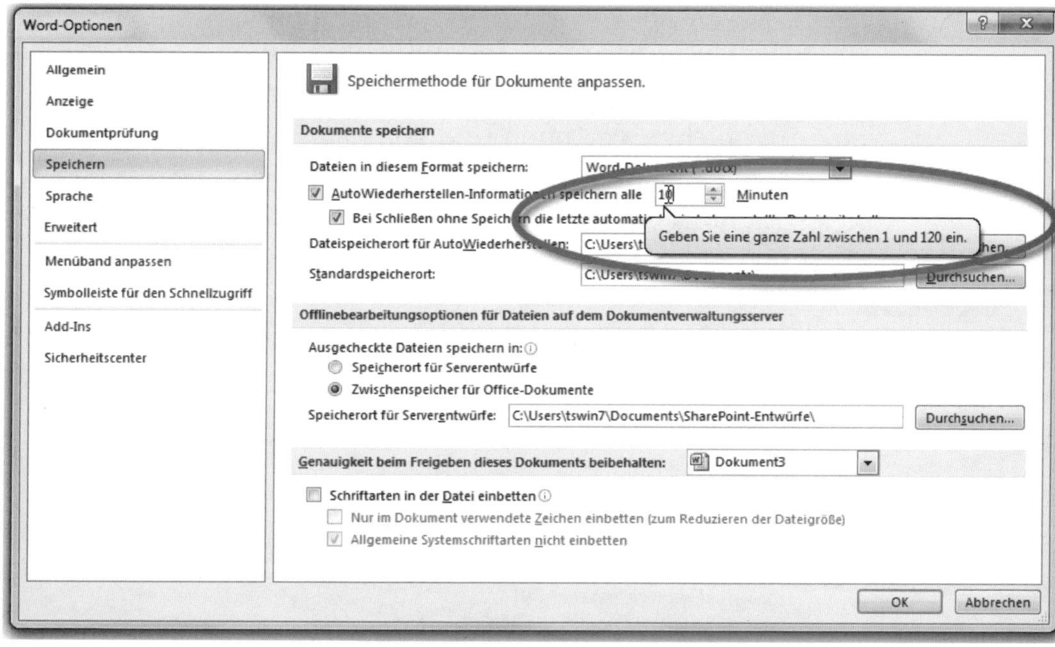

Abb. 2.18 Tragen Sie in das Minuten-Feld eine die Zahl 5 ein.

3. Schließen Sie das Dialogfenster *Word-Optionen* mit einem Klick auf die *OK*-Schaltfläche.

Alte statt neue Rechtschreibung

Sollten Sie die alte Rechtschreibung der neuen vorziehen, haben Sie Probleme mit der Rechtschreibkontrolle und der Silbentrennung von Word. Beide Funktionen arbeiten normalerweise nach den Regeln der neuen Rechtschreibung. Sie müssen aber dennoch nicht auf die alte Rechtschreibung verzichten, Word beherrscht auch diese noch.

Um Word anzuweisen, dass es die Regeln und Wörterbücher der alten Rechtschreibung verwenden soll, brauchen Sie nur Folgendes zu tun:

1. Öffnen Sie das Dialogfenster *Word-Optionen* (*Datei / Optionen*) und anschließend den Inhaltsbereich *Dokumentprüfung*.
2. Im Abschnitt *Bei der Rechtschreibkorrektur in Microsoft Office-Programmen* wird unter anderem die Option *Deutsch: Neue Rechtschreibung verwenden* angezeigt. Diese Option ist mit einem Häkchen versehen und somit aktiviert. Entfernen Sie das Häkchen, indem Sie auf den Optionseintrag oder das Kontrollfeld klicken und die Option damit deaktivieren.

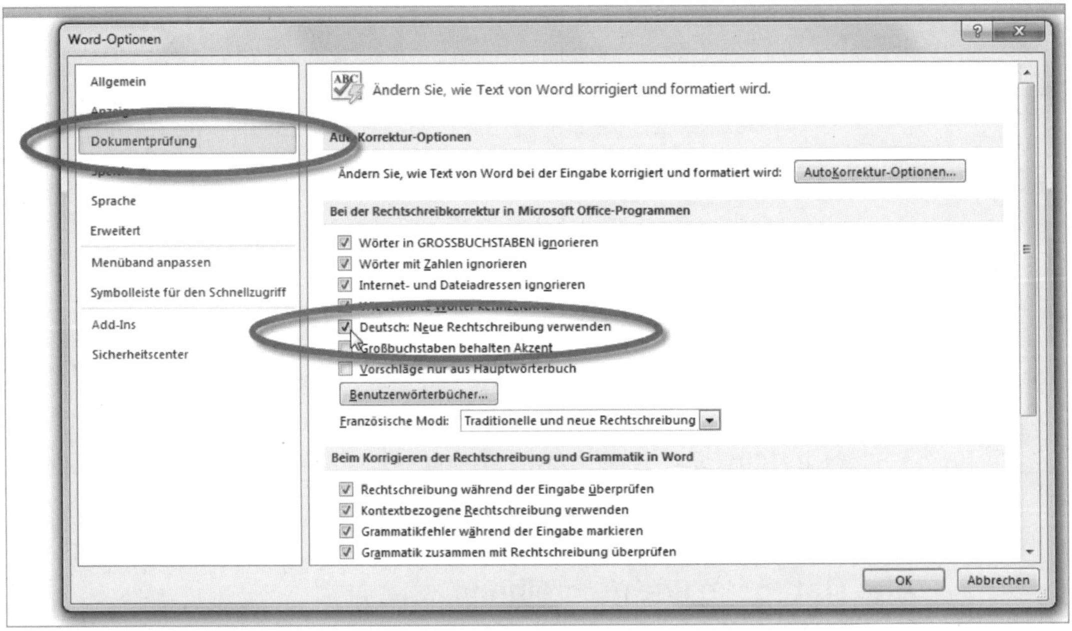

Abb. 2.19 Entfernen Sie das Häkchen vor dem Eintrag der neuen Rechtschreibung.

3. Schließen Sie das Dialogfenster mit einem Klick auf die *OK*-Schaltfläche.

Ab sofort verwendet Word für die Rechtschreibkontrolle und Silbentrennung nicht mehr die neue, sondern die alte Rechtschreibung.

2.2 Einstellen und einrichten

Dieser Abschnitt fasst die wichtigsten Einstellungsmöglichkeiten für die Textansicht und die Bedienelemente zusammen, die Sie ja bereits im Einstiegskapitel kennengelernt haben. Wie Sie sehen werden, können Sie die Grundeinstellungen mit wenigen Mausklicks ändern – wenn Sie wissen, wohin Sie klicken müssen.

Text zu klein? Ändern Sie die Darstellungsgröße

Dass Sie den Text, den Sie geschrieben haben, auf Ihrem Bildschirm gut erkennen können, sollte eine Selbstverständlichkeit sein. Doch je besser und damit hochauflösender moderne Computerbildschirme werden, desto kleiner werden die Programmfenster dargestellt. Das kann durchaus zur Folge haben, dass die geringe Darstellungsgröße Ihrer Word-Dokumente in der Standardeinstellung zu Leseproblemen führt.

Das muss natürlich nicht sein. Als wirksames Gegenmittel hält Word eine Vergrößerungs- und Verkleinerungsfunktion parat, mit deren Hilfe Sie die Darstellungsgröße Ihrer Dokumente anpassen können. Diese *Zoom*-Funktion können Sie ganz bequem mit der Maus bedienen.

Um die Darstellungsgröße Ihres aktuellen Word-Dokuments zu ändern, brauchen Sie nichts weiter zu tun, als den Schieberegler in der rechten unteren Ecke Ihres Word-Programmfensters zu bewegen. Dazu können Sie den Regler selbst mit dem Mauszeiger fassen und dann mit gedrückter linker Maustaste nach rechts oder links bewegen (s. Abb. 2.20). Oder Sie klicken auf eine der beiden Plus- oder Minus-Schaltflächen, um die Darstellungsgröße in 10-Prozent-Schritten entsprechend zu verändern.

Wie groß oder klein Ihr Dokument aktuell dargestellt wird, zeigt Ihnen die Prozentangabe, die sich links neben dem Zoomregler befindet.

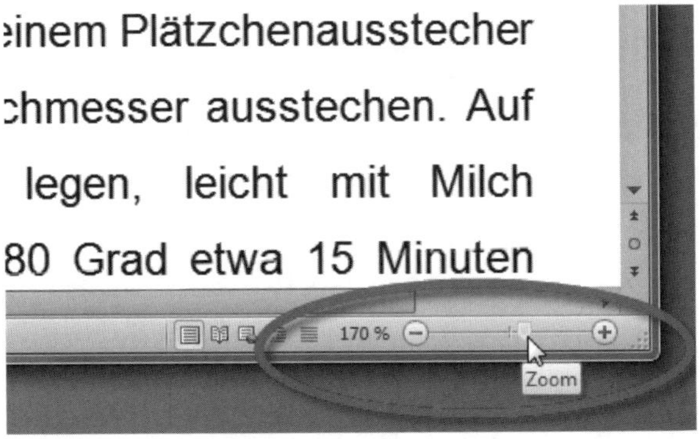

Abb. 2.20 Der Zoomregler lässt sich direkt mit der Maus bewegen.

Falls Ihnen die Bedienung des Zoomreglers zu umständlich oder wegen seiner 10-Prozent-Schritte zu ungenau ist, klicken Sie einfach auf die Prozentangabe. Auf Ihrem Bildschirm erscheint dann das Dialogfenster *Zoom* mit weiteren Einstellungsmöglichkeiten und einer Vorschau.

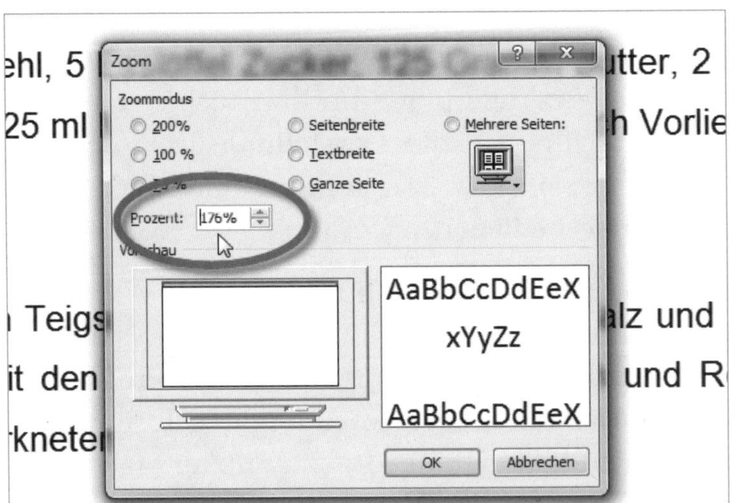

Abb. 2.21 Das Zoom-Fenster bietet Ihnen unterschiedliche Darstellungseinstellungen und eine Vorschau.

Mit einem Mausklick können Sie die Darstellung des aktuellen Dokuments so einstellen, dass Ihnen ein Blatt mit Rand (*Seitenbreite*), Text ohne Rand (*Textbreite*) oder komplette Seiten angezeigt werden (*Ganze Seite*). Wenn Sie möchten, können Sie auch gleich mehrere Seiten im Blick haben (*Mehrere Seiten*).

Da die *Zoom*-Funktion mit festen Prozentangaben und Voreinstellungen arbeitet, kann es passieren, dass Ihre Wunschdarstellung nicht zur Verfügung steht. Bei 180% ist Ihnen Ihr Dokument zu groß und bei 190% zu klein. Optimal wären 176%. Auch das ist kein Problem. Wenn Sie möchten, können Sie Ihre Wunschgröße nämlich auch direkt eingeben. Dazu tragen Sie die Prozentangabe der gewünschten Größe einfach in das Prozent-Feld des Dialogfensters *Zoom* ein (s. auch Abb. 2.21) und klicken dann auf die *OK*-Schaltfläche. Das Dialogfenster schließt sich und Ihr Dokument wird in der gewünschten Darstellung angezeigt.

Mehrere Seiten auf einmal anzeigen

Bei Word-Dokumenten, die länger sind als eine Seite, kann es manchmal ganz hilfreich sein, wenn Sie mehrere Seiten oder sogar das ganze Dokument im Blick haben. Mit der *Zoom*-Funktion (s. o.) können Sie dies mit wenigen Mausklicks erledigen. Wenn Sie mit dem Zoomregler oder im *Zoom*-Dialogfenster eine kleine Darstellungsgröße wählen, zum Beispiel 30%, werden Ihnen mehrere Seiten auf einmal angezeigt. In der Kleindarstellung können Sie zwar die Texte nicht mehr lesen, dafür aber die Gesamtgestaltung und die Anordnung von Bildern und Grafiken sehr gut beurteilen. Da Ihnen sämtliche Bearbeitungsfunktionen weiterhin uneingeschränkt zu Verfügung stehen, können Sie Gestaltungsänderungen direkt vornehmen.

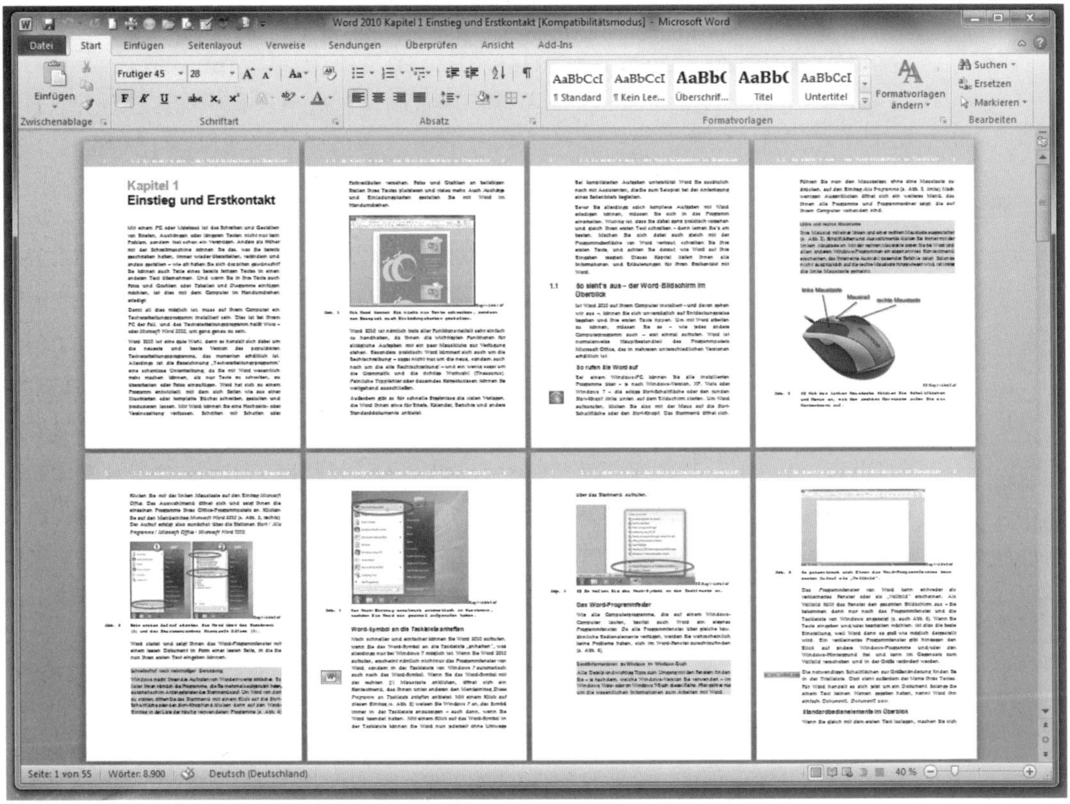

Abb. 2.22 Sie können ein Word-Dokument auch in der Kleindarstellung bearbeiten.

Eine andere Möglichkeit, mehrere Seiten auf einmal anzeigen zu lassen, bietet Ihnen die Seitenansicht, die wir Ihnen im folgenden Abschnitt vorstellen.

Seiten vor dem Drucken kontrollieren? Mit der Seitenansicht kein Problem

Word zeigt Ihnen bereits beim Schreiben recht genau, wie Ihr Dokument gedruckt aussieht. Das gilt zumindest dann, wenn Sie Ihre Dokumente in der Seitenlayout-Ansicht verfassen. Die unterschiedlichen Ansichten Ihres Dokuments können Sie ja entweder über die Registerkarte *Ansicht* des Menübands oder noch einfacher über die Ansichtsschaltflächen am rechten unteren Fensterrand einstellen.

Zur Druckkontrolle optimal geeignet ist aber die Seitenansicht, die bei Word 2010 in den Backstage-Bereich *Drucken* integriert ist. Rufen Sie diesen auf (*Datei / Drucken*), zeigt Word Ihnen außer den diversen Druckoptionen die aktuelle Seite komplett in der exakten Druckansicht an.

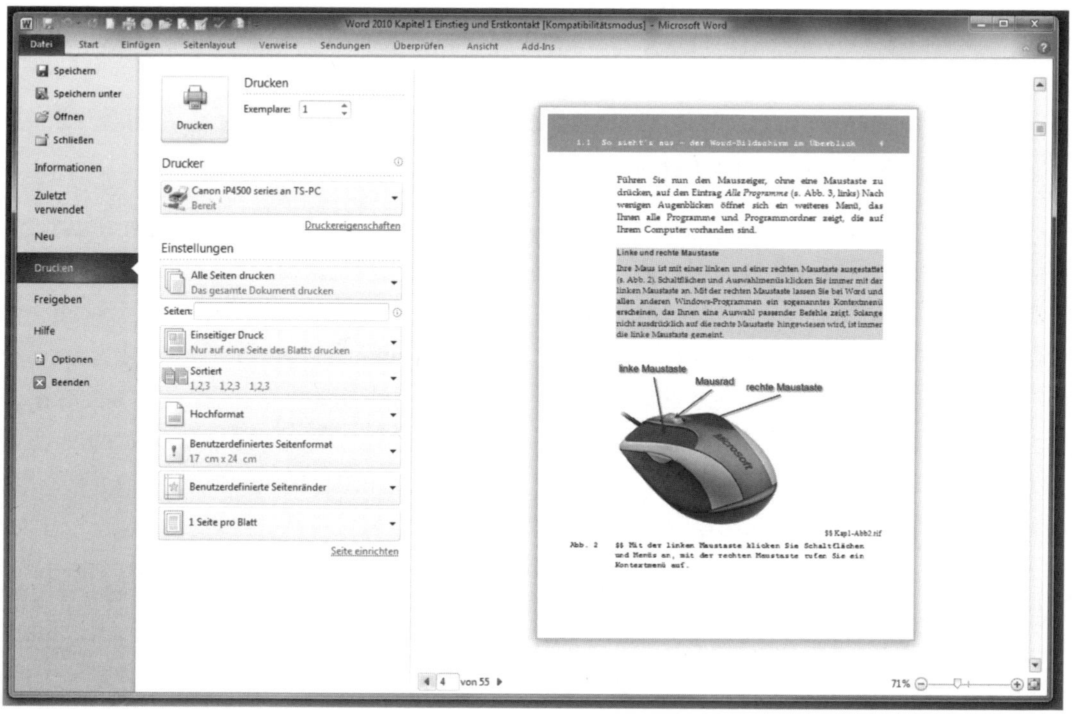

Abb. 2.23 Der Backstage-Bereich *Drucken* ist auch mit einer Seitenansicht ausgestattet.

Mit dem Zoom-Regler unten rechts können Sie die Darstellungsgröße verändern und sich z. B. mehrere Seiten auf einmal oder Details einer Seite vergrößert anzeigen lassen. Mit dem Navigationsinstrument links unten im Vorschaufenster blättern Sie bei mehrseitigen Dokumenten vor oder zurück oder wechseln durch Eingabe einer Seitenzahl direkt zu einer bestimmten Seite.

Abb. 2.24 Sie können in der Seitenansicht blättern und die Seitendarstellung vergrößern und verkleinern.

Steuerzeichen einblenden und Leerstellen und Absätze genau erkennen

Bei der Formatierung eines Dokuments ist es manchmal wichtig, genau zu wissen, wie viele Leerstellen oder Leerabsätze Sie an einer bestimmten Stelle gesetzt haben oder wo die einzelnen Absätze Ihres Dokuments exakt enden. Auch diese Informationen sind nur einen einzigen Mausklick entfernt. Word zeigt sie Ihnen nämlich sofort an, wenn Sie in der Gruppe *Absatz* der Registerkarte *Start* auf die Symbolschaltfläche *¶ einblenden/ausblenden* klicken.

¶

In Ihrem aktuellen Dokument erscheinen dann sämtliche sogenannten Steuerzeichen, mit denen Word intern arbeitet, um eben zum Beispiel Leerstellen, Absätze und Tabulatoren zu kennzeichnen.

Da die Steuerzeichen bei der Texteingabe und beim Lesen eines Dokuments stören, sind sie normalerweise ausgeblendet. Bei Bedarf können Sie sie aber mit einem Klick auf die betreffende Schaltfläche einblenden. Der Rezept-Beispieltext sieht mit eingeblendeten Steuerzeichen so aus:

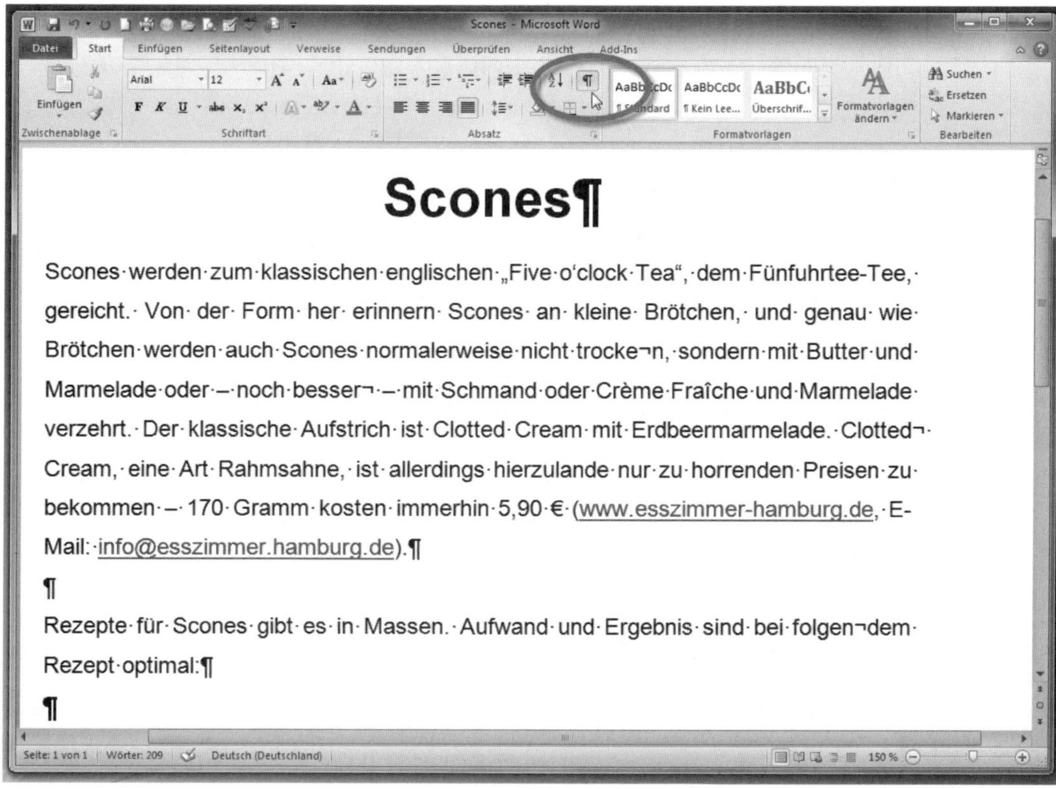

Abb. 2.25 Das Scones-Rezept mit eingeblendeten Steuerzeichen

Die wichtigsten Steuerzeichen sind ¶, Punkt und Pfeil: Ein Absatz wird mit einem ¶ gekennzeichnet, eine Leerstelle mit einem hochgestellten Punkt (•) und ein Tabulator mit einem Pfeil (→).

Das Menüband stört? Minimieren Sie es!

Da bei Word der eigentliche Arbeitsbereich bei der Arbeit mit umfangreichen Dokumenten manchmal recht knapp bemessen ist, stört das recht großzügig bemessene Menüband – vor allem dann, wenn Sie es ohnehin nicht verwenden. Zum Glück ist dies überhaupt kein Problem, da Sie das Menüband von vornherein so einstellen können, dass es nur dann vollständig eingeblendet wird, wenn Sie es tatsächlich benötigen.

Das Menüband lässt sich minimieren, wie es im Fachjargon heißt. Sie kennen das Prinzip vielleicht von der Taskleiste von Windows, die sich auch minimieren lässt und nur dann erscheint, wenn Sie den Mauszeiger an den unteren Bildrand führen. Beim Menüband ist dies so ähnlich. Wenn Sie mit der rechten Maustaste auf das Menüband klicken und die Kontextmenüoption *Menüband minimieren* wählen, verschwindet die Leiste und es bleiben nur die Karteireiter der Registerkarten zurück.

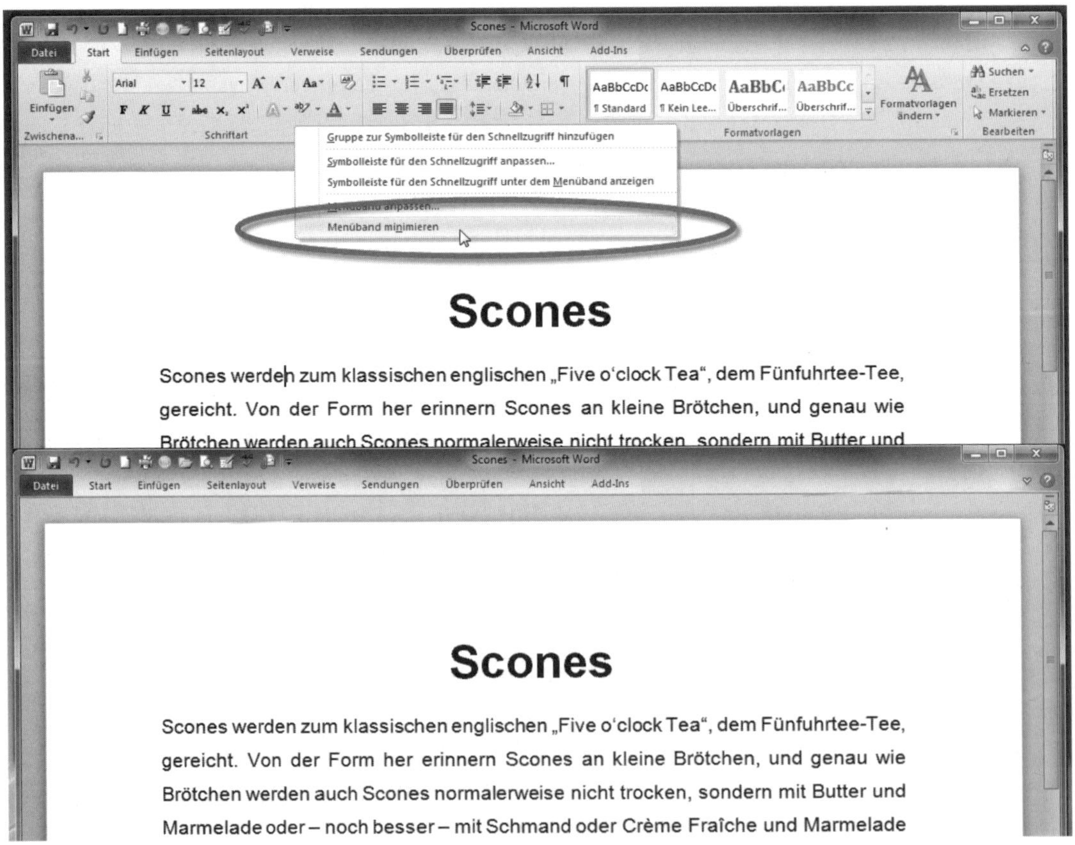

Abb. 2.26 Wenn Sie das Menüband über das Kontextmenü minimieren, haben Sie im Arbeitsbereich deutlich mehr Platz.

Klicken Sie auf einen Karteireiter, wird die dazugehörige Registerkarte eingeblendet und Sie können dort wie gewohnt bestimmte Funktionen und Befehle auswählen. Sobald dies geschehen ist oder sobald Sie in den Arbeitsbereich Ihres Dokuments klicken, verschwindet die Registerkarte wieder und Sie bekommen wieder nur die Karteireiter angezeigt.

Wollen Sie das Menüband wieder dauerhaft angezeigt bekommen, klicken Sie mit der rechten Maustaste auf den Bereich der Karteireiter und wählen die Kontextmenüoption *Menüband minimieren* erneut, um die Karteireiter nun zu deaktivieren.

2.3 Eigenheiten beheben

Keine Frage, mit all seinen Korrekturfunktionen und Automatismen hilft Word Ihnen bei der Eingabe und Bearbeitung Ihrer Dokumente enorm. Dennoch erlaubt sich Word einige Eigenheiten, die Ihnen Ihr Word-Leben nicht leichter, sondern etwas schwerer machen und Ihnen auf Dauer manchmal sogar richtig auf die Nerven gehen. Zum Glück müssen Sie diese Eigenheiten nicht still ertragen, sondern können sie relativ einfach korrigieren.

Verschlimmbesserungen unterbinden: AutoKorrektur korrigieren

Die AutoKorrektur ist eine der wichtigsten Eingabehilfen von Word. Doch auch sie arbeitet nicht immer zu Ihrem Vorteil. Manchmal ersetzt die AutoKorrektur Wörter, die Sie so, wie Sie sie eingegeben haben, auch behalten möchten. Stattdessen verschwindet das korrekte Wort vor Ihren Augen und wird automatisch durch ein anderes ersetzt, das Sie nicht gebrauchen können.

Derartige Verschlimmbesserungen können Sie mit einem Klick auf die *Rückgängig*-Schaltfläche in der Schnellzugriffsleiste oder mit der Tastenkombination [Alt] + [Rück] schnell wieder ungeschehen machen. Sie müssen dafür aber jedes Mal Ihre Texteingabe unterbrechen und mit der Maus herumhantieren. Das können Sie sich ersparen, wenn Sie die AutoKorrektur korrigieren.

Für die Korrektur der AutoKorrektur gibt es zwei Möglichkeiten: Sie können entweder Ersetzungen aus der Ersetzungstabelle entfernen oder die Begriffe, die fälschlicherweise korrigiert werden, der AutoKorrektur als Ausnahmen melden. Welche der beiden Möglichkeiten die bessere ist, müssen Sie im Einzelfall entscheiden.

Dazu ein konkretes Beispiel. Nehmen wir an, Sie müssen häufiger Briefe an das Finanzamt schreiben und der zuständige Finanzbeamte heißt mit Nachnamen „Nurr". Sobald Sie den Namen „Nurr" eingeben, macht die AutoKorrektur daraus „Nur", weil in der Ersetzungstabelle festgelegt ist, dass der typische Tippfehler „nurr" durch „nur" ersetzt werden soll – was ja auch sinnvoll ist.

Sie könnten das Problem dadurch lösen, dass Sie die Ersetzung auf folgende Weise aus der Ersetzungstabelle entfernen:

1. Rufen Sie das Dialogfenster der AutoKorrektur auf (*Datei / Optionen / Dokumentprüfung / AutoKorrektur-Optionen*) und geben Sie in das Feld *Ersetzen* „nurr" ein. In der Ersetzungstabelle wird Ihnen der nurr-Eintrag angezeigt und markiert.

2. Klicken Sie auf die Schaltfläche *Löschen*, um den Eintrag zu entfernen, und schließen Sie das Dialogfenster mit einem Klick auf die *OK*-Schaltfläche.

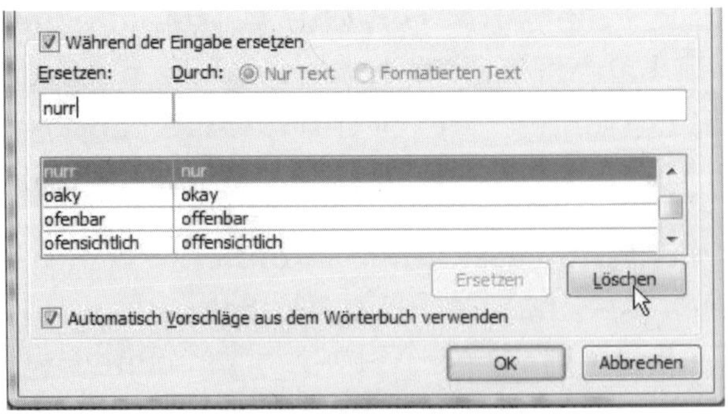

Abb. 2.27 Lassen Sie sich den Ersetzungseintrag anzeigen und klicken Sie auf die Schaltfläche *Löschen*.

Der Nachteil dieser Lösung ist, dass in Zukunft der Tippfehler „nurr“ nicht mehr automatisch korrigiert wird. In diesem Fall ist es daher besser, der AutoKorrektur mitzuteilen, dass sie beim Begriff „Nurr“ eine Ausnahme machen soll. Die Ausnahmeregelung setzen Sie auf folgende Weise in Kraft:

1. Rufen Sie das Dialogfenster der AutoKorrektur auf (*Datei / Optionen / Dokumentprüfung / AutoKorrektur-Optionen*) und klicken Sie auf die Schaltfläche *Ausnahmen*. Auf Ihrem Bildschirm erscheint ein zusätzliches Dialogfenster mit dem Titel *AutoKorrektur-Ausnahmen*.

2. Aktivieren Sie dort die Registerkarte *Andere*, tragen Sie im Feld *Nicht korrigieren* den Begriff „Nurr“ ein und klicken Sie auf die Schaltfläche *Hinzufügen*. Der Begriff wird in die Ausnahmen-Liste übernommen.

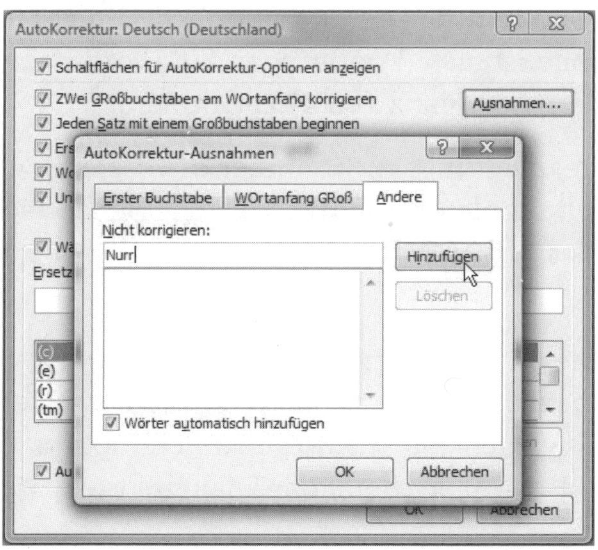

Abb. 2.28 So fügen Sie den Begriff der Ausnahmen-Liste hinzu.

3. Schließen Sie beide Dialogfenster mit einem Klick auf die *OK*-Schaltfläche.

Auf diese Weise haben Sie gleich zwei Fliegen mit einer Klappe geschlagen: Sie können den Nachnamen „Nurr" ab sofort eingeben, ohne dass er verschlimmbessert wird, und der Tippfehler „nur" wird von der AutoKorrektur auch weiterhin stillschweigend korrigiert, weil diese nun zwischen beiden Varianten unterscheiden kann.

Falsch getrennt: Automatische Trennungen korrigieren

Die automatische Silbentrennung von Word arbeitet in der Regel sehr zuverlässig. Manchmal jedoch kommt es vor, dass einzelne Wörter falsch getrennt oder durch die Trennung verstümmelt werden, weil die Trennung bereits nach dem ersten Buchstaben erfolgt.

Wenn Sie versuchen, eine Trennung durch Löschen des Trennstrichs zu korrigieren, werden Sie feststellen, dass nicht der Trennstrich, sondern der davor befindliche Buchstabe gelöscht wird. Die Frage ist also: Wie bringen Sie Word dazu, die Trennung zu ändern oder ganz zurückzunehmen?

Die einfachste, allerdings nicht immer die beste Möglichkeit ist, dass Sie den kompletten Absatz von der Silbentrennung ausschließen. Dies erreichen Sie auf am schnellsten auf folgende Weise:

1. Klicken Sie mit der rechten Maustaste in den Absatz, den Sie von der automatischen Silbentrennung ausschließen möchten, und wählen Sie die Kontextmenüoption *Absatz*. Auf Ihrem Bildschirm erscheint das Dialogfenster *Absatz.*

2. Wechseln Sie auf die Registerkarte *Zeilen- und Seitenumbruch* und klicken Sie dort auf den Eintrag *Keine Silbentrennung*. Im Kontrollkästchen vor dem Eintrag erscheint ein Häkchen, das Ihnen anzeigt, dass der Eintrag nun aktiviert ist.

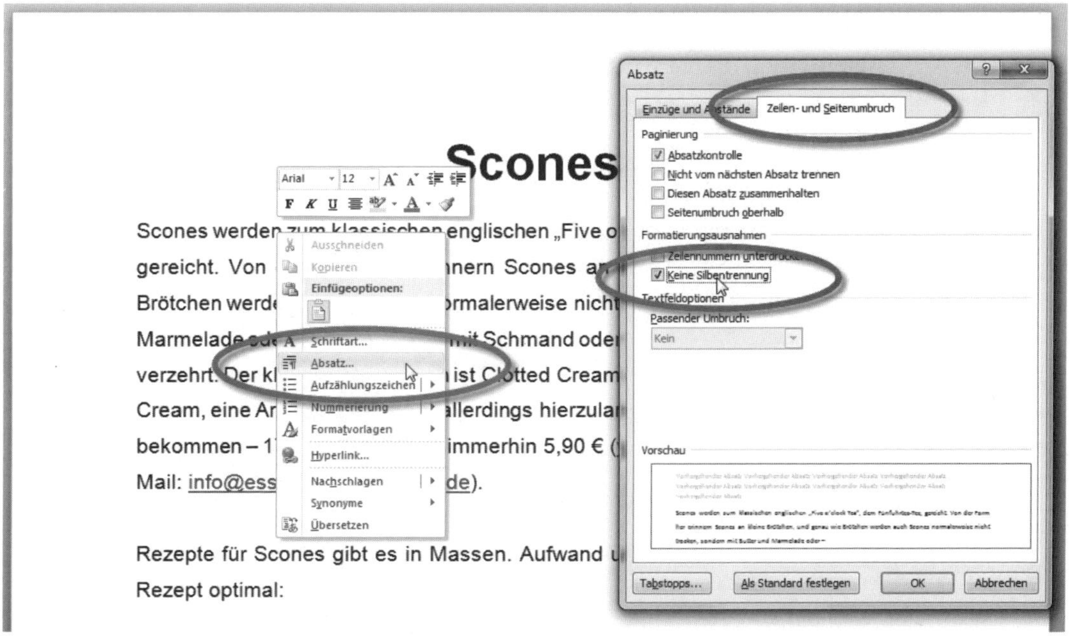

Abb. 2.29 Rufen Sie das Dialogfenster *Absatz* über das Kontextmenü auf und schalten Sie die Silbentrennung aus.

3. Schließen Sie das Dialogfenster mit einem Klick auf die *OK*-Schaltfläche.

Da nun nicht nur die falsche Trennung zurückgenommen wird, sondern auch die korrekten Trennungen in diesem Absatz verschwinden, ist diese Lösung nicht immer optimal.

Wenn Sie nur eine einzige Trennung unterdrücken möchten, lässt sich das auch erledigen, indem Sie vor dem getrennten Wort einen sogenannten weichen Zeilenwechsel einfügen, der bewirkt, dass das Wort komplett in die Folgezeile gesetzt wird. Den weichen Zeilenwechsel fügen Sie auf folgende Weise ein:

1. Bewegen Sie die Einfügemarke mit den Pfeiltasten oder mit der Maus direkt vor das falsch getrennte Wort.

2. Drücken Sie die Tastenkombination Umschalt + Enter. Word nimmt die Trennung zurück und setzt das Wort komplett in die nächste Zeile Ihres Dokuments.

Kapitel 3
Damit nichts schiefgeht

Keine Frage, wer arbeitet, macht Fehler. Wenn Sie mit Word arbeiten, arbeiten Sie jedoch immer mit Netz, doppeltem Boden und zusätzlicher Sicherungsleine. Tippfehler, falsche Einfügungen, versehentliche Löschungen und andere Fehler, die den Inhalt Ihrer Dokumente betreffen, können Sie sehr leicht und jederzeit korrigieren. Fehlbedienungen und Fehlformatierungen sind auch kein Problem – mit wenigen Mausklicks machen Sie sie wieder ungeschehen. Und auch ein Stromausfall kann bei den Dokumenten, an denen Sie gerade arbeiten, nur wenig Schaden anrichten, da Word sie automatisch zwischenspeichert. Selbst wenn Ihr Computer eines Tages überhaupt nicht mehr funktionieren sollte, muss das nicht bedeuten, dass damit auch sämtliche Dokumente verloren sind – wenn Sie vorgebeugt und Ihre Dokumente regelmäßig auf einer CD, DVD oder Speicherkarte gesichert haben.

Wie Sie Fehlbedienungen vermeiden, versehentliche Eingaben rückgängig machen und Datenverlusten vorbeugen können, erfahren Sie in diesem Überblickskapitel.

3.1 Fehlbedienungen vorbeugen und rückgängig machen

So sehr Sie sich auch bemühen, Tippfehler und Fehleingaben kommen immer wieder vor. Entsprechend einfach lassen sie sich auch rückgängig machen und korrigieren. Regelrechte Fehlbedienungen hingegen sind zumindest manchmal das Ergebnis mangelnder Routine und Unkenntnis. Oft hätte bereits eine kurze Zusatzinformation genügt, um eine Fehlbedienung zu vermeiden. Diese Zusatzinformationen bietet Ihnen Word in großer Zahl an. Dank der ausgeklügelten Rückgängig-Funktion sind bei Word aber auch schwerwiegende Fehlbedienungen nur selten ein Problem.

Zusatzinformationen durch QuickInfo und Word-Hilfe

Bei Ihrer Arbeit mit Word und allen anderen Computerprogrammen sollte immer der Grundsatz gelten: „Sie können machen, was Sie wollen, solange Sie wissen, was Sie tun". Das ist natürlich nicht ganz ernst gemeint, trifft aber den Kern des Problems. Sie können durch blindes Drauflosklicken und Herumprobieren zwar keine dauerhaften Schäden anrichten, andererseits aber durchaus Zeit und Nerven sparen, wenn Sie sich vorher darüber im Klaren sind, was Sie mit einem Klick auf eine bestimmte Schaltfläche bewirken.

Damit Sie nicht auf das reine Ausprobieren angewiesen sind, unterstützt Word 2010 Sie mit einem umfangreichen Informations- und Hilfesystem. Die Bandbreite reicht dabei von Kurzinformationen über Kontexthilfen bis hin zu aktuellen Hilfeinformationen aus dem Internet.

QuickInfo – Kurzinformationen im Schnellverfahren

QuickInfos (Schnellinformationen) bieten Ihnen die schnellste und einfachste Möglichkeit, eine Information über die Funktion einer Schaltfläche, Ausklappliste oder eines anderen Bedienelements angezeigt zu bekommen. Sie haben sie in Word und anderen Programmen mit Sicherheit schon kennengelernt. Wenn Sie den Mauszeiger einen kurzen Moment lang auf einer Schaltfläche oder einem anderen Bedienelement ruhen lassen, ohne zu klicken oder eine Maustaste gedrückt zu halten, erscheint ein kleines blau oder gelb unterlegtes Fenster mit einer Kurzinformation – das ist eine QuickInfo.

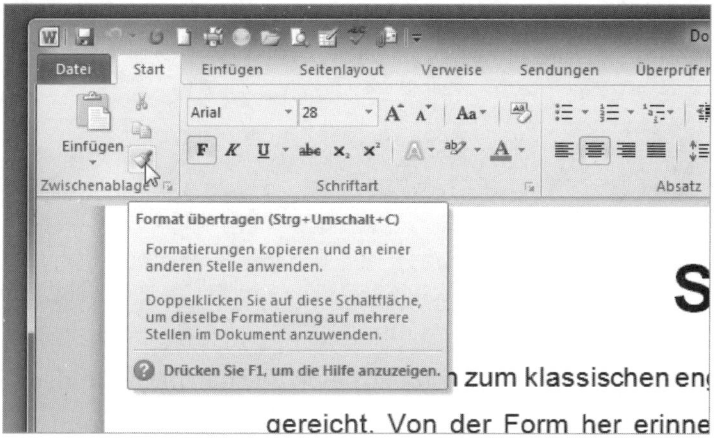

Abb. 3.1 Bei Word 2010 sind die Schnellinformationen zumindest zu den Elementen des Menübands recht umfangreich.

Oft reichen die Hinweise der Schnellinformationen bereits aus, um Ihnen die notwendige Orientierung zu geben.

Kontexthilfe

Sollten Ihnen die Kurzinformationen nicht weiterhelfen oder gar nicht zur Verfügung stehen, könnte Ihnen unter Umständen die Kontexthilfe gute Dienste leisten. Wie der Name vermuten lässt, sind die Informationen der Kontexthilfe ganz auf die jeweilige Umgebung zugeschnitten. Ohne lange in der sehr umfangreichen Word-Hilfe suchen zu müssen, bekommen Sie über die Kontexthilfe Informationen zielgerichtet angezeigt.

Die Kontexthilfe gibt es bei Word nur in Dialogfenstern, es sind allerdings nicht alle Dialogfenster mit einer Kontexthilfe ausgestattet. Ob eine Kontexthilfe vorhanden ist, erkennen Sie an der ?-Schaltfläche in der Titelleiste. Dies ist bei allen umfangreicheren Dialogfenstern der Fall.

Um die Kontexthilfe aufzurufen, klicken Sie auf die ?-Schaltfläche in der Titelleiste des Dialogfensters.

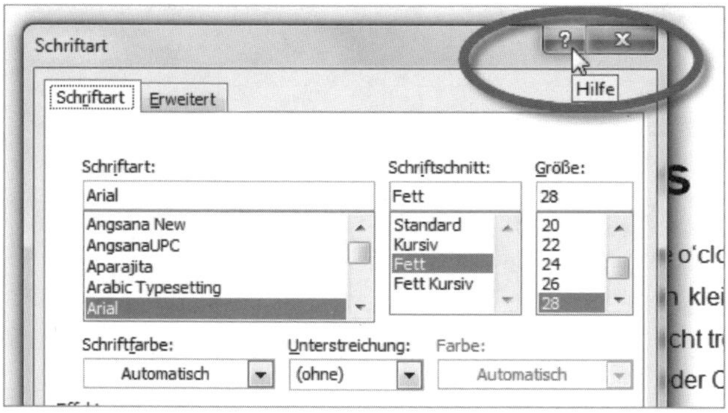

Abb. 3. 2 Die meisten Dialogfenster haben eine ?-Schaltfläche in der Titelleiste, über die Sie die Kontexthilfe aufrufen können.

Es wird dann ein zusätzliches Hilfefenster eingeblendet, in dem Sie sich über die Funktionen und Einstellmöglichkeiten informieren können, die in dem betreffenden Dialogfenster zusammengefasst sind.

Abb. 3.3 Das Hilfefenster wird zusätzlich eingeblendet und macht Ihnen Hilfsangebote zum aktuellen Themenbereich des Dialogfensters.

Der Clou ist, dass im Bereich *Vorschläge* des Hilfefensters alle Einträge gleichzeitig Verknüpfungen zu Detailinformationen sind. Mit einem Klick auf einen der blau gekennzeichneten Einträge oder auf eine der darunter befindlichen Angaben können Sie ganz gezielt weitere Informationen anzeigen lassen.

Das Hilfefenster lässt sich mit der Maus verschieben (Mauszeiger auf Titelleiste) und in der Größe verändern (Mauszeiger auf äußere Begrenzungslinien). Mithilfe der Schaltflächen in der Navigationsleiste, die sich unterhalb der Titelleiste befinden, können Sie vor- und zurückblättern, den aktuellen Inhalt drucken, die Schriftgröße ändern oder ein allgemeines Inhaltsverzeichnis aufrufen. Wenn Sie nicht wissen, welche Funktion hinter welcher Navigationsschaltfläche verborgen ist, hilft Ihnen die Schnellinformation weiter.

Abb. 3.4 Die Funktionen der Navigationsschaltflächen können Sie sich mithilfe der Schnellinformation erschließen.

Die Kontexthilfe ist Teil der umfangreichen Word-Hilfe, die über das Internet ständig mit neuen, zusätzlichen Informationen versorgt wird. Im Gegensatz zur Word-Hilfe werden Ihnen bei der Kontexthilfe aber bereits Themenvorschläge gemacht.

Word-Hilfe

Word ist mit einem sehr umfangreichen Hilfesystem ausgestattet, auf das Sie auf unterschiedliche Weise zugreifen können. Im Gegensatz zur Kontexthilfe müssen Sie sich die für Sie relevanten Informationen erst erschließen, was bei der Fülle von Funktionen etwas länger dauern kann. Wenn Ihr Computer mit dem Internet verbunden ist, erhalten Sie zusätzlich zu den ohnehin umfangreichen Informationen, die sich auf Ihrem Computer befinden, noch weitere aus dem Internet angezeigt.

Normalerweise erschließen Sie sich das Hilfesystem mit einer Frage. Das Besondere dabei ist, dass Sie Ihre Fragen in „normaler" Sprache nach dem Motto „Wie füge ich ein Foto ein?" eingeben können. Word zeigt Ihnen dann Verknüpfungen zu Informationen an, die zu Ihrer Abfrage zu passen scheinen. Sie klicken auf die Verknüpfungen, die Ihnen am zutreffendsten vorkommen, und bekommen hoffentlich schnell die Informationen angezeigt, die Sie benötigen. Ist dies nicht der Fall, formulieren Sie die Abfrage um und versuchen es erneut.

Klarsprachigkeit ist keine Pflicht

Sie müssen Ihre Abfragen natürlich nicht unbedingt als „richtige" Fragen formulieren und in das Hilfesystem eingeben. Sie können sich genauso gut auf einige Stichwörter und Schlüsselbegriffe beschränken. Da Sie aber meist eine konkrete Frage zu Bedienung oder Funktion haben, ist es oft einfacher, Ihr Anliegen auch als Frage zu formulieren.

Bei Word 2010 haben Sie mehrere Möglichkeiten, auf das Hilfesystem zuzugreifen.

Falls Sie Ihre Hände ohnehin auf der Tastatur haben, geht es am schnellsten mit der F1-Taste, die bei Word genau wie bei den meisten anderen Programmen mit dem Hilfeaufruf belegt ist. Wenn Sie lieber mit der Maus klicken, steht Ihnen die Schaltfläche mit dem Fragezeichen in der rechten oberen Ecke Ihres Word-Fensters zur Verfügung.

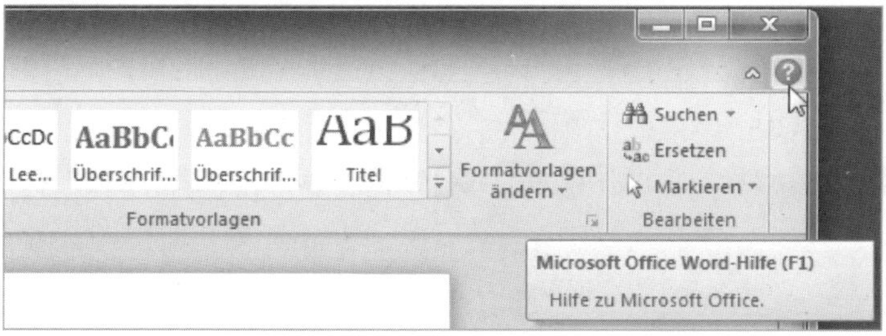

Abb. 3.5 Die Hilfeanforderung befindet sich in der rechten oberen Ecke des Word-Programmfensters.

Egal, wie Sie auf das Hilfesystem zugreifen, es erscheint das Fenster der Word-Hilfe mit seiner Willkommen-Seite. Dort geben Sie nun Ihre Frage oder einzelne Suchbegriffe in das Feld der Suchfunktion ein oder klicken auf eines der vorgeschlagenen Hilfethemen.

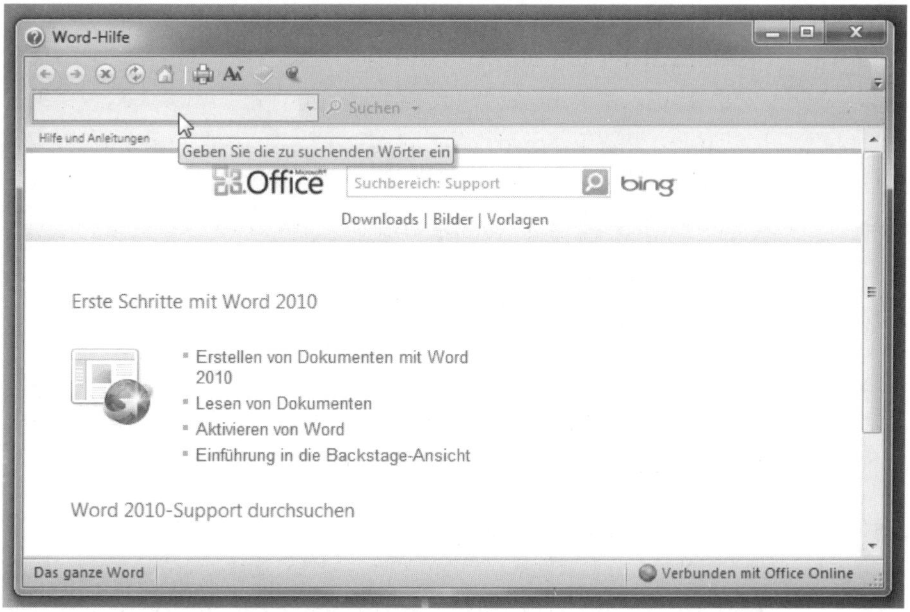

Abb. 3.6 Bei der Word-Hilfe haben Sie die Wahl zwischen Informationen zu bestimmten Themen und der Eingabe von Suchbegriffen.

Entscheiden Sie sich für die Eingabe einer Frage oder eines Suchbegriffs, bekommen Sie nach wenigen Augenblicken die Suchergebnisse im Fenster der Word-Hilfe angezeigt. Jedes Suchergebnis ist dann eine Verknüpfung, die Sie anklicken müssen, um Detailinformationen zu erhalten.

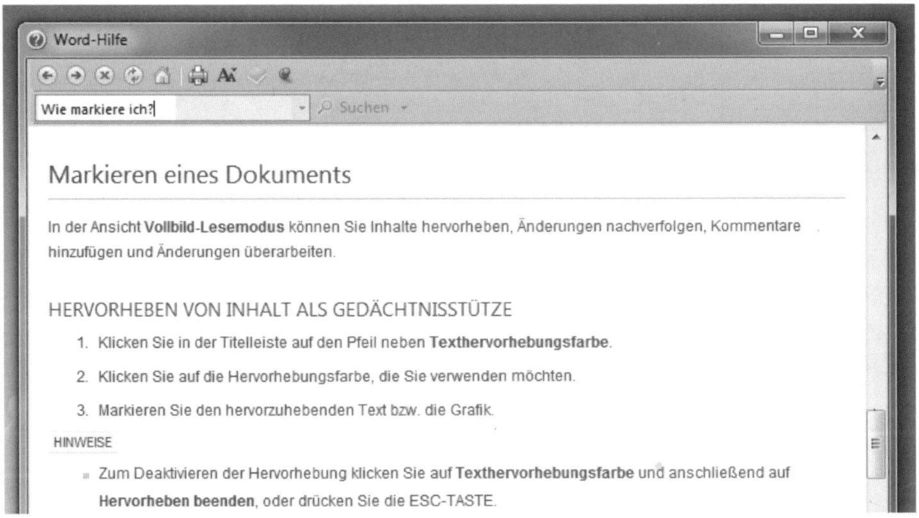

Abb. 3.7 Über eine Verknüpfung des Suchergebnisses gelangen Sie direkt zu den gewünschten Detailinformationen.

Word-Hilfe systematisch erschließen

Bei der Word-Hilfe müssen Sie nicht unbedingt Abfragen eingeben oder den vorgegebenen Hilfethemen folgen. Wenn Sie wollen, können Sie sich die Word-Hilfe auch systematisch erschließen – was allerdings recht zeitaufwendig sein kann. Mit einem Klick auf die Navigationsschaltfläche *Inhaltsverzeichnis anzeigen* können Sie sich einen zusätzlichen Bereich anzeigen lassen, in dem Sie dann wie in einem sehr umfangreichen Buch in Kapiteln und Unterkapiteln blättern können.

Da Probieren bekanntlich über Studieren geht, sollten Sie gleich einmal versuchen, sich mit der Word-Hilfe auf einige der Grundlagen vorzubereiten, die in Kapitel 4 vorgestellt werden, und herausfinden, wie Sie Dokumente speichern und wieder öffnen können. Rufen Sie also die Word-Hilfe auf, geben Sie die Frage „Wie kann ich ein Dokument speichern?“ ein und drücken Sie die Enter-Taste.

Hinweise und Fehlermeldungen

Normalerweise behelligt Sie Word nur in Ausnahmefällen mit Hinweisen und Fehlermeldungen. Falls auf Ihrem Bildschirm ein Hinweisfenster erscheint, sollten Sie sich daher die Meldung sehr genau anschauen und sich gut überlegen, wie Sie darauf reagieren. Die Hinweisfenster sind nämlich auch Teil eines Sicherheitssystems, das Sie vor Fehlbedienungen schützen soll. Word überwacht Ihre Aktivitäten und meldet, wenn diese zu Problemen oder gar Datenverlusten führen könnten.

Bestes Beispiel dafür ist das Meldungsfenster, das erscheint, wenn Sie versuchen, ein Dokument zu schließen, dessen Änderungen Sie noch nicht gespeichert haben. Word schließt das Meldungsfenster nur, wenn Sie sich ausdrücklich für oder gegen das Speichern des Dokuments entscheiden oder den Vorgang abbrechen.

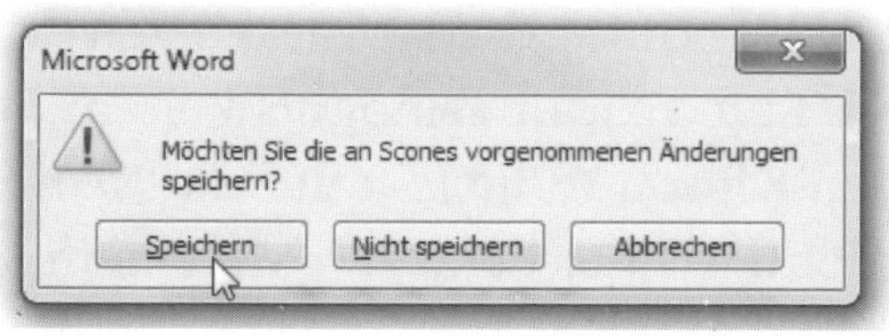

Abb. 3.8 Das Hinweisfenster verschwindet erst wieder, wenn Sie sich für eine der angebotenen Möglichkeiten entschieden haben.

Genau wie bei den meisten anderen Programmen gibt es auch bei Word drei Grundkategorien von Hinweisfenstern: reine Meldungsfenster, Fehlermeldungen und Hinweisfenster mit Handlungsbedarf.

Reine Meldungsfenster und Fehlermeldungen zeichnen sich dadurch aus, dass sie Ihnen eine Mitteilung machen, die Sie nur mit einem Klick auf die *OK*-Schaltfläche des Fensters quittieren können. Ist dies geschehen, schließt sich das Fenster wieder. Reine Meldungsfenster erscheinen zum Beispiel, wenn ein Vorgang abgeschlossen ist. Haben Sie etwa die *Suchen und Ersetzen*-Funktion angewiesen, einen bestimmten Begriff durch einen anderen zu ersetzen, meldet Word den Abschluss des Vorgangs und teilt Ihnen mit, wie viele Ersetzungen vorgenommen wurden.

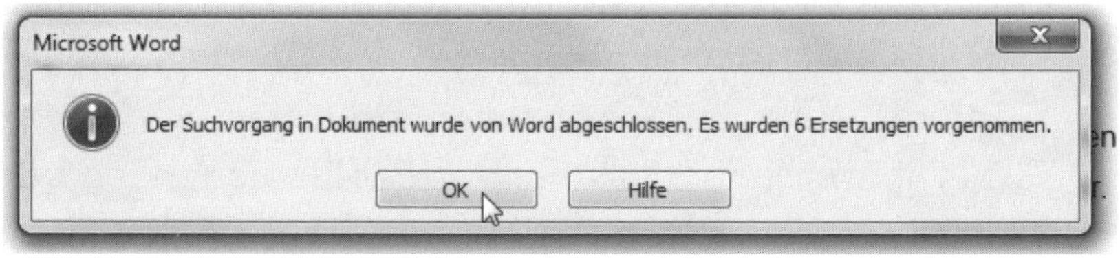

Abb. 3.9 Meldungsfenster quittieren Sie mit einem Klick auf die *OK*-Schaltfläche.

Das Gleiche gilt für Fehlermeldungen. Im Fenster der Fehlermeldung wird Ihnen mitgeteilt, dass ein bestimmter Vorgang nicht ausgeführt werden kann, zum Beispiel „Die Datei xyz kann nicht geöffnet werden". Sie haben nur die Möglichkeit, dies zur Kenntnis zu nehmen, und quittieren die Fehlermeldung mit einem Klick auf die *OK*-Schaltfläche.

Hinweisfenster mit Handlungsbedarf hingegen bieten Ihnen normalerweise drei Entscheidungsmöglichkeiten: *Ja, Nein* und *Abbrechen*. Mit einem Klick auf die *Ja*- oder die *Nein*-Schaltfläche treffen Sie eine eindeutige Entscheidung. Mit einem Klick auf die *Abbrechen*-Schaltfläche hingegen machen Sie den gesamten Vorgang ungeschehen, und das Hinweisfenster schließt sich, ohne dass irgendeine Aktion ausgeführt wird.

Einen Sonderfall stellen Hinweisfenster dar, die Ihnen gleich mehrere konkrete Möglichkeiten zur Lösung eines Problems zur Auswahl anbieten. Lesen Sie sich die unterschiedlichen Optionen sehr genau durch und entscheiden Sie sich für eine davon oder brechen Sie den gesamten Vorgang ab und versuchen Sie, das Problem, das Word Ihnen gemeldet hat, auf andere Weise zu lösen.

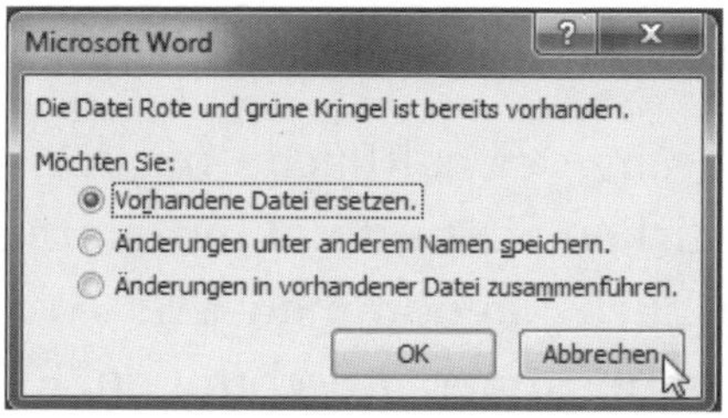

Abb. 3.10 Einige Hinweisfenster bieten Ihnen gleich mehrere Problemlösungen an.

Rückgängig-Funktion und Wiederherstellen

Im Gegensatz zum richtigen Leben können Sie bei Word (fast) alles, was Sie tun, auch wieder rückgängig machen. Selbst wenn der gesamte Inhalt eines Dokuments vor Ihren Augen verschwindet, weil Sie aus Versehen eine falsche Taste gedrückt haben, ist dies kein Problem. Oder wenn Sie feststellen müssen, dass der ursprüngliche Inhalt des Einleitungsabsatzes, an dem Sie bereits eine halbe Stunde herumkorrigiert haben, doch gar nicht so schlecht war, können Sie die ursprüngliche Fassung wieder hervorzaubern. Fehlformatierungen, falsche Einfügungen, Löschvorgänge – alles können Sie rückgängig machen.

Wie? Eigentlich ganz einfach. Word besitzt nämlich eine *Rückgängig*-Funktion, mit der Sie nicht nur den letzten Arbeitsschritt, sondern alle Arbeitsschritte der aktuellen Sitzung rückgängig machen können. Die *Rückgängig*-Funktion hat einen festen Platz in der Schnellzugriffsleiste von Word 2010, sie kann aber auch mit der Tastenkombination `Strg` + `Z` aufgerufen werden.

Die *Rückgängig*-Funktion zu verwenden ist einfach: Sollten Sie zum Beispiel ein komplettes Dokument markiert haben und versehentlich eine Taste drücken, ersetzt Word den gesamten Inhalt durch den Buchstaben, den Sie gedrückt haben, und das Dokument verschwindet buchstäblich vor Ihren Augen. Klicken Sie dann auf die *Rückgängig*-Schaltfläche in der *Schnellzugriffsleiste*, wird der letzte Arbeitsschritt, das Ersetzen der Markierung durch den Buchstaben, wieder rückgängig gemacht und das komplette Dokument erscheint wieder auf Ihrem Bildschirm.

Jeder Klick auf die *Rückgängig*-Schaltfläche nimmt einen Ihrer Arbeitsschritte zurück. Klicken Sie fünfmal hintereinander, werden fünf Arbeitsschritte zurückgenommen. Als Arbeitsschritte gelten dabei für alle Formatierungen, Löschungen, Ersetzungen, Einfügungen, Menübefehle und so weiter. Zum Glück müssen Sie aber nicht zehnmal auf die *Rückgängig*-Schaltfläche klicken, um zehn Arbeitsschritte nacheinander rückgängig zu machen. Word stellt Ihnen für die Mehrfach-Rücknahme eine Ausklappliste zur Verfügung, mit deren Hilfe Sie ganz gezielt mehrere Arbeitsschritte auf einmal rückgängig machen können. In dieser Liste, die Sie mit einem Klick auf das nach unten weisende Dreieck in der *Rückgängig*-Schaltfläche öffnen, sind die Arbeitsschritte sogar schriftlich protokolliert.

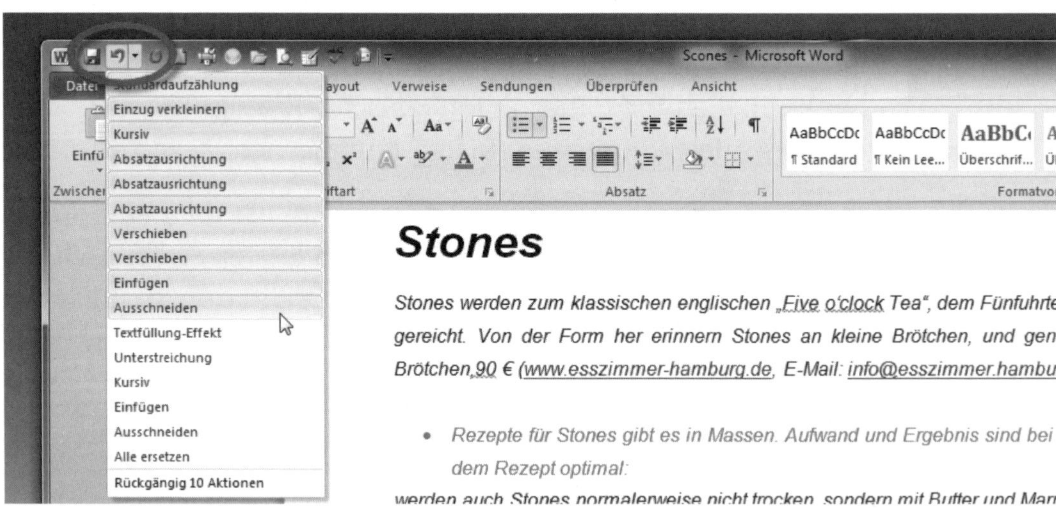

Abb. 3.11 Mit der Ausklappliste der *Rückgängig*-Schaltfläche können Sie mehrere Arbeitsschritte auf einmal rückgängig machen.

Die Rückgängig-Funktion ist nicht für Tippfehler zuständig
Ein Sonderfall ist die Texteingabe. Die *Rückgängig*-Funktion registriert zwar jede Korrektur, jeden Befehlsaufruf und jede Formatierung, aber nicht jeden einzelnen Buchstaben, den Sie eingeben. Texteingaben werden von der *Rückgängig*-Funktion nur blockweise von einem Satzzeichen zum nächsten zur Kenntnis genommen. Daher können Sie mit der *Rückgängig*-Funktion keine Tippfehler korrigieren, sondern müssen dafür etwa die Rücktaste verwenden oder falsch geschriebene Buchstaben und Wörter markieren, entfernen und neu eingeben oder überschreiben.

Rechts neben der *Rückgängig*-Schaltfläche befindet sich die Schaltfläche *Wiederherstellen*. Wie der Name vermuten lässt, können Sie mit ihrer Hilfe einen oder mehrere Arbeitsschritte wiederherstellen, die Sie vorher rückgängig gemacht haben. Die *Wiederherstellen*-Funktion macht den Einsatz der *Rückgängig*-Funktion rückgängig. Das ist zum Beispiel dann sinnvoll, wenn Sie mit unterschiedlichen Formatierungen experimentieren. Durch Klicken der *Rückgängig*- und *Wiederherstellen*-Schaltflächen können Sie sich immer wieder durch die Formatierungsmöglichkeiten klicken.

Falls Sie die Funktionen *Rückgängig* und *Wiederherstellen* noch nicht eingesetzt haben, sollten Sie sie gleich ausprobieren: Geben Sie einfach ein paar Wörter in ein leeres Word-Dokument ein und formatieren Sie sie zum Beispiel fett, kursiv und unterstrichen (Markieren nicht vergessen!), setzen Sie sie in eine andere Schriftart und zentrieren Sie sie. Dann machen Sie die Formatierungen mit der *Rückgängig*-Schaltfläche und der dazugehörigen Ausklappliste rückgängig und stellen sie mit der *Wiederherstellen*-Schaltfläche wieder her.

Rückgängig und Wiederherstellen nur am Stück

Wie Sie feststellen, funktionieren Rücknahme und Wiederherstellung zunächst nur am Stück. Sie können zwar 20 Arbeitsschritte rückgängig machen und wiederherstellen, es scheint aber nicht möglich zu sein, 20 Arbeitsschritte zurückzugehen, etwas zu ändern und die restlichen 19 Arbeitsschritte wiederherzustellen. Somit wäre auch das Anfangsbeispiel mit dem Einleitungsabsatz, den Sie auch nach einer halben Stunde in seiner ursprünglichen Form wiederherstellen können, falsch oder zumindest schief. Sie könnten zwar den Absatz wiederherstellen, würden dann aber alle Folgeabsätze verlieren, die Sie in der Zwischenzeit geschrieben haben. Mit einem kleinen Trick können Sie aber doch den ursprünglichen Einleitungsabsatz und alle Folgeabsätze hervorzaubern. Da zu diesem Trick allerdings einige Speicher- und Kopiervorgänge gehören, verraten wir Ihnen die Auflösung erst im folgenden Praxiskapitel, das sich mit dem Thema Speichern beschäftigt.

3.2 Datenverluste vermeiden

Stellen Sie sich vor, Sie kämpfen mit Word stundenlang an den Formulierungen einer Rede, die Sie auf einer großen Familienfeier halten sollen. Die Rede soll humorvoll und zugleich ernst sein, im Plauderton daherkommen, aber auch nachdenklich machen. Nach vielen Versuchen und Änderungen haben Sie endlich die perfekte Form gefunden, die Gratwanderung zwischen Spaß und Ernst gemeistert – und dann stürzt Ihr Computer ab und alles ist weg!

Keine Angst, das kann eigentlich nicht passieren. Auch ohne Ihr Zutun speichert Word nämlich in regelmäßigen Abständen und könnte aus den Speicherinformationen dann die Rede bis zum letzten Speicherzeitpunkt wiederherstellen. Sie würden im ungünstigsten Fall also nur einen Teil Ihrer Rede verlieren.

Dennoch sollten Sie Datenverlusten aktiv vorbeugen und dabei auch daran denken, dass Ihr Computer durch einen technischen Defekt einen Totalschaden erleiden könnte.

Speichern und Zwischenspeichern

Bei Ihrer Arbeit mit Word und anderen Computerprogrammen sollten Sie es sich zur Regel machen, jedes Dokument frühzeitig und dann in regelmäßigen Abständen zu speichern. Das Speichern ist deshalb so wichtig, weil alles, was Sie mit Ihrem Computer und den Dokumenten, mit denen Sie sich beschäftigen, anstellen, zunächst nur in den elektronischen Schaltkreisen des Computers stattfindet. Kommt es zu einem Stromausfall oder einem Programmabsturz, bricht die Stromzufuhr zusammen und es gibt keine Möglichkeit, die ehemals dort vorhandenen Informationen zu rekonstruieren.

Beim Speichern hingegen wird eine Kopie des momentanen Zustands eines Dokuments, zum Beispiel Ihres Redemanuskripts für die Familienfeier, als Datei auf einen Datenträger in Ihrem Computer geschrieben. Wenn nun der Strom ausfällt oder es zu einem schwerwiegenden Systemabsturz kommt, bleibt die Datei davon völlig unbeeinflusst. Ist der Computer wieder im Einsatz, können Sie die Datei öffnen und bekommen Ihr Redemanuskript in dem Zustand angezeigt, den Sie gespeichert haben.

Einmal speichern reicht aber nicht. Wenn Sie an Ihrem Redemanuskript arbeiten, wird es ja immer umfangreicher. Der aktuelle Stand stimmt also bereits nach der ersten Änderung des Manuskripts nicht mehr mit dem Stand überein, den Sie gespeichert haben. Um beide Versionen auf den gleichen Stand zu bringen, müssen Sie Ihr Redemanuskript erneut speichern. Die bereits auf dem Datenträger vorhandene Datei wird dann einfach mit einer Datei überschrieben, die den aktuellen Zustand wiedergibt. Wenn Sie in regelmäßigen Abständen speichern, erzeugen Sie daher nicht nach und nach eine Vielzahl von Dateien, sondern ersetzen immer wieder nur die Datei mit dem veralteten Stand durch die Datei mit dem aktuellen Stand. Normalerweise reicht dafür ein Klick auf die *Speichern*-Schaltfläche in der Schnellzugriffsleiste.

Beim Speichern sollten Sie allerdings beachten, welche unterschiedlichen Speichermöglichkeiten es bei Word gibt. Wie das Speichern und Öffnen im Einzelnen funktioniert, können Sie im folgenden Kapitel gleich ausprobieren. Im Moment sollten Sie sich nur merken, dass Sie jedes Dokument – und dies nicht nur bei Word, sondern bei allen Computerprogrammen – einmal gleich zu Beginn und dann von Zeit zu Zeit speichern sollten, um die Dokumentdatei immer wieder auf den aktuellen Stand zu bringen.

Automatisches Speichern anpassen

Wie bereits angedeutet, speichert Word normalerweise die sogenannten Wiederherstellungsinformationen für jedes Dokument automatisch. Sollten Sie also das Speichern und Zwischenspeichern vergessen, ist dies nicht tragisch. Selbst nach einem Stromausfall würde Ihnen Word nach dem Neustart ebenfalls automatisch die wiederhergestellte Fassung des Dokuments zum richtigen Speichern anbieten. Allerdings ist das Intervall, das Word zum Speichern der Wiederherstellungsinformationen verwendet, relativ groß. Sie sollten es daher auf jeden Fall anpassen und auf 5 Minuten stellen.

Wie Sie diese Anpassung vornehmen, ist im Kapitel „Word gemütlich einrichten" ausführlich beschrieben. Hier daher nur die Kurzanleitung: *Datei / Optionen*, Navigationseintrag *Speichern*, Option *AutoWiederherstellen-Informationen speichern alle* auf *5 Minuten* stellen.

Die interne automatische Speicherung der Wiederherstellungsinformationen ersetzt das „richtige" Speichern und Zwischenspeichern allerdings nicht ganz. Sie sollten trotzdem nicht darauf verzichten, Ihre Word-Dokumente zusätzlich in regelmäßigen Abständen von Hand zu speichern.

Regelmäßige Datensicherung

Die Dokumente, die auf Ihrem Computer gespeichert sind, sind nicht absolut sicher. Wie alle technischen Geräte kann auch Ihr Computer plötzlich kaputtgehen und sich nicht wieder zum Leben erwecken lassen. Um auch auf größere technische Pannen, wie etwa den Totalschaden Ihres Computers oder den Komplettausfall der Festplatte, auf der sämtliche Daten Ihres Computers gespeichert sind, vorbereitet zu sein, hilft nur eins: die regelmäßige Datensicherung auf CD, DVD oder USB-Stick bzw. eine externe Festplatte.

Kapitel 4

Grundlagen: Dokumente speichern, öffnen und suchen

Nun aber schnell zur Word-Praxis und zu den wesentlichen Grundlagen. Nach dem Motto „das Wichtigste zuerst" geht es in diesem Kapitel um das Thema Speichern in all seinen Spielarten. Und weil Sie Ihre Word-Dokumente nicht nur speichern, sondern auch wieder anzeigen und bearbeiten möchten, gehört natürlich auch das Thema Öffnen dazu.

In diesem Kapitel

- lernen Sie die Unterschiede zwischen den Aktionen *Speichern* und *Speichern unter* kennen,
- speichern Sie Dokumente in unterschiedlichen Ordnern,
- öffnen Sie Dokumente mit Word und dem Windows Explorer,
- legen Sie mit Word versuchsweise eigene Ordner an, in die Sie Ihre Dokumente speichern,
- setzen Sie Fenster ein, um mehrere Dokumente gleichzeitig zu sehen,
- verwenden Sie die Suchfunktion, um verschollene Dokumente wieder aufzufinden,
- machen Sie das Unmögliche möglich: Sie stellen mit der Rückgängig-Funktion einen Absatz wieder her, den Sie vor

längerer Zeit verändert haben, behalten aber ansonsten sämtliche Texteingaben, Formatierungen und Änderungen bei.

4.1 Dokumente speichern und öffnen

Was Sie brauchen, um das Speichern und Öffnen ausprobieren zu können, ist ein Dokument, das etwas Text enthält, den Sie beliebig ändern und bearbeiten können. Wenn Sie das wunderbare Scones-Rezept des Eingangskapitels abgetippt und gespeichert haben, liegt Ihnen bereits ein Word-Dokument vor, das als Spielmaterial für Ihre Experimente dienen kann. Falls Sie das Rezept nicht gespeichert haben sollten, ist dies kein Problem. Das Rezept ist nämlich auch auf der Buch-CD gespeichert. Wenn die CD im Laufwerk Ihres Computers liegt, können Sie es von dort direkt öffnen.

Der schnelle Weg zum Testdokument

Damit Sie ganz schnell zu einem Testdokument kommen, das Sie verändern, in unterschiedlichen Versionen speichern und auf verschiedenen Wegen öffnen können, folgen Sie einer der Anleitungen zum Öffnen des Scones-Rezepts.

So öffnen Sie Ihr eigenes Scones-Dokument

Haben Sie das Scones-Rezept abgetippt und gespeichert, machen Sie Folgendes:

Starten Sie Word, falls dies nicht bereits geschehen ist, öffnen Sie das *Datei*-Menü und klicken Sie im Backstage-Bereich *Zuletzt verwendet* auf den Eintrag Ihres Scones-Dokuments (s. Abb. 4.1, 1). Falls Ihr Computer mit Windows 7 ausgestattet ist, können Sie auch die Sprungliste des Startmenüs nutzen und das Scones-Dokument direkt im Startmenü anklicken, nachdem Sie dort den Word 2010-Eintrag angewählt haben (s. Abb. 4.1, 2).

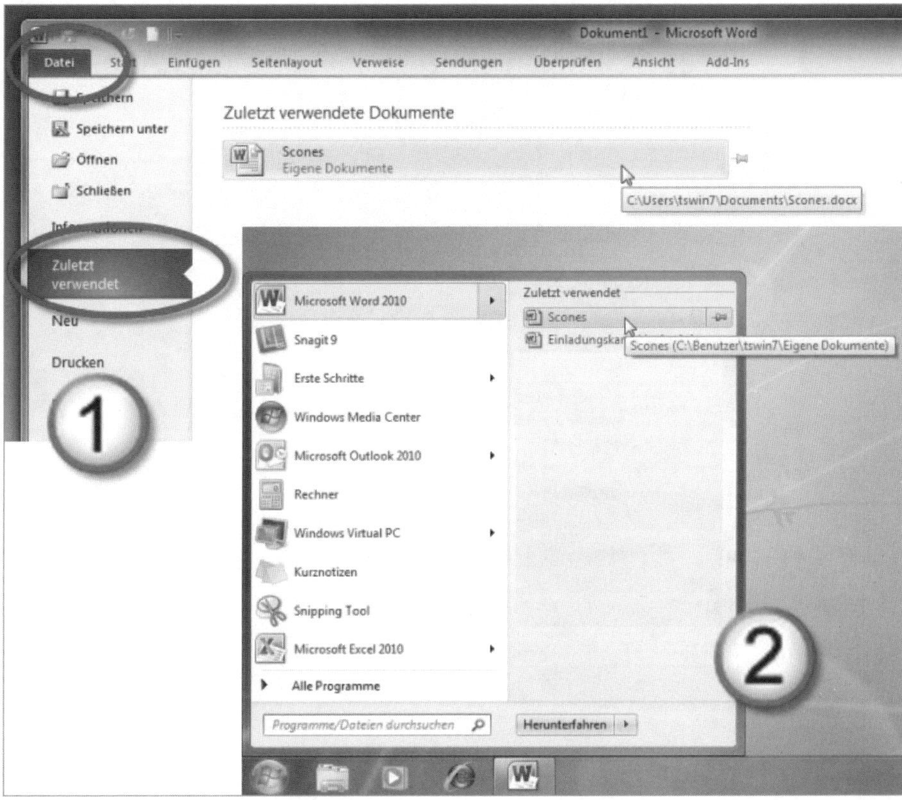

Abb. 4.1 Rufen Sie Ihr Scones-Dokument über den Backstage-Bereich von Word 2010 (1) oder die Sprungliste des Startmenüs (2) auf.

Alternativ, aber deutlich umständlicher, können Sie auch das Dialogfenster *Öffnen* aufrufen und Ihr Scones-Dokument dort anwählen. Das geschieht auf folgende Weise:

Öffnen

1. Rufen Sie Word auf, klicken Sie auf den Karteireiter *Datei* und wählen Sie den Menüeintrag *Öffnen*. Es erscheint das Dialogfenster *Öffnen*.

2. Sollte Ihnen das Dialogfenster *Öffnen* den Inhalt des Ordners oder der Bibliothek *Dokumente* nicht bereits anzeigen, klicken Sie in der Navigationsleiste auf die Verknüpfung *Dokumente* (s. Abb. 4.2).

3. Klicken Sie im Inhaltsbereich des Dialogfensters doppelt auf den Dokumenteintrag *Scones* (s. auch Abb. 4.2). Word zeigt Ihnen Ihr Scones-Dokument an.

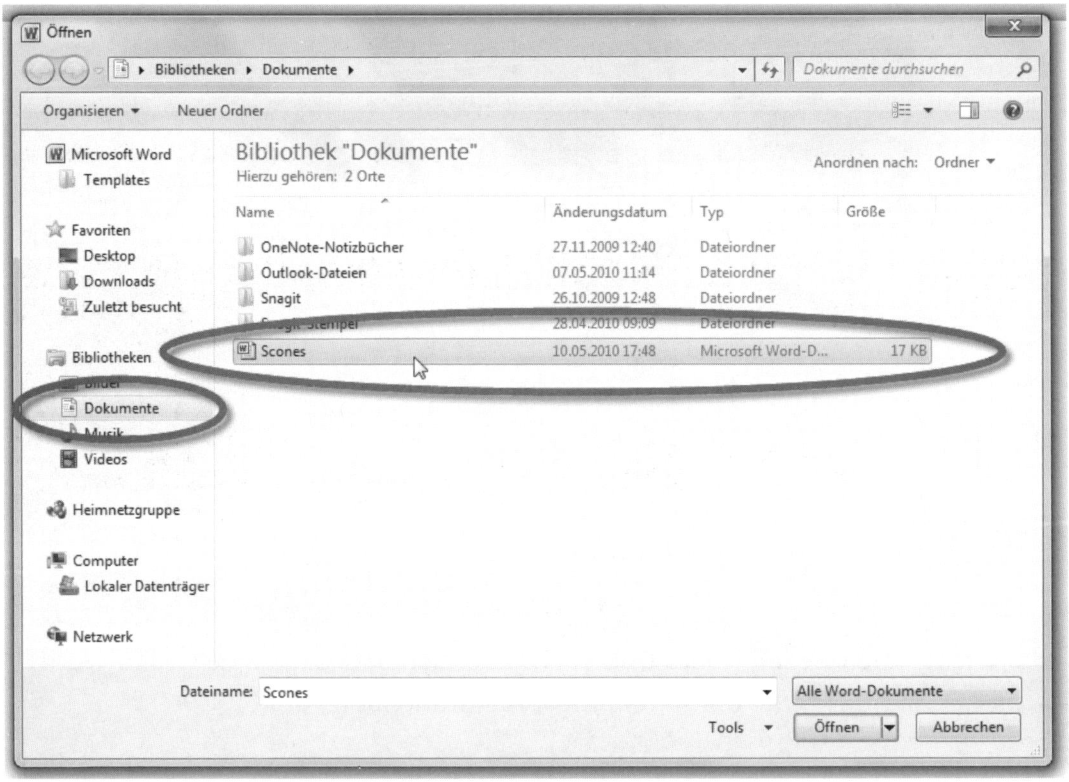

Abb. 4.2 Öffnen Sie Ihr Scones-Dokument, das Ihnen im Ordner bzw. der Bibliothek *Dokumente* angezeigt wird, mit einem Doppelklick.

So öffnen Sie das Scones-Dokument von der CD

Haben Sie das Scones-Rezept nicht auf Ihrem Computer gespeichert, öffnen Sie es auf folgende Weise von der Buch-CD, die Sie in das Laufwerk Ihres Computers eingelegt haben:

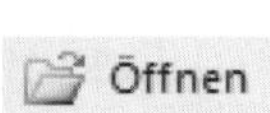

1. Starten Sie Word, falls dies nicht bereits geschehen ist, öffnen Sie das *Datei*-Menü mit einem Klick auf den Karteireiter *Datei* und klicken Sie dort auf den Eintrag *Öffnen*. Es erscheint das Dialogfenster *Öffnen*.

2. Wählen Sie in der Navigationsleiste des Dialogfensters *Öffnen* das Laufwerk an, in dem sich die Buch-CD befindet. Im Inhaltsbereich erscheint der Inhalt der CD (s. Abb. 4.3).

3. Klicken Sie doppelt auf den Ordnereintrag *Beispieldokumente*. Der Inhalt des Ordners erscheint.

4. Klicken Sie doppelt auf den Dokumenteintrag *Scones* (s. Abb. 4.3). Word zeigt Ihnen das Scones-Dokument der Buch-CD an.

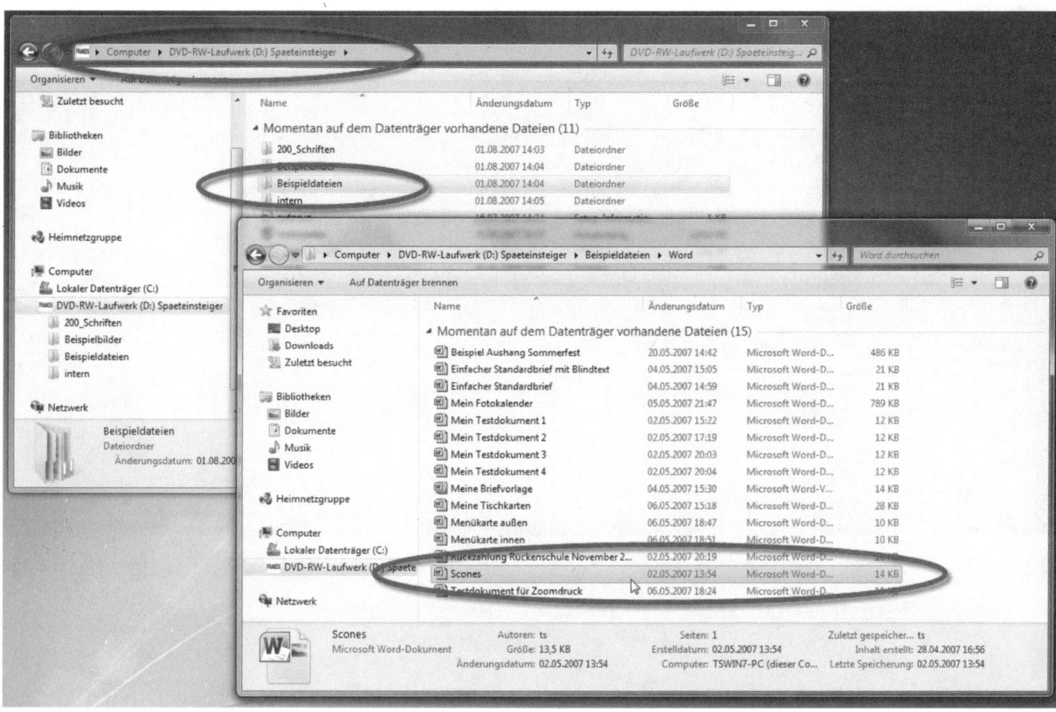

Abb. 4.3 So öffnen Sie das Beispieldokument von der CD direkt aus Word heraus.

So füllen Sie Ihr Testdokument schnell mit Inhalten

Das Testdokument, das Sie jetzt anlegen, füllen Sie ganz schnell mit dem Textinhalt aus dem Scones-Rezept, indem Sie folgendermaßen vorgehen:

1. Markieren Sie im Scones-Dokument die Überschrift und die ersten beiden Absätze und klicken Sie in der Gruppe *Zwischenablage* der Registerkarte *Start* auf die Schaltfläche *Kopieren*.

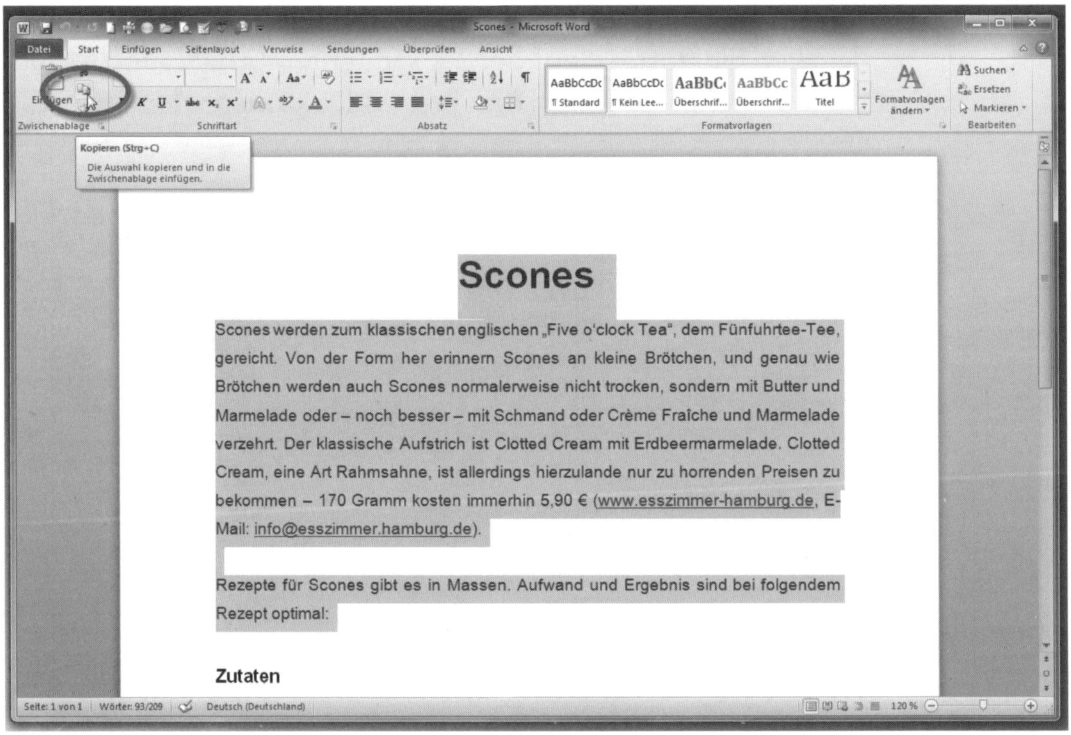

Abb. 4.4 Markieren Sie die ersten beiden Absätze und klicken Sie auf der Registerkarte *Start* auf die Schaltfläche *Kopieren*.

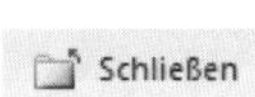

2. Öffnen Sie das *Datei*-Menü und klicken Sie auf den Menüeintrag *Schließen,* um das Scones-Rezept zu schließen. Das Rezept verschwindet, aber das Word-Programmfenster wird Ihnen weiter angezeigt.

3. Öffnen Sie das *Datei*-Menü erneut und wählen Sie den Menüeintrag *Neu*. Der Backstage-Bereich *Verfügbare Vorlagen* erscheint.

4. Klicken Sie dort doppelt auf den Eintrag *Leeres Dokument*. In Ihrem Word-Programmfenster erscheint ein leeres Dokument.

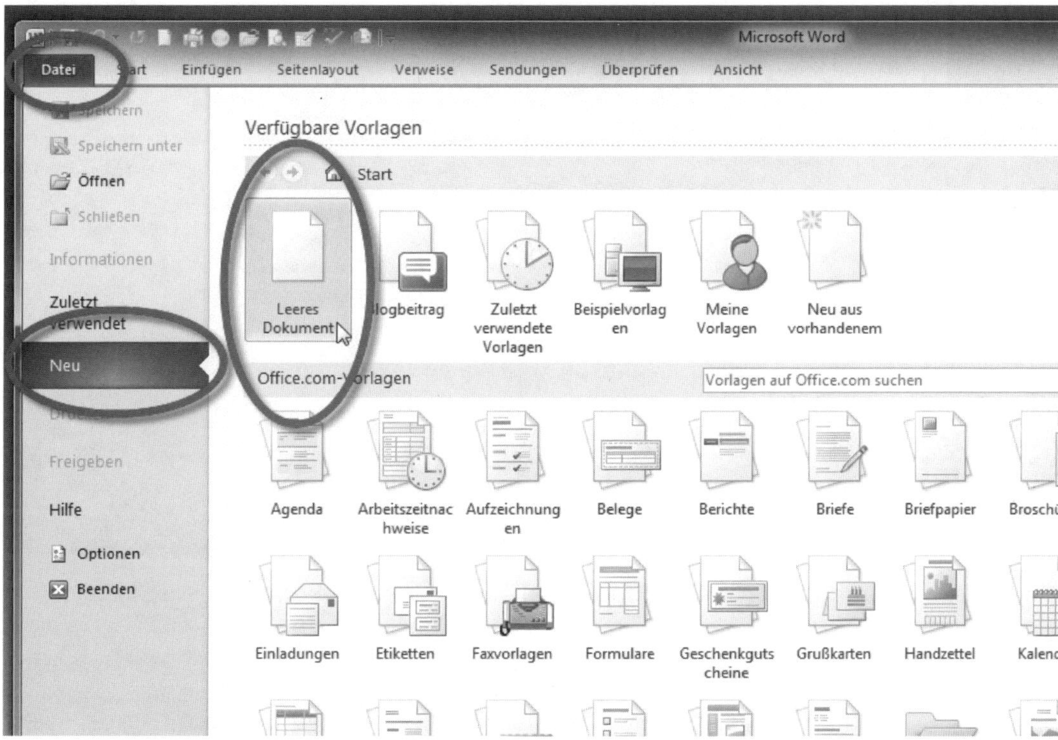

Abb. 4.5 Klicken Sie im Backstage-Bereich *Neu* doppelt auf den Eintrag *Leeres Dokument*.

5. Klicken Sie in der Gruppe *Zwischenablage* der Registerkarte *Start* auf die Schaltfläche *Einfügen*. Die Absätze des Scones-Rezepts, die Sie gerade kopiert haben, erscheinen nun in Ihrem neuen Dokument.

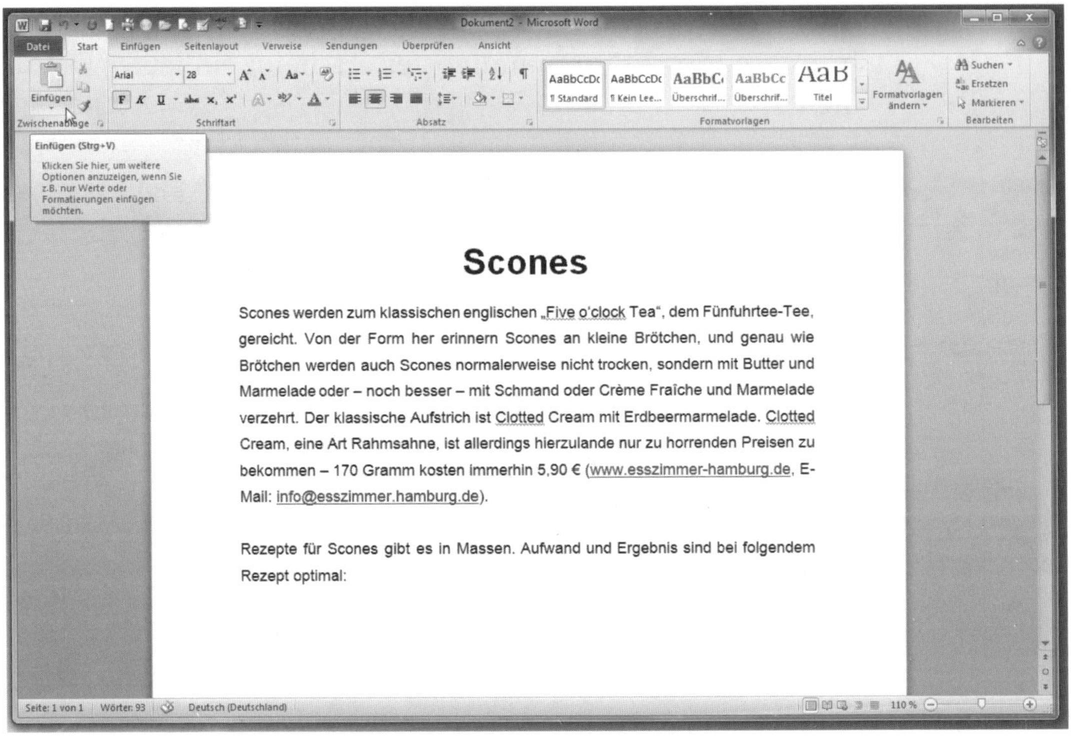

Abb. 4.6 Ein Klick auf die *Einfügen*-Schaltfläche und die kopierte Textpassage erscheint im neuen Dokument.

Wunderbar! Das Testdokument ist fertig, Sie können es nun speichern und dann auch nach dem Ausschalten Ihres Computers jederzeit wieder öffnen.

Kopieren und Einfügen

Ganz nebenbei haben Sie soeben auch eine der wichtigsten Aktionen kennengelernt, die Sie nicht nur bei Word, sondern auch bei allen anderen Programmen durchführen können: das Kopieren und Einfügen. Sie können diese Aktion nicht nur über die Symbole der Registerkarte *Start* ausführen, sondern auch über die Kontextmenübefehle *Kopieren* und *Einfügen* oder die schnellen Tastenkombinationen `Strg` + `C` und `Strg` + `V`.

Der Clou: Das Kopieren und Einfügen funktioniert auch von einem Dokument zum anderen, nicht nur von Word-Dokument zu Word-Dokument. Ob von Excel zu Word, von Ihrem Grafikprogramm zu PowerPoint, vom Windows-Taschenrechner zu Word und so weiter: Das Kopieren und Einfügen ist die einfachste Möglichkeit, Texte, Tabellen, Bilder und alle anderen Daten von einem Dokument in ein anderes zu bekommen!

So speichern Sie das Testdokument

Das Speichern des Testdokuments ist schnell erledigt und funktioniert folgendermaßen:

1. Klicken Sie in der Schnellzugriffsleiste auf die Schaltfläche *Speichern.* Auf Ihrem Bildschirm erscheint das Dialogfenster *Speichern unter*.

2. Word bietet Ihnen bereits den Ordner bzw. die Bibliothek *Dokumente* als Speicherort an und schlägt Ihnen auch einen Namen für Ihr Dokument vor. Der vorgeschlagene Speicherort ist für Ihre ersten Dokumente sehr gut geeignet, den Dateinamen, den Word Ihnen anbietet, sollten Sie allerdings ändern. Tragen Sie in das Feld *Dateiname* bitte den Namen *Mein Testdokument 1* ein und klicken Sie auf die Schaltfläche *Speichern* (s. Abb. 4.7) Das Dialogfenster verschwindet, in der Titelleiste Ihres Dokuments erscheint die Bezeichnung *Mein Testdokument 1 – Microsoft Word,* und Ihr Dokument ist gespeichert.

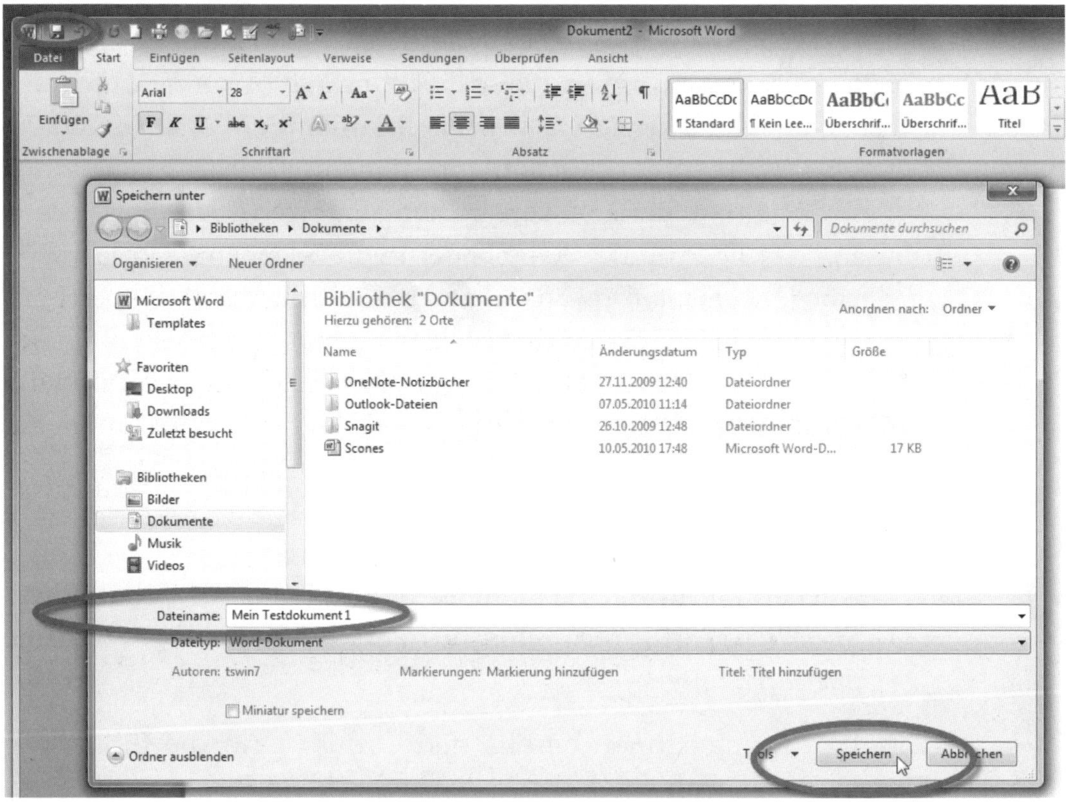

Abb. 4.7 Geben Sie Ihrem Testdokument einen Namen und klicken Sie dann auf die Schaltfläche *Speichern*.

3. Beenden Sie Word mit einem Klick auf die X-Schaltfläche in der Titelleiste. Falls nicht andere Word-Dokumente noch ungespeichert offen sind, schließt sich das Word-Programmfenster.

Zwischenspeichern

Wenn Sie längere Zeit an einem Dokument arbeiten, sollten Sie es sich zur Gewohnheit machen, aus Sicherheitsgründen zwischendurch immer mal wieder auf die *Speichern*-Schaltfläche in der Schnellzugriffsleiste zu klicken oder die Tastenkombination `Strg` + `S` zu drücken – das geht schneller. Word speichert dann jedes Mal den aktuellen Bearbeitungsstand in der Dokumentdatei, die Sie beim ersten Speichern angelegt haben.

So öffnen Sie ein Dokument

Für das Öffnen eines Dokuments gibt es bei Word verschiedene Möglichkeiten, die wir Ihnen nun nacheinander vorstellen.

An einem aktuellen Dokument weiterarbeiten

Gehört das Dokument, das Sie öffnen möchten, wie in diesem Fall zu den letzten Dokumenten, die Sie mit Word gespeichert haben, haben Sie Glück. Wie bereits eingangs beschrieben, merkt Word sich nämlich die letzten Dokumente und zeigt sie Ihnen im Backstage-Bereich *Zuletzt verwendet* an. Um Ihr Testdokument zu öffnen, brauchen Sie also nichts weiter zu tun, als das *Datei*-Menü zu öffnen und dort in der Liste *Zuletzt verwendete Dokumente* auf den Eintrag *Mein Testdokument 1* zu klicken.

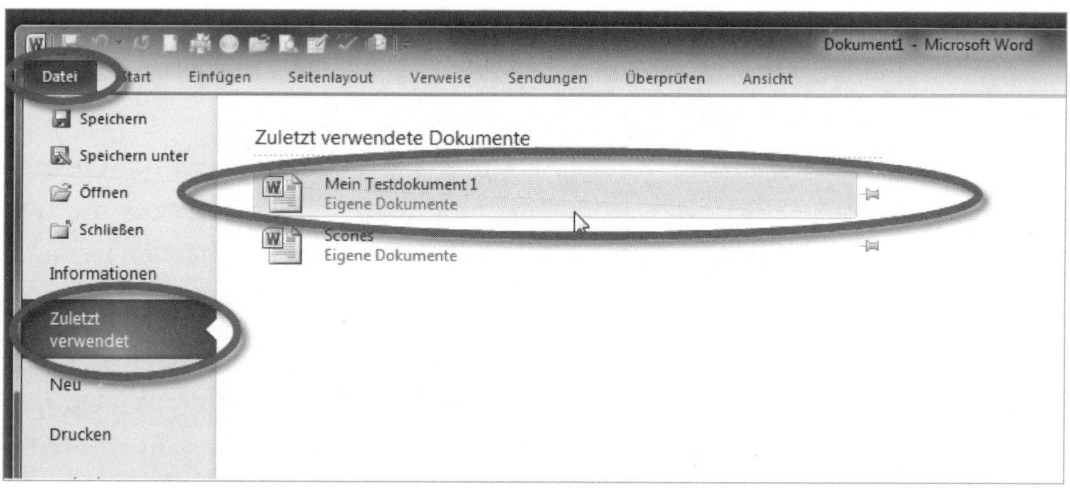

Abb. 4.8 Klicken Sie im Backstage-Bereich auf den Eintrag Ihres Beispieldokuments.

Ältere Dokumente öffnen

Sollten Sie in der Zwischenzeit weitere Dokumente gespeichert haben, taucht das Dokument, das Sie öffnen möchten, nicht mehr in der Liste der zuletzt geöffneten Dokumente auf. Mithilfe des

Dialogfensters *Öffnen*, das Word Ihnen zur Verfügung stellt, können Sie aber jedes Word-Dokument öffnen.

Um das Dialogfenster *Öffnen* aufzurufen, klicken Sie normalerweise im *Datei*-Menü auf den Eintrag *Öffnen*. Da es sich dabei um ein sehr wichtiges Dialogfenster handelt, sollten Sie in die Schnellzugriffsleiste von Word 2010 eine Symbolschaltfläche zum Aufrufen des *Öffnen*-Fensters einfügen. Noch schneller geht es mit der Tastenkombination [Strg] + [O].

So fügen Sie die Öffnen-Schaltfläche in die Schnellzugriffsleiste ein

Das Einfügen der *Öffnen*-Schaltfläche in die Schnellzugriffsleiste ist im Handumdrehen erledigt: Sie klicken auf die Dreiecksschaltfläche der Schnellzugriffsleiste und wählen in der Ausklappliste den Eintrag *Öffnen*. Das war's auch schon – die Liste schließt sich und die Schaltfläche erscheint in der Schnellzugriffsleiste.

Im Dialogfenster *Öffnen* wählen Sie dann Laufwerk, Ordner (s. Abb. 4.9) und Namen des gewünschten Dokuments an, das Sie schließlich mit einem Klick auf die *Öffnen*-Schaltfläche oder einen Doppelklick auf den Dokumentnamen öffnen.

Für Sie gibt es also mindestens zwei Wege, Ihr Beispieldokument wieder zu öffnen: den Backstage-Bereich *Zuletzt verwendet*, das Dialogfenster *Öffnen* oder – wenn Sie mit Windows 7 arbeiten – die Sprungliste im Startmenü. Auch wenn die letzte Möglichkeit etwas umständlich ist, sollten Sie sie gleich einmal ausprobieren:

1. Öffnen Sie das Dialogfenster *Öffnen* mit einem Klick auf die entsprechende Schaltfläche in der Schnellzugriffsleiste oder wählen Sie den *Datei*-Menüeintrag *Öffnen*.

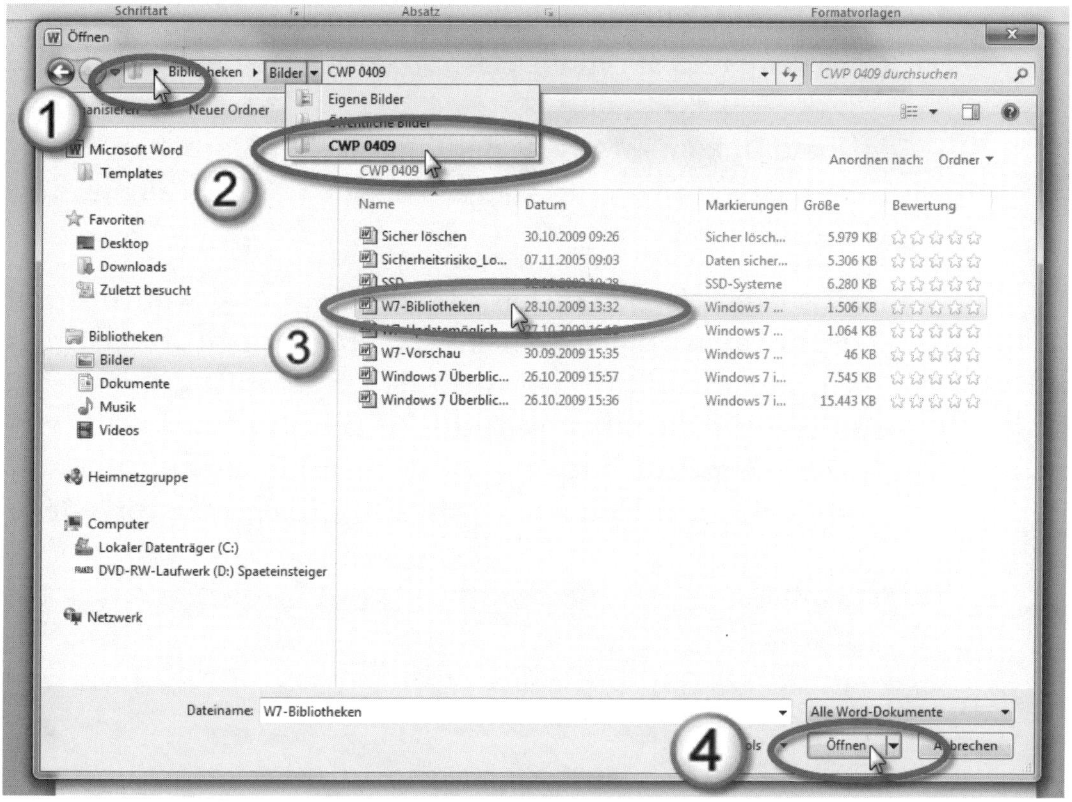

Abb. 4.9 Wählen Sie Laufwerk (1), Ordner bzw. Bibliothek (2) und Namen (3) und öffnen Sie das Dokument über die *Öffnen*-Schaltfläche (4).

2. Nun geben Sie an, wo und unter welchem Namen das Dokument, das Sie öffnen möchten, gespeichert ist. Da Sie das Testdokument im Ordner bzw. der Bibliothek *Dokumente* gespeichert haben, ist dies sehr einfach. Word merkt sich den Speicherort, den Sie zuletzt verwendet haben, und zeigt Ihnen den Inhalt des Ordners bzw. der Bibliothek *Dokumente* vielleicht direkt an. Sollte dies nicht der Fall sein, klicken Sie im linken Navigationsbereich des Dialogfensters auf den Eintrag *Dokumente*.

3. Markieren Sie den Eintrag *Mein Testdokument 1* im Inhaltsbereich des Dialogfensters und klicken Sie auf die *Öffnen*-Schalt-

fläche oder klicken Sie ihn doppelt an. Das Testdokument erscheint und Sie können es nun erweitern und bearbeiten.

Geöffnete Dokumente verändern und weiterbearbeiten

Ob die Weiterbearbeitung klappt, können Sie gleich einmal ausprobieren:

1. Markieren Sie den ersten Absatz Ihres Testdokuments mit einem Dreifachklick, öffnen Sie in der Gruppe *Schriftart* der Registerkarte *Start* die Auswahlliste *Schriftart* mit einem Klick auf die Dreiecksschaltfläche und wählen Sie eine verspielte Schriftart. Der erste Absatz wird in der neuen Schrift dargestellt, das Dokument lässt sich also beliebig verändern.

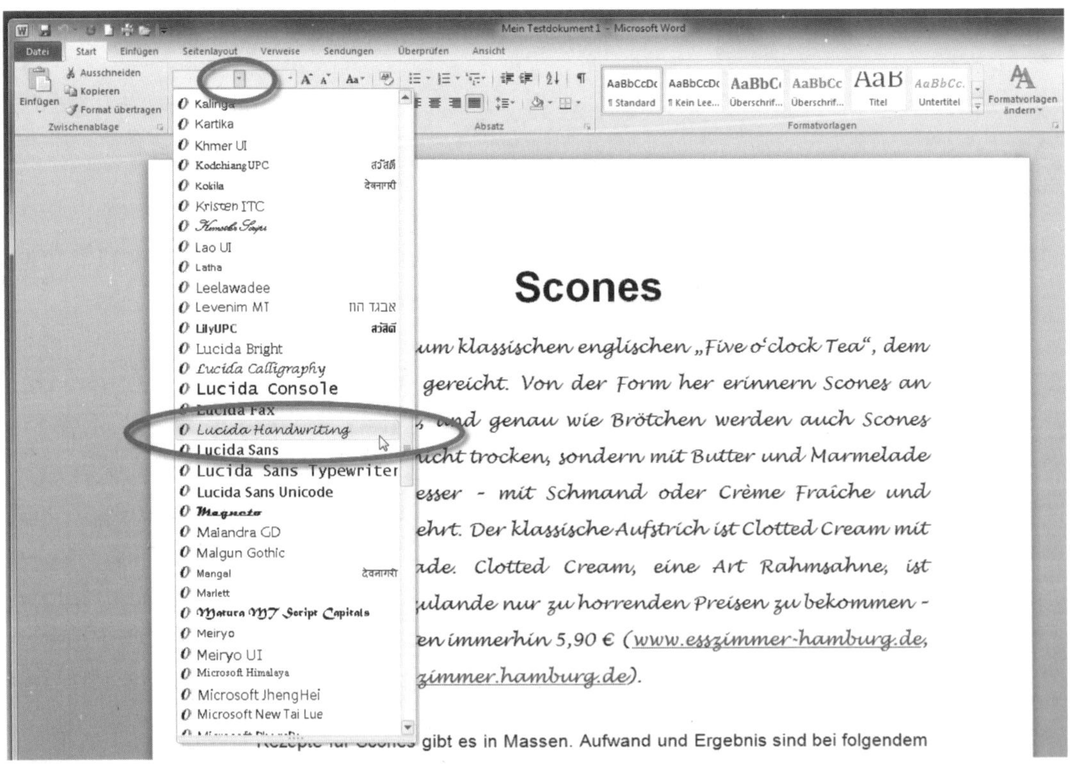

Abb. 4.10 Markieren Sie den ersten Absatz und wählen Sie eine Schriftart.

2. Klicken Sie auf die *X*-Schaltfläche in der Titelleiste, um das Dokument zu schließen und Word zu beenden. Statt das Dokument zu schließen, zeigt Word ein Hinweisfenster an.

3. Das Sicherheitssystem hat festgestellt, dass Sie die Änderung, die Sie an Ihrem Testdokument vorgenommen haben, noch nicht gespeichert haben. Um mögliche Datenverluste zu verhindern, hat das Sicherheitssystem den Abschaltvorgang unterbrochen und fragt jetzt bei Ihnen nach: *Möchten Sie die an (…) vorgenommenen Änderungen speichern?*. Klicken Sie auf die *Speichern*-Schaltfläche, damit Ihre Änderung gespeichert wird. Das Hinweisfenster verschwindet und das Word-Programmfenster wird geschlossen.

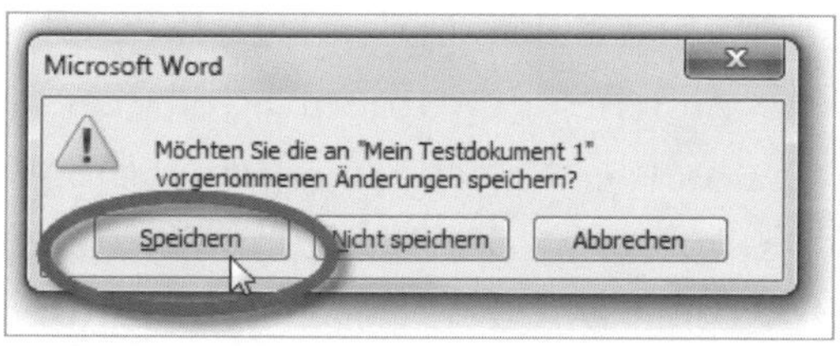

Abb. 4.11 Klicken Sie auf die *Ja*-Schaltfläche, um Ihre Änderungen im Testdokument zu speichern.

Das war's. Sie haben ein Dokument gespeichert, es auf zwei unterschiedlichen Wegen wieder geöffnet und sogar noch die Sicherheitsfunktion von Word herausgefordert.

Speichern und Speichern unter

Word und alle anderen Programme bieten Ihnen nicht nur eine, sondern zwei unterschiedliche Speichermöglichkeiten – *Speichern* und *Speichern unter*. Weil die Unterschiede zwischen den beiden Möglichkeiten zunächst vielleicht etwas schwer nachzuvollziehen sind, probieren Sie die beiden Möglichkeiten mit Ihrem Testdokument gleich selbst einmal aus.

Abb. 4.12 Im *Datei*-Menü gibt es gleich zwei Speichern-Einträge: *Speichern* und *Speichern unter*.

Das passiert beim „Speichern unter"

Beim reinen Speichern wird der aktuelle Inhalt Ihres Dokuments immer wieder in die gleiche Dokumentdatei geschrieben und unter dem gleichen Namen gespeichert. Klicken Sie während der Arbeit an einem Dokument in der Schnellzugriffsleiste auf die Schaltfläche *Speichern* oder wählen den *Datei*-Menüeintrag *Speichern*, hören Sie vielleicht, dass Ihr Computer ein kurzes Speichergeräusch macht, ansonsten aber passiert gar nichts. Beim Speichern wird lediglich die bereits vorhandene Dokumentdatei aktualisiert.

Beim *Speichern unter* hingegen möchte Word den aktuellen Inhalt Ihres Dokuments in einer neuen Dokumentdatei speichern. Wenn Sie also den *Datei*-Menüeintrag *Speichern unter* wählen, erscheint auf Ihrem Bildschirm das Dialogfenster *Speichern unter*, in dem Sie dann angeben müssen, wo und unter welchem Namen die neue Dokumentdatei gespeichert werden soll. Das Ausgangsdokument, das bereits gespeichert ist, bleibt völlig unverändert bestehen.

Wozu das gut sein soll, zeigt folgendes Beispiel:

Für Ihre Urlaubsplanung wollen Sie bei zehn verschiedenen Fremdenverkehrsämtern Prospekte und Zimmernachweise anfordern. Sie schreiben also einen Brief an das erste Fremdenverkehrsamt und speichern ihn unter dem Namen *Anfrage Informationsmaterial Garmisch*. Dann ändern Sie die Empfängeradresse, tragen die Adresse des zweiten Fremdenverkehrsamts ein und speichern den Brief unter dem Namen *Anfrage Informationsmaterial Berchtesgaden*. Dann tragen Sie die Empfängeradresse des dritten Fremdenverkehrsamts ein und speichern den Brief unter dem Namen *Anfrage Informationsmaterial Bad Reichenhall*. Und so weiter. Im Handumdrehen erhalten Sie auf diese Weise zehn verschiedene Briefe an zehn Fremdenverkehrsämter, die Sie dann nur noch drucken und per Post verschicken müssen. Jedes Originaldokument ist auf der Festplatte Ihres Computers archiviert, sodass Sie jederzeit nachschauen können, was Sie welchem Fremdenverkehrsamt geschrieben haben.

Sollten Sie ein paar Tage später noch weitere interessante Urlaubsziele entdecken, öffnen Sie einfach einen der bereits vorhandenen Briefe, ändern die Empfängeradresse und wiederholen das Ganze.

Egal, ob Briefe an Fremdenverkehrsämter, Finanzamt, Krankenkasse oder Jubilare – das Schöne an einem elektronischen Archiv ist, dass Sie bereits vorhandene Dokumente jederzeit öffnen, ändern und als Vorlage für neue Zwecke verwenden können. Wenn Sie die Änderungen dann unter einem anderen Namen speichern, bleibt die bereits vorhandene Vorlage unverändert erhalten.

So speichern Sie unter einem anderen Namen

Wie das mit dem *Speichern unter* tatsächlich praktisch funktioniert, können Sie so ausprobieren:

1. Starten Sie Word und öffnen Sie Ihr Beispieldokument *Mein Testdokument 1* über den Backstage-Bereich *Zuletzt verwendete Dokumente*.

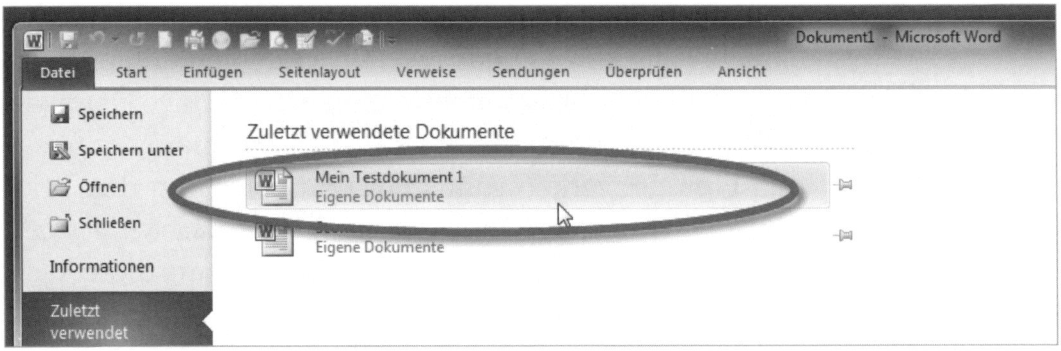

Abb. 4.13 Öffnen Sie Ihr Beispieldokument über den Backstage-Bereich *Zuletzt verwendete Dokumente.*

2. Markieren Sie den Titel *Scones* Ihres Beispieldokuments mit einem Doppelklick, öffnen Sie die Auswahlliste *Schriftart* und wählen Sie eine traditionelle Schrift. Der Titel wird in der neuen Schriftart dargestellt.

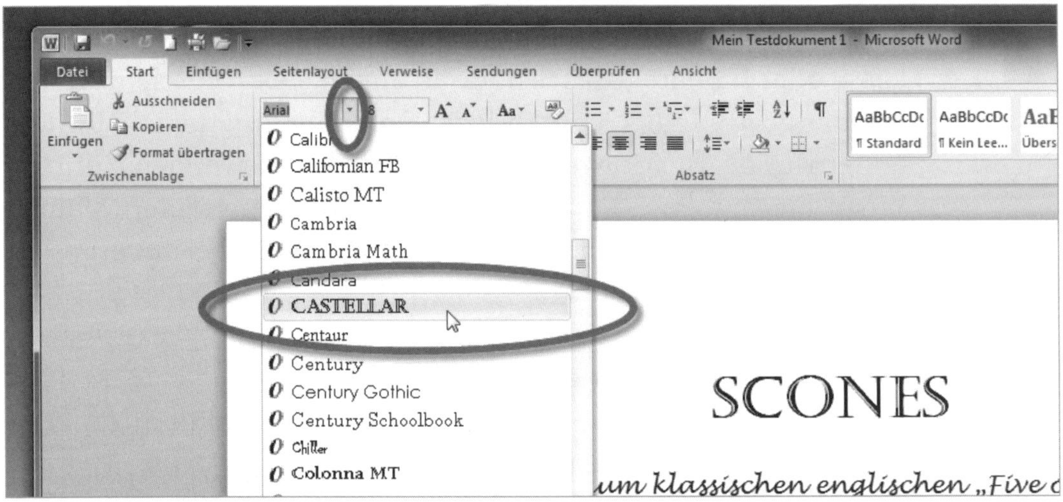

Abb. 4.14 Wählen Sie eine traditionelle Titelschrift für die Überschrift Ihres Beispieldokuments.

3. Wählen Sie den *Datei*-Menüeintrag *Speichern unter*. Nun erscheint das Dialogfenster *Speichern unter* auf Ihrem Bildschirm und gibt Ihnen die Möglichkeit, einen neuen Speicherort und einen neuen Dateinamen anzugeben.

4. Behalten Sie den Speicherort *Dokumente* bei und benennen Sie das Dokument in *Mein Testdokument* 2 um. Dazu brauchen Sie im Feld *Dateiname* nur aus der *1* eine *2* zu machen und auf die Schaltfläche *Speichern* zu klicken. Das Dialogfenster verschwindet und Ihr Dokument wird unter dem neuen Namen gespeichert, der nun auch in der Titelleiste des Word-Programmfensters erscheint.

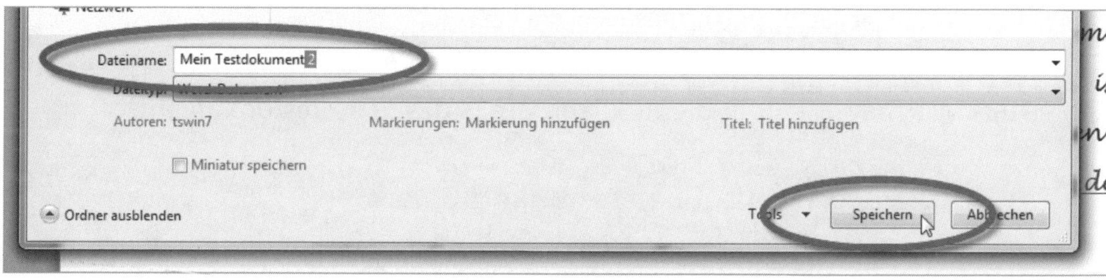

Abb. 4.15 Machen Sie aus der „1" eine „2" und klicken Sie auf die Schaltfläche *Speichern*.

Mit mehreren Dokumenten gleichzeitig arbeiten

Als Folge Ihrer Speichern-unter-Aktion ist das „Testdokument 1" verschwunden. Sie können es aber über den Backstage-Bereich *Zuletzt verwendet* wieder auf Ihren Bildschirm holen:

1. Öffnen Sie also das *Datei*-Menü und den Bereich *Zuletzt verwendet*, dort klicken Sie auf den Eintrag *Mein Testdokument 1*. Das alte Testdokument erscheint und sieht genauso aus, wie Sie es zuletzt gespeichert haben.

2. Da Word nun beide Dokumente gleichzeitig geöffnet hat, können Sie über die Ausklappliste *Fenster wechseln* der Registerkarte *Ansicht* oder über das Word-Symbol in der Windows-Taskleiste von einem Dokument in das andere wechseln.

Öffnen Sie Registerkarte *Ansicht*, klicken Sie in der Gruppe *Fenster* auf die Schaltfläche *Fenster wechseln* und klicken Sie auf den Listeneintrag *Mein Testdokument 2*. Das neue Testdokument wird angezeigt.

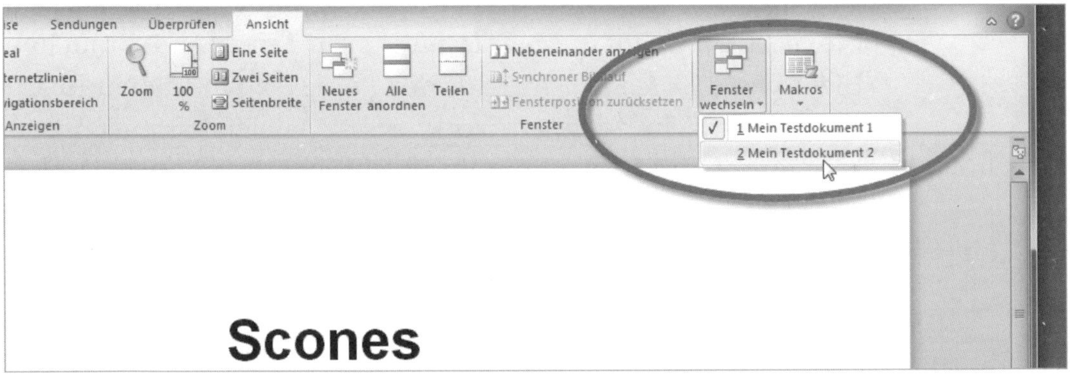

Abb. 4.16 Wechseln Sie über die Ausklappliste in das neue Testdokument.

Fensterwechsel per Tastenkombination

Für den Wechsel von einem Dokument zum anderen können Sie auch die Tasten Alt + Tab verwenden. Wenn Sie die Alt-Taste gedrückt halten und zusätzlich die Tab-Taste drücken, erscheint auf Ihrem Bildschirm ein Fenster, das Ihnen für jedes Dokument ein eigenes Vorschaufenster zeigt. Solange Sie die Alt-Taste drükken, bleibt das Fenster offen. Mit der Tab-Taste wählen Sie das gewünschte Dokument an. Lassen Sie die Alt-Taste los, schließt sich das Auswahlfenster und das Dokument wird angezeigt.

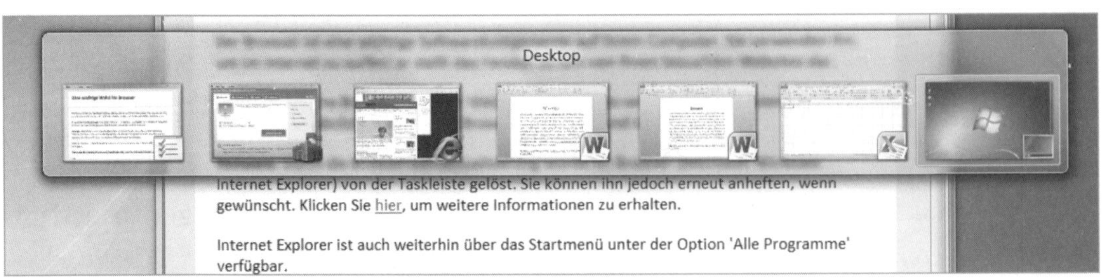

Abb. 4.17 Wählen Sie das gewünschte Dokument in der Vorschau-Ansicht mit der Tab-Taste und lassen Sie dann die Alt-Taste los.

Legen Sie auf die beschriebene Weise zwei weitere Dokumente an, speichern Sie sie unter den Namen *Mein Testdokument 3* und *Mein Testdokument 4* am Speicherort *Dokumente* und schließen Sie sämtliche Testdokumente.

Fensterwechsel in 3D

Wenn Ihr Computer genügend Leistung hat, um Windows Vista oder Windows 7 mit der transparenten Aero-Benutzeroberfläche anzuzeigen, können Sie auch dreidimensional zwischen allen aktuellen Programm- und Dokumentfenstern wechseln. Dazu drücken Sie die Tastenkombination `Windows`-Taste + `Tab`. Alle Fenster werden dann in einem dreidimensionalen Karussell angezeigt, das Sie mit dem Mausrad oder durch zusätzliches Drücken der `Tab`-Taste bewegen können (s. Abb. 4.18).

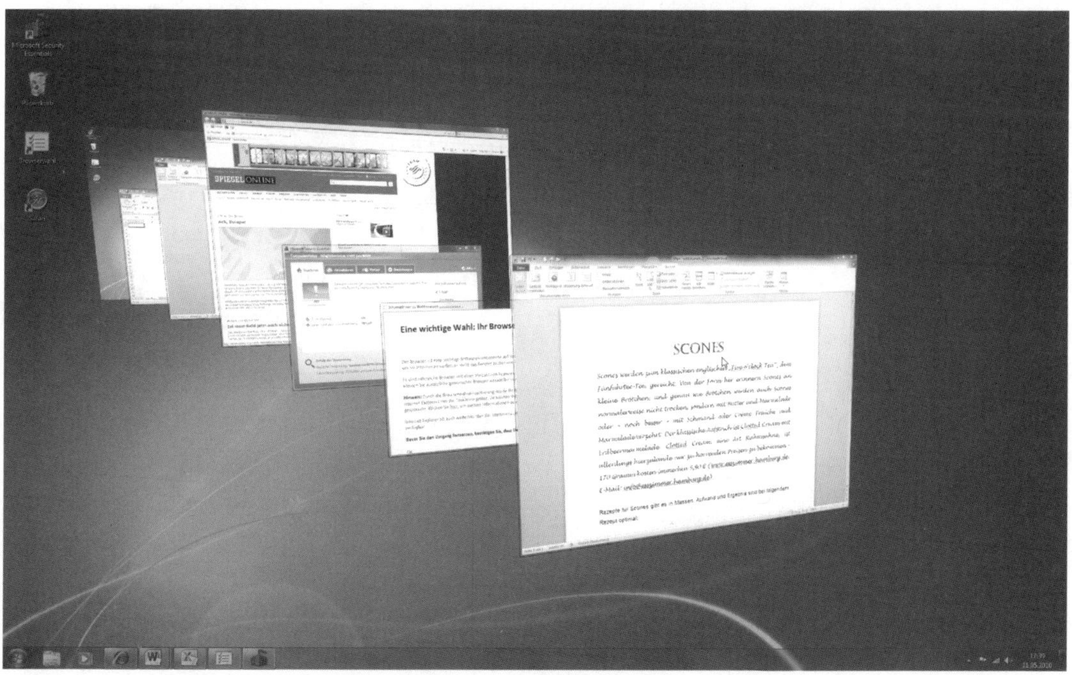

Abb. 4.18 Die dreidimensionale Fensterwechselansicht gibt es nur in der Aero-Darstellung von Windows Vista und Windows 7.

Sehr gut! Sie haben soeben nicht nur die Unterschiede zwischen den beiden Speichermöglichkeiten *Speichern* und *Speichern unter* kennengelernt, sondern auch gleich noch drei weitere Testdokumente angelegt.

4.2 Verschollene Dokumente wiederfinden

Auch bei der besten Ordnerstruktur kann es passieren, dass Sie ein Dokument einfach nicht mehr finden. Vielleicht haben Sie es aus Versehen in einem ganz anderen Ordner oder unter einem ganz anderen Namen gespeichert. Natürlich könnten Sie nun alle Ordner nacheinander öffnen und sich Dokument für Dokument anschauen. Bis Sie das gesuchte Dokument gefunden haben, kann allerdings einige Zeit vergehen.

Wesentlich schneller und komfortabler können Sie verschollene Dokumente mit der Suchfunktion von Word wieder auftreiben. Die Suchfunktion hat nämlich den großen Vorteil, dass Sie überhaupt nicht wissen müssen, unter welchem Namen oder in welchem Ordner Sie ein Dokument gespeichert haben. Es reicht völlig aus, wenn Sie sich an den Inhalt erinnern. Wenn Sie zum Beispiel absolut sicher sind, das Sie vor etwa drei Monaten einen Brief an eine Firma Meier geschrieben haben, in dem es um die Reklamation einer Lieferung von Badezimmerfliesen ging, sind dies mehr als genug Informationen für die Suchfunktion.

Wie die Suchfunktion im Einzelnen funktioniert, können Sie jetzt an einem konkreten Beispiel ausprobieren. Lassen Sie einfach nach einem Dokument suchen, von dem Sie genau wissen, dass es vorhanden ist, wie etwa das Dokument des vorangegangenen Abschnitts. In diesem Dokument stand der Satz: *Wichtiger Brief an die Krankenversicherung*.

So bringen Sie ein verschwundenes Dokument wieder zum Vorschein

Nehmen wir an, Sie hätten vergessen, wo und unter welchem Namen dieses Dokument gespeichert ist. Sie können sich aber noch sehr gut daran erinnern, dass darin die beiden Wörter *Brief* und *Krankenversicherung* vorkommen. Wäre dies der Fall, könnten Sie auf folgende Weise nach diesem Dokument suchen:

1. Starten Sie gegebenenfalls Word und rufen Sie das Dialogfenster *Öffnen* auf (Schnellzugriffsleiste *Öffnen* oder *Datei*-Menüeintrag *Öffnen*).

2. Tragen Sie in das Suchfeld des Dialogfensters *Öffnen* die beiden Suchbegriffe *Brief* und *Krankenversicherung* ein. Bereits während Ihrer Eingabe zeigt Word Ihnen im Inhaltsbereich des Dialogfensters Ordner und Dokumente an, auf die Ihre bis dahin eingegebenen Suchkriterien passen. Je mehr Buchstaben Sie eingeben, desto weniger Fundstellen werden Ihnen angezeigt. Lange bevor Sie die Suchbegriffe zu Ende eingegeben haben, bekommen Sie das gesuchte Dokument angezeigt – das in diesem Fall den Namen *Rückzahlung Rückenschule Mai 2010* hat.

3. Öffnen Sie das Dokument mit einem Doppelklick auf den Dokumenteintrag.

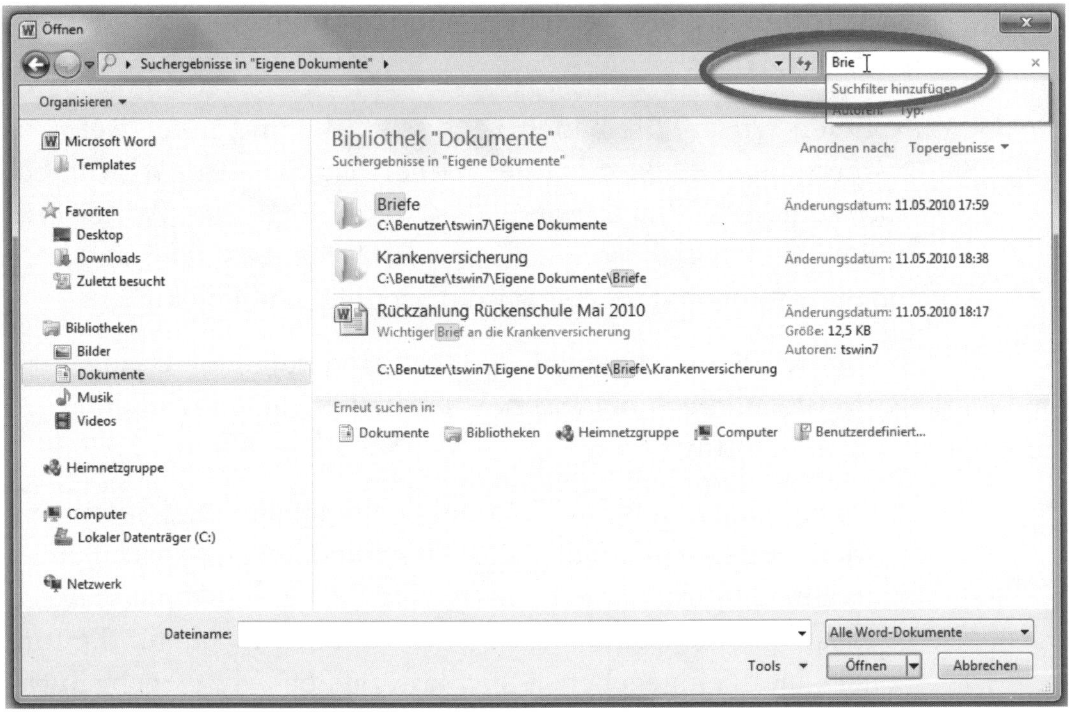

Abb. 4.19 Bereits nach der Eingabe weniger Buchstaben erscheint der Eintrag des gesuchten Dokuments.

Suchtipp Anführungszeichen

Die Suchfunktion von Word durchsucht normalerweise Ordnernamen, Dokumentnamen und Dokumentinhalte entsprechend den Angaben Ihrer Sucheingabe. Geben Sie Ihre Suchkriterien in Anführungszeichen „…“ ein, nimmt die Suchfunktion nur die Inhalte zur Kenntnis und liefert Ihnen als Suchergebnisse nur Dokumente.

Das war's schon. So schnell und unkompliziert können Sie mit der Word-Suche verschollene Dokumente finden. Da Sie bisher wahrscheinlich erst recht wenige Dokumente gespeichert haben, ist die Suche in Sekundenschnelle erledigt. Bei größeren Dokumentbeständen sollten Sie allerdings zur Windows-Suche wechseln, die sich direkt im Windows-Startmenü befindet. Word hat sich nämlich nur einen Teil der Windows-Suche ausgeliehen.

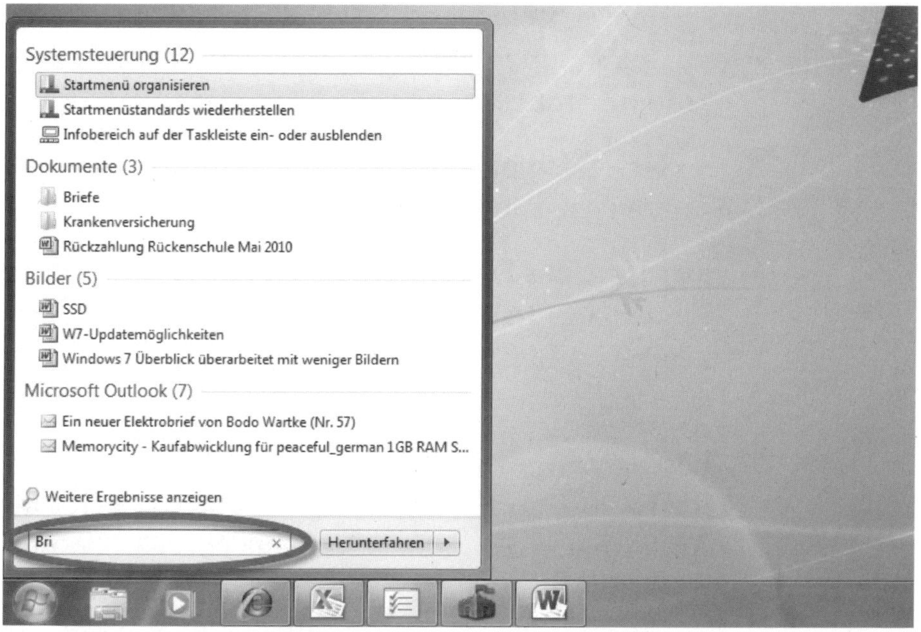

Abb. 4.20 Für umfangreiche Suchaktionen sollten Sie die Windows-Suche verwenden.

4.3 Der Rückgängig-Trick

Nach der Pflicht nun zur Kür – nämlich zur Beantwortung der Frage, wie Sie es erreichen, dass Sie einen Absatz oder eine längere Passage eines Word-Dokuments wiederherstellen, ohne dabei sämtliche folgenden Änderungen und Eingaben zu verlieren. Die *Rückgängig*-Funktion von Word arbeitet ja nur im Blockverfahren und nimmt alle Änderungen zurück.

Da Sie sich in diesem Kapitel mit den unterschiedlichen Speichermöglichkeiten und dem Kopieren und Einfügen auseinandergesetzt haben, werden Sie vermutlich schon längst wissen, wie der Rückgängig-Trick funktioniert: Sie kopieren einfach den

Ist-Stand des Ausgangsdokuments, fügen ihn in ein neues leeres Dokument ein, benutzen dann im Ausgangsdokument die *Rückgängig*-Funktion und stellen die gewünschte Passage wieder her. Dann wechseln Sie in das neue Dokument, kopieren die Passagen, die Sie übernehmen möchten, und fügen sie in Ihr Ausgangsdokument ein.

Alles klar? Noch nicht ganz? Dann hilft nur die folgende, wirklich kurze Probe aufs Exempel:

1. Rufen Sie das Dialogfenster *Öffnen* auf (*Öffnen*-Symbol in der Schnellzugriffsleiste oder *Datei*-Menüeintrag *Öffnen*) und öffnen Sie Ihr Beispieldokument *Mein Testdokument 1* (*Dokumente / Testdokumente / Mein Testdokument 1*).

2. Löschen Sie die Titelzeile des Dokuments (markieren und Entf-Taste drücken) und nehmen Sie noch einige weitere Änderungen an dem Dokument vor. Färben Sie die beiden Absätze ein, richten Sie sie anders aus, wählen Sie andere Schriftarten und so weiter.

3. Ihr Ziel, die Titelzeile wiederherzustellen und die folgenden Änderungen beizubehalten, erreichen Sie so: Markieren Sie das wiederhergestellte Testdokument komplett mit der Maus oder den Pfeiltasten und kopieren Sie es mit einem Klick auf die *Kopieren*-Schaltfläche in der Registerkarte *Start* oder mit der Tastenkombination Strg + C. Legen Sie dann ein neues leeres Dokument an (*Datei*-Menüeintrag *Neu / Leeres Dokument*) und fügen Sie den Inhalt Ihres Testdokuments mit einem Klick auf die *Einfügen*-Schaltfläche der Registerkarte *Start* oder mit der Tastenkombination Strg + V in das leere Dokument ein. Sie haben jetzt eine Kopie des aktuellen Stands Ihres Testdokuments in einem anderen Word-Dokument abgelegt.

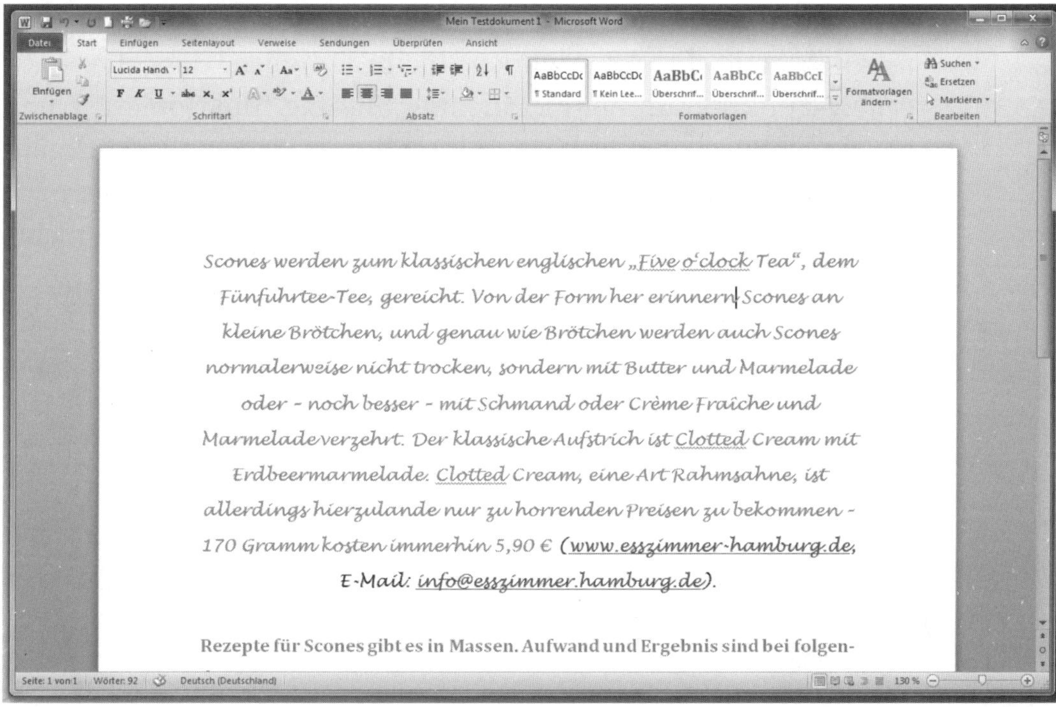

Abb. 4.21 Löschen Sie die Titelzeile und nehmen Sie noch einige weitere Änderungen an Ihrem Beispieldokument vor.

4. Wechseln Sie in Ihr Testdokument (*Ansicht / Fenster wechseln / Mein Testdokument 1* oder über das Word-Symbol der Windows-Taskleiste) und machen Sie das Löschen des Titels mithilfe der Schaltfläche *Rückgängig* der Schnellzugriffsleiste rückgängig. Der Titel erscheint genau so, wie er vor dem Löschen ausgesehen hat.

5. Wechseln Sie in das neue Dokument, markieren und kopieren Sie die Absätze, die Sie nach dem Löschen des Titels geändert haben, wechseln Sie zurück in Ihr Testdokument und fügen Sie die kopierten Absätze dort ein.

6. Speichern und schließen Sie Ihr Testdokument. Das neue Dokument können Sie schließen, ohne es zu speichern.

Herzlichen Glückwunsch! Sie haben soeben das Unmögliche möglich gemacht. Anzumerken bleibt lediglich, dass die *Rückgängig*-Funktion immer nur in einer Sitzung funktioniert. Wenn Sie ein Dokument speichern und schließen, gehen alle Rückgängig-Informationen verloren. Bei einem Dokument, das Sie nach dem Speichern und Schließen wieder öffnen, können Sie nichts mehr rückgängig machen.

Kapitel 5
Briefe schreiben

Am häufigsten wird ein Textverarbeitungsprogramm wahrscheinlich zum Briefeschreiben verwendet. Daher ist es kaum verwunderlich, dass Word Ihnen für diesen Zweck eine ganze Reihe von Vorlagen zur Verfügung stellt, die Ihnen das Leben oder besser das Briefeschreiben leichter machen sollen. Sie tun es aber nicht wirklich. Daher beschreibt dieses Kapitel alles, was Sie benötigen, um Ihre Briefe auch ohne Assistenten zu schreiben und ansehnlich aussehen zu lassen.

Briefe stellen ganz bestimmte Anforderungen an die Form und den Inhalt, deshalb geht es hier um Dinge wie:

- Platzierung der Standardelemente
- Ausrichtung und Einzüge
- Zeilen- und Absatzabstände
- Silbentrennung
- Synonymwörterbuch (Thesaurus)
- Seitenzählung
- Kopf- und Fußzeilen

Gerade weil Briefe eine festgefügte Form haben, sollten Sie einen Standardbrief anfertigen, den Sie bei Bedarf immer wieder mit neuen Inhalten füllen, die Sie dann unter einem anderen Namen speichern, damit Ihnen Ihr Standardbrief erhalten bleibt. Word bietet Ihnen aber auch die Möglichkeit, eine regelrechte Vorlagendatei anzulegen, die sich nicht überschreiben und immer als

Dokumentvorlage verwenden lässt. Wie Sie aus Ihrem Standardbrief eine Dokumentvorlage machen, erfahren Sie hier.

Da schließlich jeder Brief gedruckt werden muss, geht es zu guter Letzt auch um das Thema Drucken und um einige wichtige Druckfunktionen von Word.

5.1 Einfache offizielle Briefe selbst gestalten

Briefe, die Sie an offizielle Stellen oder Firmen richten, zeichnen sich durch eine bestimmte Form aus, die sich im Geschäfts- und Behördenleben als Standard etabliert hat. Für Geschäftsbriefe gibt es sogar eine Norm: In der DIN 5008 ist genau festgelegt, wo welches Element eines Standardgeschäftsbriefs zu stehen hat, welche Abkürzungen und Anreden zulässig sind und wie die Empfängerangaben auszusehen haben. Etwas auch nur annähernd Vergleichbares gibt es in keinem anderen Land der Welt. Vielleicht tun sich Briefvorlagen auch deshalb etwas schwer.

Die wichtigsten Elemente und ihre Positionen haben Sie ja vielleicht bereits im Zusammenhang mit Briefvorlagen kennengelernt: Absender, Empfänger, Datum, Betreff, Anrede und Grußformel. Wie Sie diese Elemente in Ihr Briefdokument eingeben und platzieren, können Sie gleich selbst ausprobieren.

So geben Sie die Standardelemente ein

1. Starten Sie Word oder klicken Sie, wenn Sie bereits mit Word arbeiten, auf den *Datei*-Menüeintrag *Neu* und wählen Sie im Backstage-Bereich den Eintrag *Leeres Dokument*. Word zeigt Ihnen ein leeres Dokument. Falls Sie nicht ohnehin in der Seitenlayoutansicht arbeiten, schalten Sie sie jetzt bitte ein (*Ansicht / Seitenlayout* oder Klick auf die Schaltfläche *Seitenlayout* in der rechten unteren Ecke Ihres Word-Programmfensters, s. Abb. 5.1). In der Seitenlayoutansicht können Sie

sich besser auf der Seite orientieren und sehen genau, wo Sie die einzelnen Elemente platzieren.

Abb. 5.1 Legen Sie ein neues, leeres Dokument an und schalten Sie in die Seitenlayoutansicht.

2. Geben Sie nun die Standardelemente Ihres Briefs in der Reihenfolge ein, in der sie angeordnet werden – Absender, Empfänger, Ort und Datum, Betreff, Anrede und Grußformel. Trennen Sie die einzelnen Elemente zunächst durch einen leeren Absatz voneinander. Sie sollten dabei selbstverständlich Ihre persönlichen Angaben verwenden.

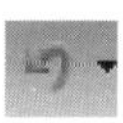

3. Lassen Sie sich nicht dadurch irritieren, wie Word an einigen Stellen auf Ihre Eingaben reagiert. Die AutoText-Funktion erkennt zum Beispiel, dass Sie einen Monatsnamen eingeben, und bietet Ihnen diesen in einem hellblauen Kästchen an, bevor Sie noch den Namen zu Ende getippt haben. Mit der Eingabetaste können Sie den Namen übernehmen oder einfach weitertippen. Bei der Eingabe der Jahreszahl meldet sich die AutoText-Funktion gleich wieder. Das Problem dabei ist, dass Sie ja eigentlich mit der Eingabetaste einen Absatz einfügen möchten, stattdessen aber die Datumsangabe *2010-05-12* erscheint. Mit der Tastenkombination `Strg` + `Z` oder einem Klick auf die *Rückgängig*-Schaltfläche in der Schnellzugriffsleiste können Sie dies schnell wieder rückgängig machen.

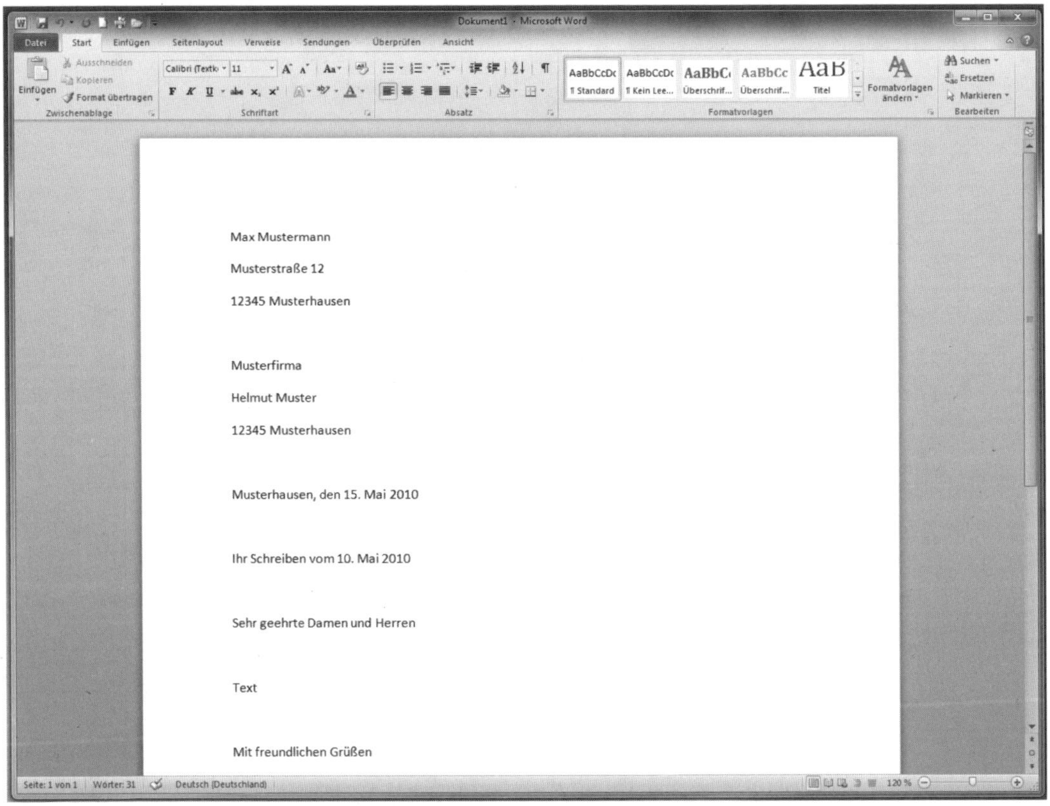

Abb. 5.2 Geben Sie die Standardelemente einfach untereinander ein und trennen Sie sie durch Leerabsätze.

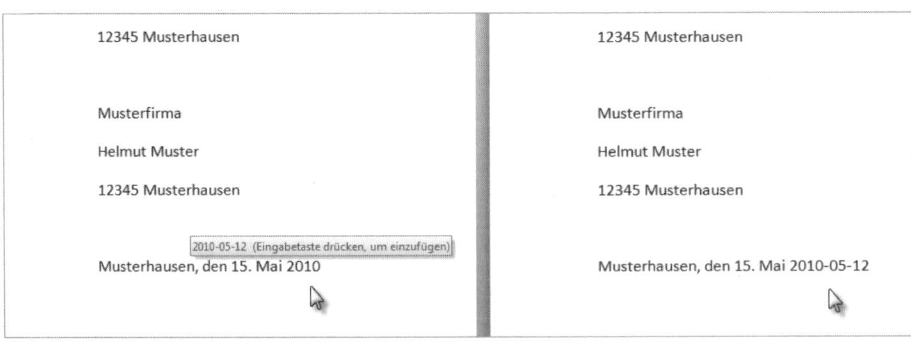

Abb. 5.3 Sollte die zusätzliche Datumseingabe eingefügt werden, können Sie dies mit Strg + Z sofort rückgängig machen.

4. Bereits bei der Eingabe der Standardelemente können Sie sich die AutoKorrektur von Word zunutze machen. Wenn Sie bei der Anrede angekommen sind, reicht es nämlich, wenn Sie nur die vier Buchstaben *sgdh* eingeben und die Leertaste drücken. Die AutoKorrektur macht aus der Abkürzung automatisch die vollständige Formel *Sehr geehrte Damen und Herren*.

Abb. 5.4 Wenn Sie nach der Eingabe der Abkürzung die Leertaste drücken, erscheint die Anrede automatisch.

Damit steht das Gerüst für Ihren offiziellen Brief, den Sie jetzt in Ihrem *Briefe*-Ordner speichern sollten, bevor Sie mit der Ausrichtung und Formatierung der Standardelemente weitermachen.

Um den Brief zu speichern, klicken Sie in der Schnellzugriffsleiste auf die *Speichern*-Schaltfläche oder wählen den *Datei*-Menüeintrag *Speichern*, öffnen im Dialogfenster *Speichern unter* den Speicherort *Dokumente*, klicken doppelt auf den Ordnereintrag *Briefe*, tragen im Feld *Dateiname* zum Beispiel „Einfacher Standardbrief" ein und klicken schließlich auf die *Speichern*-Schaltfläche. Das Dialogfenster *Speichern unter* verschwindet und in der Titelleiste Ihres Briefdokuments erscheint der Name *Einfacher Standardbrief*.

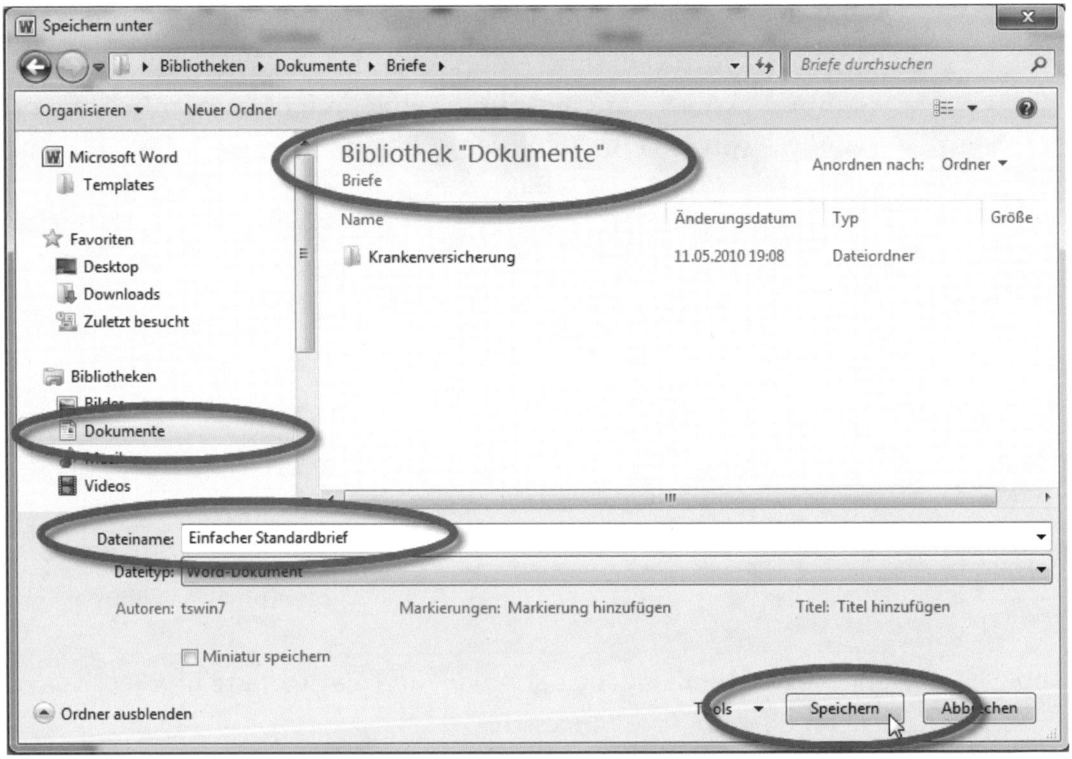

Abb. 5.5 Speichern Sie den Brief unter dem Namen *Einfacher Standardbrief* im Ordner *Dokumente / Briefe*.

So positionieren Sie die Standardelemente an den richtigen Stellen

Weiter geht's mit dem Ausrichten, Positionieren und Formatieren der Standardelemente. Absender und Datum müssen an den rechten Seitenrand, der Empfänger sollte so platziert werden, dass er im Fenster eines Fensterumschlags gut zu sehen ist, und die Betreffzeile könnte eine Fettung vertragen.

Zuvor müssen Sie jedoch noch eine Eigenart von Word korrigieren. Wie Sie vielleicht bei der Eingabe der Standardelemente bemerkt haben, setzt Word nach jedem Absatz noch einen zusätzlichen Abstand zum Folgeabsatz. Bei einem normalen Fließtext sieht dies ganz gut aus, bei Adress- und Absenderangaben ist es unerwünscht. Bevor Sie mit der Positionierung der Standardelemente beginnen, sollten Sie die zusätzlichen Abstände entfernen, und zwar so:

1. Markieren Ihren kompletten Beispielbrief mit der Maus, den Pfeiltasten oder der Tastenkombination [Strg] + [A], und klicken Sie mit rechten Maustaste auf die Markierung.

2. Wählen Sie den Kontextmenüeintrag *Absatz* (s. Abb. 5.6). Das Dialogfenster *Absatz* erscheint und zeigt Ihnen die Registerkarte *Einzüge und Abstände.*

3. Tragen Sie im Bereich *Abstand* im Feld *Nach* statt der *10* eine 0 (Null) ein oder aktivieren Sie die Option *Keinen Abstand zwischen Absätzen gleicher Formatierung einfügen* (s. Abb. 5.6). Schließen Sie das Dialogfenster mit einem Klick auf die *OK*-Schaltfläche. Die Absätze Ihres Briefs rücken enger zusammen.

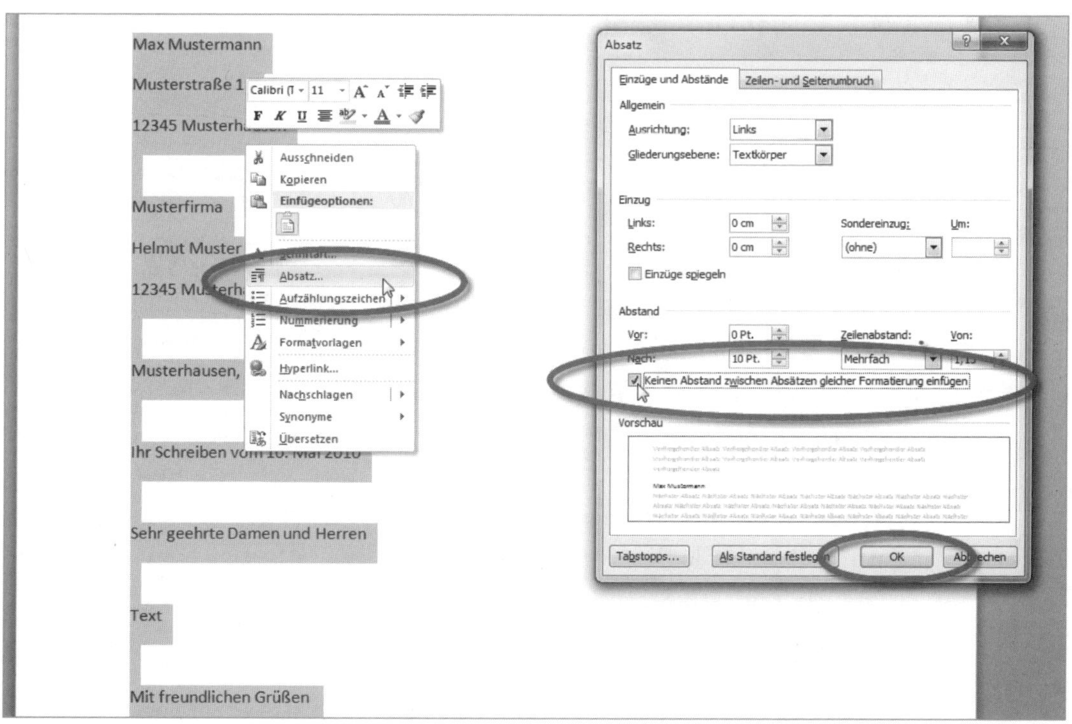

Abb. 5.6 Markieren Sie den Inhalt komplett, stellen Sie den Absatzabstand auf *0 pt* oder wählen Sie die Option *Keinen Abstand*.

Jetzt können Sie mit der Ausrichtung beginnen: Um den Absender an den rechten Seitenrand zu bekommen, könnten Sie es sich ganz einfach machen und ihn rechtsbündig setzen (komplett markieren + Schaltfläche *Text rechtsbündig ausrichten* in der Gruppe *Absatz* der Registerkarte *Start* der Multifunktionsleiste oder Tastenkombination Strg + R). Der Nachteil dieser Lösung ist, dass die einzelnen Angaben am linken Rand ausfransen, was nicht gut aussieht. Nutzen Sie diese Möglichkeit daher lieber nicht.

Abb. 5.7 Möglich, aber nicht schön: Absender rechtsbündig setzen.

Niemals mit Leerzeichen einrücken

Völlig ungeeignet ist die oft praktizierte Methode, die Angaben durch Einfügen einer Unzahl von Leerzeichen an den rechten Seitenrand zu bewegen und rechtsbündig auszurichten. Erstens ist es kaum möglich, die Angaben auf diese Weise tatsächlich bündig anzuordnen, da die Buchstaben und Leerstellen einen unterschiedlichen Platzbedarf haben. Zweitens machen Sie sich dadurch das Formatieren der Absenderangaben unnötig schwer. Wenn Sie nämlich zum Beispiel eine andere Schriftart oder Schriftgröße wählen, kommt es zu Verschiebungen und damit zu Zeilenumbrüchen, die Sie nur durch mühseliges Entfernen von Leerzeichen wieder zurücknehmen können. Wenn es um Einrückungen geht, sollten Sie daher die Goldene Regel beherzigen: Niemals mit Leerzeichen einrücken!

Genau wie bei einer Schreibmaschine könnten Sie bei Word auch Tabulatoren für das Einrücken verwenden. Doch sind diese ein wenig umständlich zu handhaben und zumindest für normale Einrückungen nicht notwendig, weil es eine einfachere Möglichkeit gibt.

Absatz links einrücken

Word stellt Ihnen zum Einrücken ein äußerst praktisches Instrument zur Verfügung – das Lineal. Wie das Lineal funktioniert und was sich damit machen lässt, können Sie jetzt an Ihrem Standardbrief beim Positionieren der Standardelemente ausprobieren:

1. Um den Absender mit dem Lineal an den rechten Seitenrand zu bewegen, müssen Sie es zunächst einblenden. Sie könnten dafür die Registerkarte *Ansicht* bemühen und dort in der Gruppe *Einblenden/Ausblenden* den Eintrag *Lineal* aktivieren. Wesentlich schneller und einfacher geht es aber über die kleine *Lineal*-Schaltfläche ganz oben in der Bildlaufleiste. Klicken Sie also dort auf die *Lineal*-Schaltfläche, um das Lineal einzublenden.

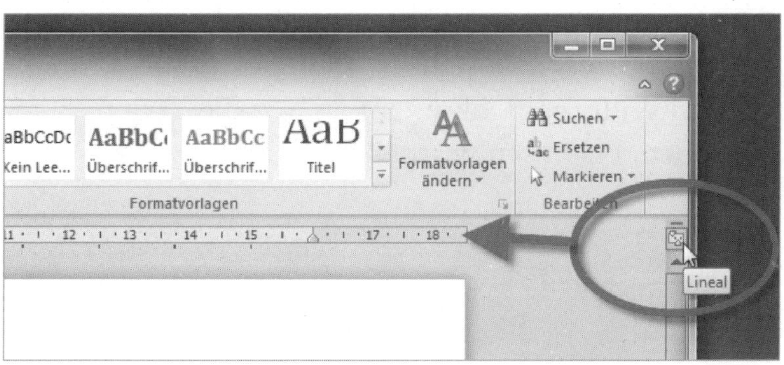

Abb. 5.8 Blenden Sie das Lineal mit einem Klick auf die entsprechende Schaltfläche in der Bildlaufleiste ein.

2. Markieren Sie die drei Zeilen der Absenderangabe und führen Sie den Mauszeiger auf das kleine viereckige Symbol *Linker Einzug* im Lineal (s. Abb. 5.9). Die drei kleinen Symbole links und das Symbol rechts im Lineal können Sie mit der Maus verschieben. Sie kennzeichnen das linke bzw. rechte Zeilenende (*Linker Einzug, Rechter Einzug*) sowie den Einzug der Erstzeile (*Erstzeileneinzug*) und der restlichen Zeilen (*Hängender Einzug*) eines Absatzes. Der hellblaue Bereich des Lineals kennzeichnet den beschreibbaren Seitenbereich, die beiden blauen Bereiche rechts und links im Lineal den rechten und linken Seitenrand. Die Zahlen sind Zentimeterangaben.

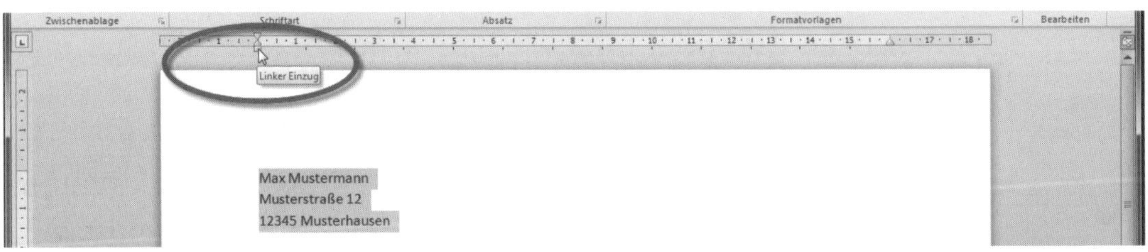

Abb. 5.9 Markieren Sie den Absender und führen Sie den Mauszeiger auf das Linealsymbol *Linker Einzug*.

3. Drücken Sie die linke Maustaste, halten Sie sie gedrückt und ziehen Sie das Linealsymbol *Linker Einzug* in Richtung des rechten Seitenrands. Eine gestrichelte Linie zeigt Ihnen auch in Ihrem Dokument an, wo die Zeilen, die Sie markiert haben, beginnen würden.

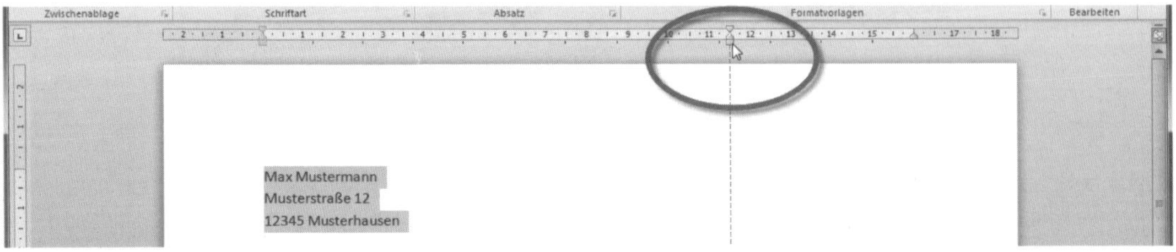

Abb. 5.10 Ziehen Sie das Linealsymbol in Richtung des rechten Seitenrands.

4. Lassen Sie die Maustaste etwa 4 cm vor Erreichen des rechten Seitenrands los. Die gestrichelte Linie verschwindet und der Absender saust an die Position des Linealsymbols.

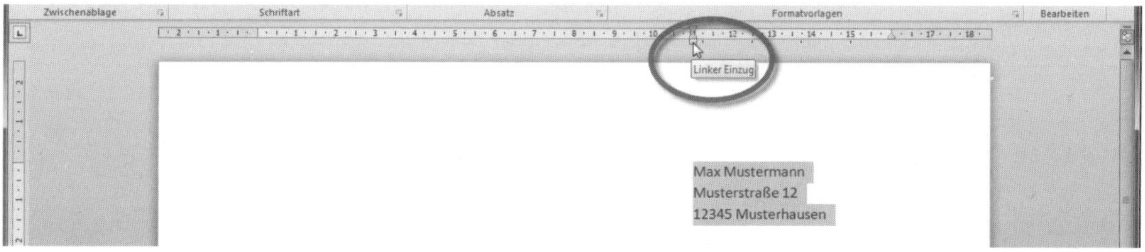

Abb. 5.11 Lassen Sie die Maustaste los, wird der Absender in Richtung des rechten Seitenrands verschoben.

5. Jetzt können Sie den Absender noch etwas genauer ausrichten. Schieben Sie ihn etwas weiter nach rechts, bis die längste Zeile umbrochen wird, und dann ein wenig zurück nach links, bis der Umbruch verschwindet. Ist dies der Fall, haben Sie den Absender optimal positioniert.

Abb. 5.12 Probieren Sie aus, wie weit Sie den Absender nach rechts schieben können, ohne dass es zu einem Zeilenumbruch kommt.

6. Klicken Sie mit der Maus direkt vor den ersten Buchstaben der ersten Zeile der Empfängerangabe und bewegen Sie diese durch Einfügen von Leerabsätzen so weit nach unten, bis in der Statuszeile ein *Um*-Wert von ungefähr 6 cm angezeigt wird (s. Abb. 5.13). Die Empfängerangabe ist dann etwa 6 cm vom oberen Seitenrand entfernt und im Fenster eines Fens-

terumschlags gut zu sehen. Sollte Ihnen der *Um*-Wert nicht in der Statusleiste angezeigt werden, aktivieren Sie die Anzeige mit einem Rechtsklick auf eine freie Stelle der Statusleiste und einem Klick auf den Eintrag *Vertikale Seitenposition*.

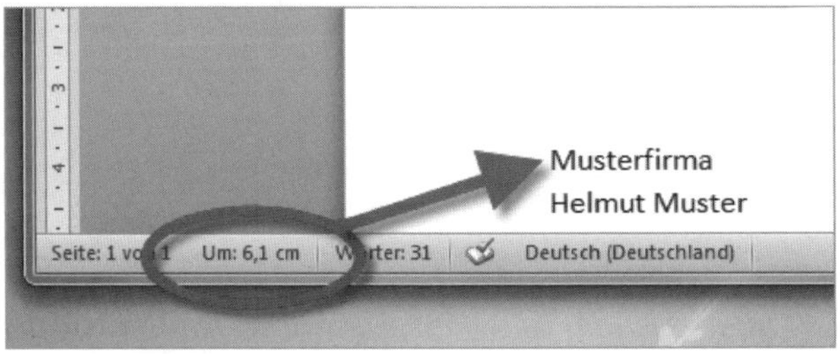

Abb. 5.13 Positionieren Sie die Empfängerangabe so, dass sie ungefähr 6 cm vom oberen Seitenrand entfernt ist.

7. Fügen Sie nun zwei Leerabsätze vor der Orts- und Datumsangabe ein und positionieren Sie sie mit einem Klick auf die Schaltfläche *Text rechtsbündig ausrichten* der Registerkarte *Start* oder der Tastenkombination Strg + R am rechten Seitenrand.

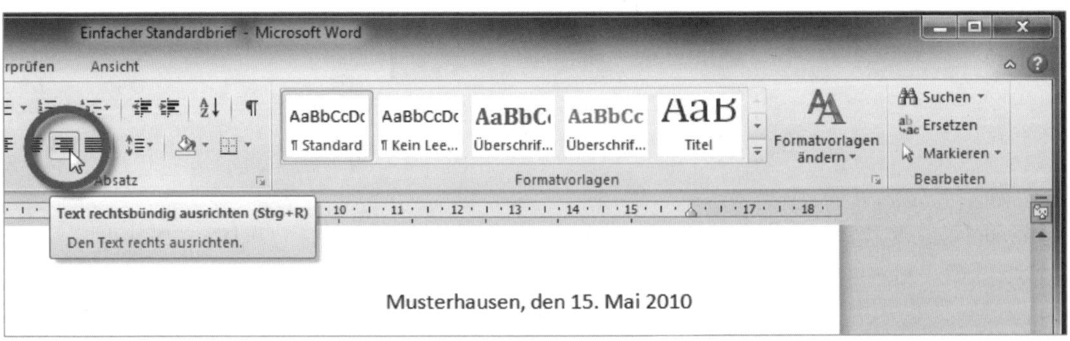

Abb. 5.14 Richten Sie die Orts- und Datumsangabe rechtsbündig aus.

8. Jetzt setzen Sie die Betreffzeile fett. Markieren Sie die komplette Zeile, klicken Sie mit der rechten Maustaste auf die Markierung und klicken Sie Kontextmenü auf die Schaltfläche *Fett*.

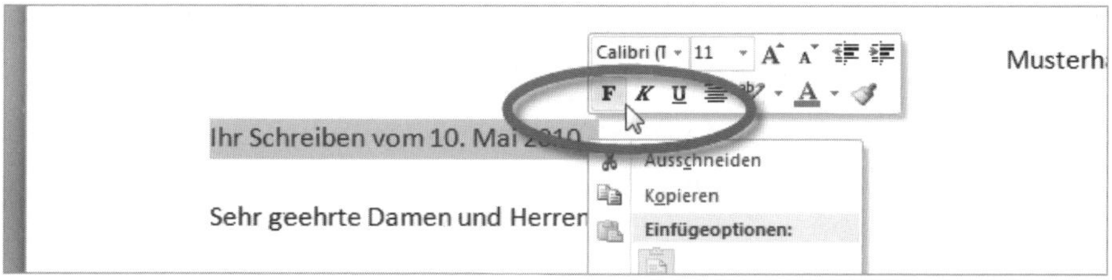

Abb. 5.15 Markieren Sie die Betreffzeile und setzen Sie sie fett.

9. Speichern Sie Ihren Standardbrief mit einem Klick auf die *Speichern*-Schaltfläche.

Das war's. Sie haben die Standardelemente positioniert und können jetzt Ihren eigentlichen Brief schreiben und den Brieftext eingeben.

Abb. 5.16 Ihr Brief hat bereits die korrekte Form, er muss nur noch mit Inhalt gefüllt werden.

Natürlich könnten Sie diesen Standardbrief bereits als Briefvorlage verwenden und ihn für jeden neuen Brief immer wieder neu anpassen. Neuer Empfänger, neue Anrede, neues Datum und neuer Inhalt – fertig ist der neue Brief, der dann unter einem neuen Namen gespeichert wird.

Es geht allerdings noch einfacher, außerdem könnten Sie noch einige weitere formale Vorgaben in Ihre Briefvorlage einfließen lassen. Da sich einige davon erst beim Schreiben Ihres Briefs ergeben, zuvor noch zu den Schreibhilfen und den wichtigsten Formatierungsmöglichkeiten, die Word Ihnen beim Briefeschreiben bietet.

Richtige Wortwahl, passende Formatierung

Beim Verfassen Ihres Briefs unterstützt Word Sie mit verschiedenen Schreibhilfen. Die Rechtschreib- und Grammatikprüfung mit ihren roten und grünen Unterkringelungen und die AutoKorrektur haben Sie ja bereits kennengelernt. Füttern Sie das Wörterbuch und die AutoKorrektur fleißig mit neuen Begriffen und Abkürzungen, machen Sie aus der Rechtschreibprüfung und der automatischen Ersetzung schnell eine wertvolle Hilfe.

Wortalternativen mit dem Thesaurus finden

Eine Schreibhilfe, die Sie bisher vielleicht noch nicht verwendet haben, ist der Thesaurus, ein Synonymwörterbuch (synonym, griech. gleichbedeutend). Wenn Ihnen beim Schreiben Ihres Briefs partout das passende Wort nicht einfallen will, können Sie Word um Rat fragen. Word blendet Ihnen dann Synonyme ein, und mit ein wenig Glück ist genau das Wort dabei, das Ihnen auf der Zunge lag. Außerdem können Sie das Synonymwörterbuch auch verwenden, um Wiederholungen zu vermeiden. Wenn Sie in Ihrem Brief zum x-ten Mal einen bestimmten Begriff verwendet haben, können Sie im Thesaurus nach passenden Alternativen suchen.

Wie Sie das Synonymwörterbuch benutzen, probieren Sie am besten an einem konkreten Beispiel aus:

1. Markieren Sie in Ihrem Standardbrief den Inhaltseintrag *Text* und geben Sie *vielen Dank für Ihr Schreiben* ein. Nehmen wir an, Ihnen gefällt der Begriff *Schreiben* nicht, weil Sie ihn bereits in der Betreffzeile verwendet haben. Es fällt Ihnen auf Anhieb aber kein passender Alternativbegriff ein.

2. Um das Synonymwörterbuch zurate zu ziehen, klicken Sie mit der rechten Maustaste auf den Begriff *Schreiben* und wählen die Kontextmenüoption *Synonyme*. Es erscheint ein Untermenü, das Ihnen mehrere Alternativen zur Auswahl stellt.

Abb. 5.17 Klicken Sie mit der rechten Maustaste auf den Begriff, wählen Sie die Kontextmenüoption *Synonyme* und dann das Synonym.

3. Ist in der Auswahlliste eine passende Alternative dabei, klicken Sie einfach auf den entsprechenden Listeneintrag. Der Begriff wird direkt in Ihren Brief übernommen und ersetzt automatisch Ihren Ausgangsbegriff. Wenn Ihnen zum Beispiel der Begriff *Benachrichtigung* zusagt, klicken Sie ihn an. Die Kontextmenüs verschwinden und anstelle des Wortes *Schreiben* steht nun *Benachrichtigung* in Ihrem Brief. Die grammatikalisch notwendige Anpassung des Wortes *Ihr* müssen Sie allerdings selbst vornehmen.

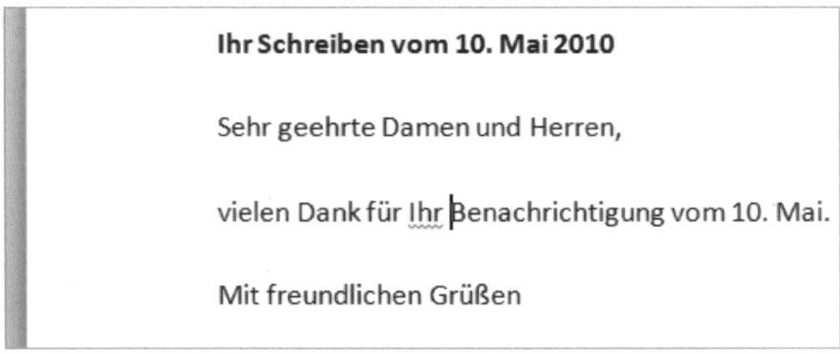

Abb. 5.18 Aus *Schreiben* wird automatisch *Benachrichtigung*, das Wort *Ihr* müssen Sie selbst anpassen.

4. Sollte in der Vorschlagsliste des Kontextmenüs keine passende Alternative angezeigt werden, können Sie im Synonymwörterbuch selbst nachschlagen. Dazu klicken Sie auf den Kontextmenüeintrag *Thesaurus*. Word blendet dann den Aufgabenbereich *Recherchieren* ein, in dem Sie nach einer passenden Alternative suchen können. Mit einem Rechtsklick auf einen Begriff und Anwahl der Kontextmenüoption *Nachschlagen* erschließen Sie weitere Wortfelder. Ein Klick auf die Schaltfläche *Zurück* bringt Sie wieder an den Ausgangspunkt zurück. Haben Sie einen passenden Begriff gefunden, übernehmen Sie ihn mit einem Rechtsklick und der Kontextmenüoption *Einfügen* in Ihren Brief.

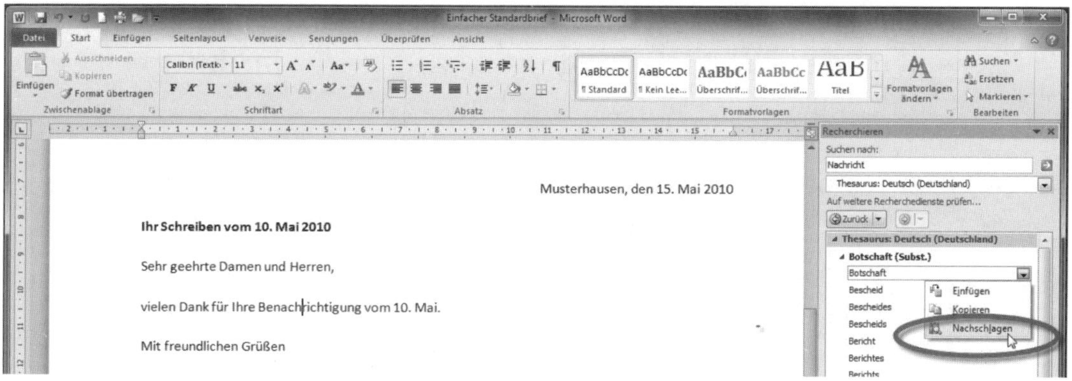

Abb. 5.19 Weitere Wortfelder des Thesaurus erschließen Sie über die Kontextmenüoption *Nachschlagen.*

5. Ist Ihre Synonym-Recherche beendet, klicken Sie in der Titelleiste des Aufgabenbereichs auf die *X*-Schaltfläche, um diesen zu schließen und mehr Platz für Ihr Briefdokument zu schaffen.

6. Geben Sie einen Brieftext ein, der mindestens zwei Absätze hat, damit Sie die Formatierungen ausprobieren können, die wir Ihnen im folgenden Abschnitt vorstellen.

Größerer Zeilenabstand, Blocksatz und Silbentrennung

Der Text Ihres Briefs wird von Word automatisch mit einem geringen einzeiligen Zeilenabstand gesetzt. Sie bekommen zwar recht viel auf eine Seite, aber der Text wirkt dadurch sehr zusammengequetscht und ist relativ schlecht zu lesen. Besser wäre ein etwas großzügigerer Zeilenabstand von anderthalb Zeilen.

Den Zeilenabstand können Sie schnell und einfach über die Ausklappliste *Zeilenabstand* der Registerkarte *Start* einstellen. Markieren nicht vergessen!

Ein anderes wichtiges Gestaltungsmerkmal betrifft die Absatzformatierung Ihres Briefs. Word setzt Ihren Brief ja automatisch linksbündig, was zur Folge hat, dass Ihr Brieftext am rechten Seitenrand ausfranst, weil die Zeilen ungleiche Längen haben. Im

Blocksatz, bei dem Ihr Brief sowohl am linken als auch am rechten Seitenrand bündig gesetzt wird, wirkt Ihr Brief ein wenig offizieller.

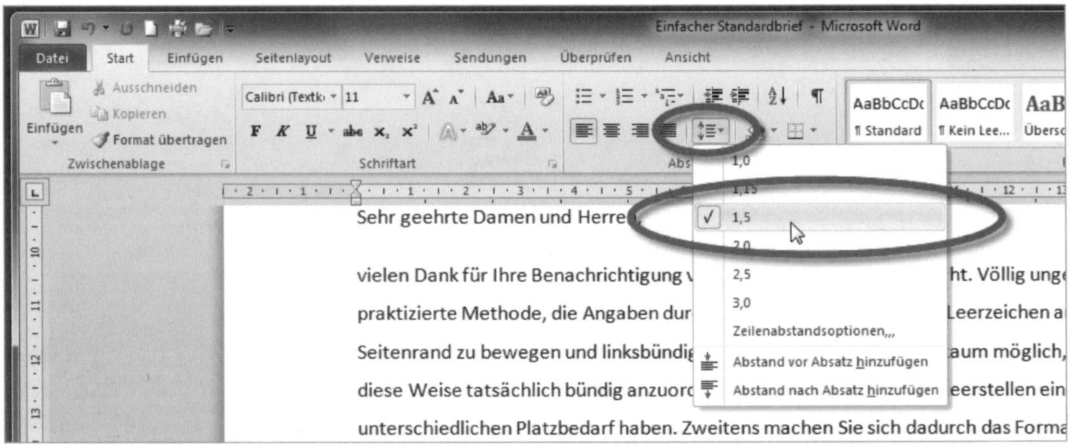

Abb. 5.20 Mit einem anderthalbzeiligen Zeilenabstand ist Ihr Brief wesentlich besser zu lesen.

Probieren Sie es aus. Markieren Sie die beiden Absätze Ihres Brieftexts und klicken Sie in der Registerkarte *Start* auf die Schaltfläche *Blocksatz*. Word setzt den Text in den markierten Absätzen jetzt auch am rechten Seitenrand bündig.

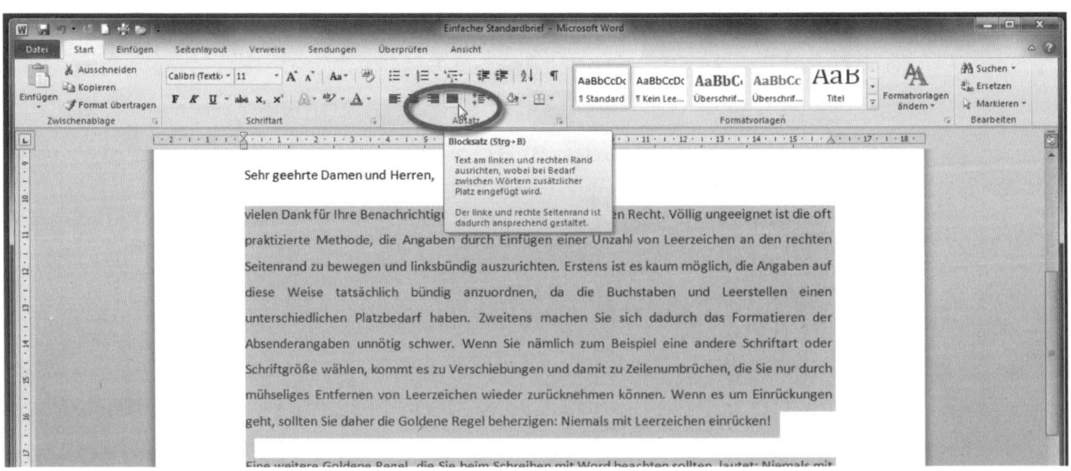

Abb. 5.21 Im Blocksatz wirkt Ihr Brief noch ein wenig offizieller.

Ein kleiner Nachteil des Blocksatzes ist, dass die Leerräume zwischen den einzelnen Wörtern manchmal unschön auseinandergezogen werden. Dies können Sie aber dadurch verhindern, dass Sie Word anweisen, Ihren Brieftext automatisch zu trennen. Die Silbentrennung bewirkt, dass die Zeilen Ihres Briefs optimal gefüllt werden.

Niemals mit Bindestrichen trennen

Eine weitere Goldene Regel, die Sie beim Schreiben mit Word beachten sollten, lautet: Niemals mit Bindestrichen trennen! Word besitzt für die Silbentrennung eine eigene Funktion, die sehr zuverlässig arbeitet und sehr flexibel ist. Wenn Sie selbst Hand anlegen und Wörter mit Bindestrichen trennen, müssen Sie die Bindestriche auch wieder von Hand entfernen, wenn Sie nachträgliche Textänderungen vornehmen oder Ihren Text umformatieren und zum Beispiel eine andere Schriftart wählen. Bei der automatischen Silbentrennung nimmt Word die Trennungen auch automatisch wieder zurück, wenn Sie Ihren Text ändern.

Um die automatische Silbentrennung zu aktivieren, gehen Sie auf folgende Weise vor:

1. Aktivieren Sie die Registerkarte *Seitenlayout* und klicken Sie in der Gruppe *Seite einrichten* auf den Eintrag *Silbentrennung*. Es erscheint eine Ausklappliste.
2. Klicken Sie in der Ausklappliste auf die Option *Automatisch*. Die Ausklappliste schließt sich und Ihr Brieftext wird automatisch getrennt.

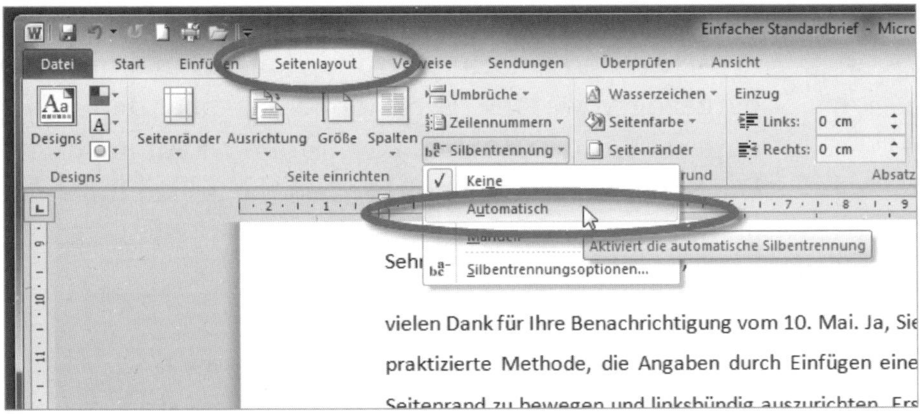

Abb. 5.22 Entscheiden Sie sich für die automatische Silbentrennung.

Seitenzählung

Ihre Briefe werden manchmal länger sein als nur eine Seite. Bei mehrseitigen Briefen stellt sich die Frage, ob Sie nicht Seitenzahlen einfügen sollten. Die erste Seite Ihres Briefs ist ja durch den Briefkopf klar erkenntlich. Bei den Folgeseiten könnte eine Seitennummerierung die Orientierung durchaus vereinfachen.

Die Seitennummerierung und das Einfügen der Seitenzahlen übernimmt natürlich Word für Sie. Sie müssen Word lediglich anweisen, die Seiten zu zählen, und festlegen, wo die Seitenzahl erscheinen soll. Das geschieht folgendermaßen:

1. Aktivieren Sie in die Registerkarte *Einfügen* und klicken Sie in der Gruppe *Kopf- und Fußzeile* auf die Symbolschaltfläche *Seitenzahl*. Es erscheint eine Ausklappliste.

2. Legen Sie nun Position und Aussehen der Seitenzahl fest. Um die Seitenzahl am oberen Seitenrand zu platzieren, führen Sie den Mauszeiger auf den Eintrag *Seitenanfang* und klicken in der dann erscheinenden Auswahlliste auf *Einfache Zahl 2*. Die Ausklappliste schließt sich und in Ihrem Brief wird eine Kopfzeile mit einer Seitenzahl angezeigt. Es erscheint automatisch die zusätzliche Registerkarte *Kopf- und Fußzeilentools*.

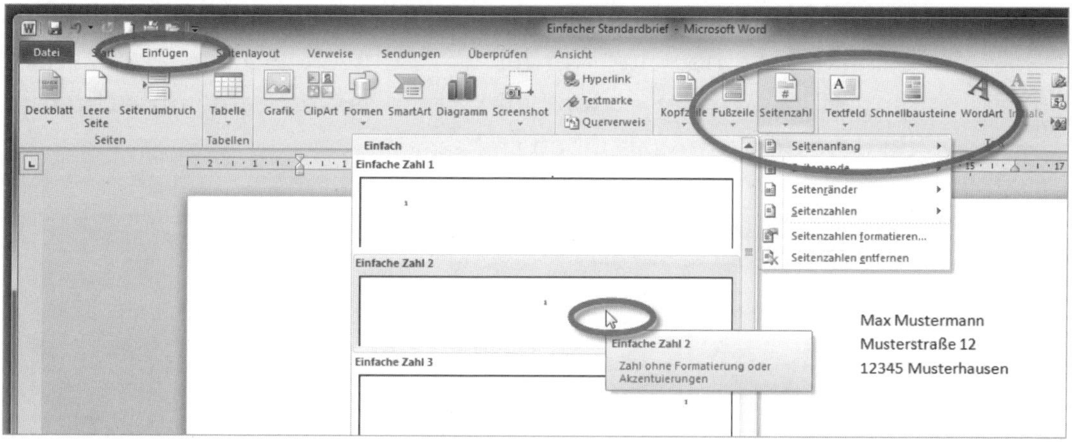

Abb. 5.23 Öffnen Sie die Ausklappliste *Seitenzahl* und entscheiden Sie sich für das Zahlenformat *Einfache Zahl 2*.

3. Da nun auf jeder Seite Ihres Briefs eine Seitenzahl angezeigt wird, müssen Sie Word nun noch anweisen, die Seitenzahl auf der ersten Seite wegzulassen. Dazu brauchen Sie nichts weiter zu tun, als auf der Registerkarte *Kopf- und Fußzeilentools* in der Gruppe *Optionen* den Eintrag *Erste Seite anders* zu aktivieren. Word entfernt dann automatisch die Seitenzahl von der ersten Seite Ihres Briefs.

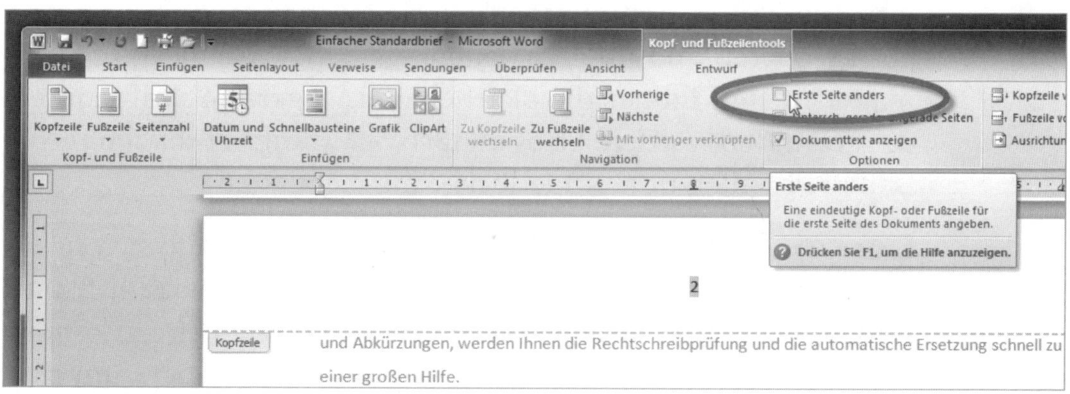

Abb. 5.24 Wählen Sie die Option *Erste Seite anders*.

4. Klicken Sie doppelt in den Inhaltsbereich Ihres Briefs, um die Kopfzeile zu schließen.

Damit ist die Seitennummerierung festgelegt. Sollte Ihr Brief länger sein als eine Seite, werden ab der zweiten Seite Seitenzahlen eingefügt. Auf der ersten Seite ist eine Seitenzahl ja überflüssig, da dort die Adressangaben stehen.

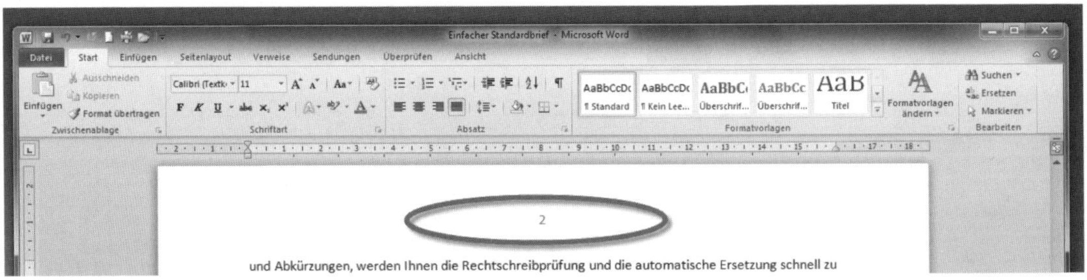

Abb. 5.25 Die Seitenzahlen erscheinen nun ab der zweiten Seite Ihres Briefs automatisch.

Bei längeren Briefen ist es allerdings üblich, die Adressangaben auf den Folgeseiten zu wiederholen. Wie das funktioniert, erfahren Sie im folgenden Abschnitt.

Kopf- und Fußzeilen auf den Folgeseiten

Bei mehrseitigen Geschäftsbriefen werden allgemeine Adressinformationen, Telefonnummern, E-Mail-Adressen und Firmenlogos im oberen und unteren Seitenbereich wiederholt. Die Informationen sind immer die gleichen. Bei längeren Schriftstücken, die gebunden werden, ist es ähnlich, allerdings enthalten rechte und linke Seiten unterschiedliche Angaben.

Diese oberen und unteren Informationsbereiche, die sich unabhängig vom eigentlichen Inhalt durch ein komplettes Schriftstück ziehen, werden als Kopf- und Fußzeilen bezeichnet. Sie können sie auch sehr gut in Ihrem Standardbrief verwenden, um dort zum Beispiel Ihre Adresse und einige Zusatzinformation (Telefon- und Faxnummer, E-Mail-Adresse) anzugeben.

Um in Ihren Standardbrief eine Fußzeile einzufügen und mit Ihren Adressangaben zu füllen, tun Sie Folgendes:

1. Aktivieren Sie die Registerkarte *Einfügen* und klicken Sie in der Gruppe *Kopf- und Fußzeile* auf die Symbolschaltfläche *Fußzeile* (s. Abb. 5.26). Es erscheint eine Ausklappliste mit vorgestalteten Fußzeilen.

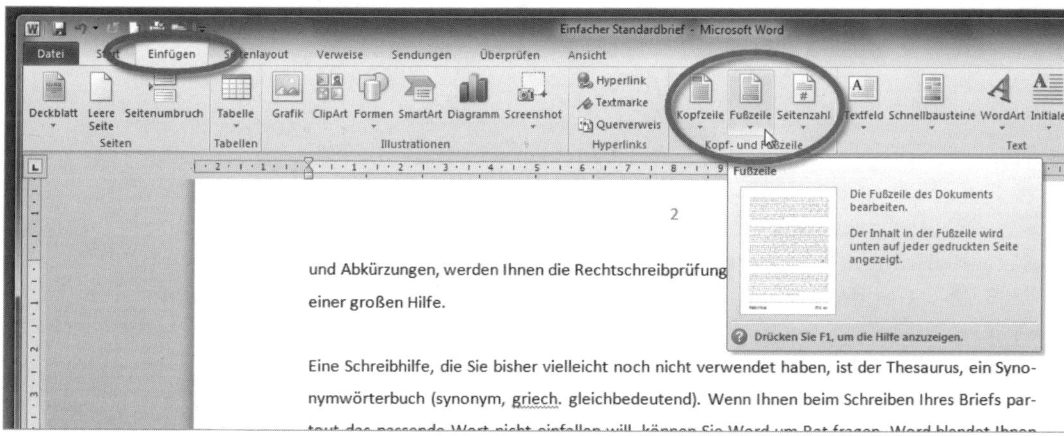

Abb. 5.26 Klicken Sie auf die Symbolschaltfläche Fußzeile.

2. Klicken Sie dort auf den Fußzeilentrag *Leer* (s. Abb. 5.27). In Ihrem Brief wird eine Fußzeile mit dem Feld *Text eingeben* angezeigt.

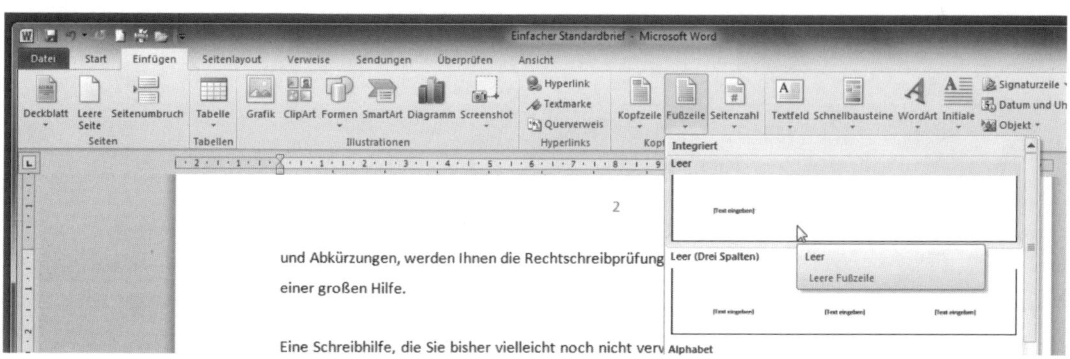

Abb. 5.27 Entscheiden Sie sich für eine leere Fußzeile.

3. Klicken Sie in das Textfeld und geben Sie nun Ihren Absender, Ihre Telefon- und Faxnummer und Ihre E-Mail-Adresse ein. Wenn Sie die Taste [Tab] verwenden, können Sie die Angaben rechts- und linksbündig verteilen. Sie müssen dabei aber, wenn links der Absender und rechts die Kontaktdaten erscheinen sollen, eine bestimmte Reihenfolge beachten – Name, 2 x [Tab], Telefon, [Enter], Straße, 2 x [Tab], Faxnummer, [Enter], Ort, 2 x [Tab], E-Mail-Adresse.

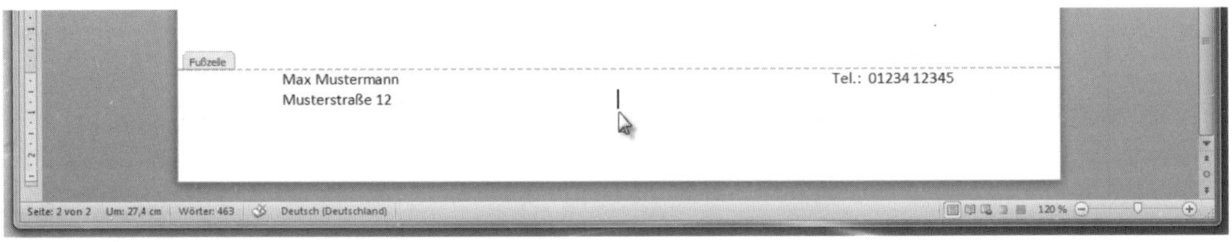

Abb. 5.28 Geben Sie links die Anschrift und rechts die Kontaktdaten ein und trennen Sie sie durch Betätigen der [Tab].

4. Damit sich die Angaben in der Fußzeile von Ihrem Brieftext besser unterscheiden, sollten Sie sie etwas kleiner setzen. Markieren Sie die Angaben, klicken Sie mit der rechten Maustaste darauf und wählen Sie im Kontextmenü *Schriftgrad 8*.

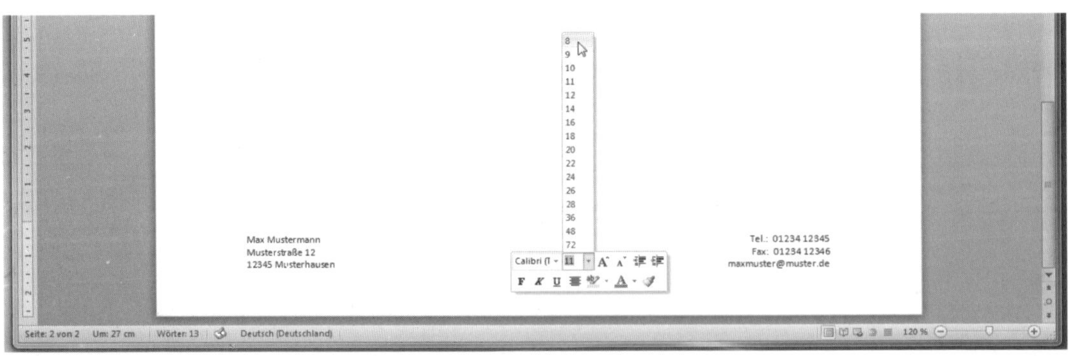

Abb. 5.29 Setzen Sie die Fußzeile etwas kleiner als den Fließtext Ihres Briefs.

5. Haben Sie alle Angaben eingegeben, schließen Sie die Kopf- und Fußzeilenansicht mit einem Doppelklick auf Ihren Brieftext und schauen sich Ihr Werk in der verkleinerten Darstellung an (*Zoom* auf 60%). Die Fußzeile wird nun auf allen Seiten Ihres Briefs angezeigt.

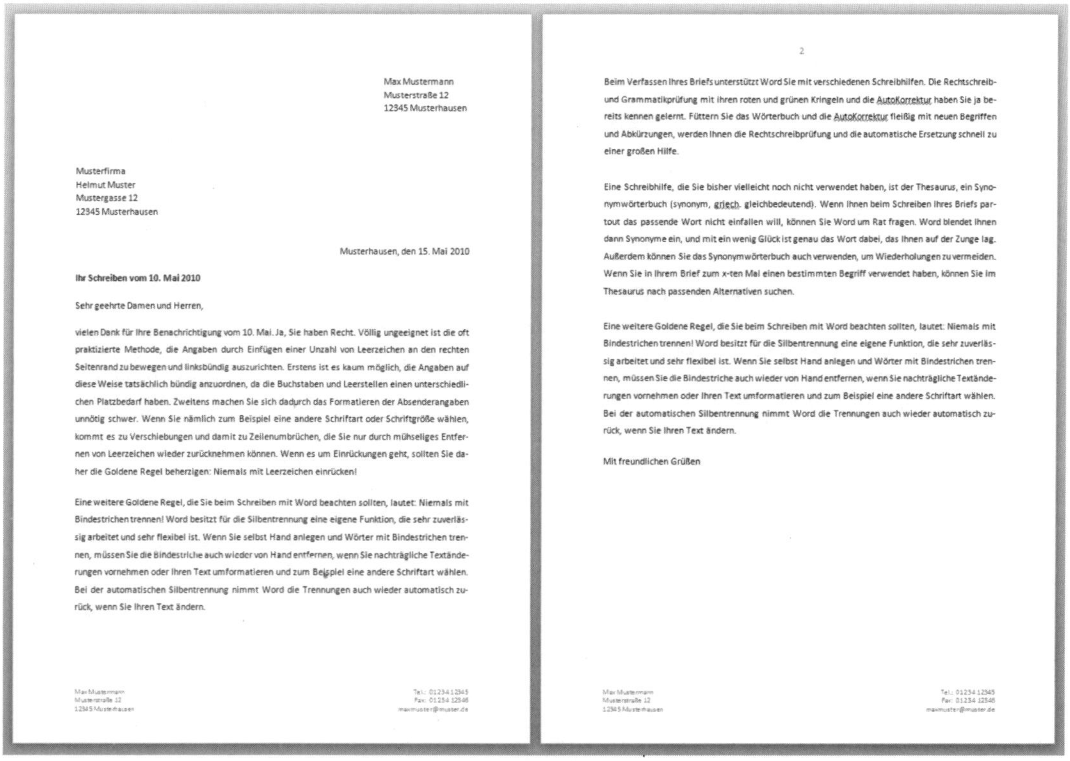

Max Mustermann
Musterstraße 12
12345 Musterhausen

Musterfirma
Helmut Muster
Mustergasse 12
12345 Musterhausen

Musterhausen, den 15. Mai 2010

Ihr Schreiben vom 10. Mai 2010

Sehr geehrte Damen und Herren,

vielen Dank für Ihre Benachrichtigung vom 10. Mai. Ja, Sie haben Recht. Völlig ungeeignet ist die oft praktizierte Methode, die Angaben durch Einfügen einer Unzahl von Leerzeichen an den rechten Seitenrand zu bewegen und linksbündig auszurichten. Erstens ist es kaum möglich, die Angaben auf diese Weise tatsächlich bündig anzuordnen, da die Buchstaben und Leerstellen einen unterschiedlichen Platzbedarf haben. Zweitens machen Sie sich dadurch das Formatieren der Absenderangaben unnötig schwer. Wenn Sie nämlich zum Beispiel eine andere Schriftart oder Schriftgröße wählen, kommt es zu Verschiebungen und damit zu Zeilenumbrüchen, die Sie nur durch mühseliges Entfernen von Leerzeichen wieder zurücknehmen können. Wenn es um Einrückungen geht, sollten Sie daher die Goldene Regel beherzigen: Niemals mit Leerzeichen einrücken!

Eine weitere Goldene Regel, die Sie beim Schreiben mit Word beachten sollten, lautet: Niemals mit Bindestrichen trennen! Word besitzt für die Silbentrennung eine eigene Funktion, die sehr zuverlässig arbeitet und sehr flexibel ist. Wenn Sie selbst Hand anlegen und Wörter mit Bindestrichen trennen, müssen Sie die Bindestriche auch wieder von Hand entfernen, wenn Sie nachträgliche Textänderungen vornehmen oder Ihren Text umformatieren und zum Beispiel eine andere Schriftart wählen. Bei der automatischen Silbentrennung nimmt Word die Trennungen auch wieder automatisch zurück, wenn Sie Ihren Text ändern.

Max Mustermann
Musterstraße 12
12345 Musterhausen

Tel.: 01234 12345
Fax: 01234 12346
maxmuster@muster.de

2

Beim Verfassen Ihres Briefs unterstützt Word Sie mit verschiedenen Schreibhilfen. Die Rechtschreib- und Grammatikprüfung mit Ihren roten und grünen Kringeln und die AutoKorrektur haben Sie ja bereits kennen gelernt. Füttern Sie das Wörterbuch und die AutoKorrektur fleißig mit neuen Begriffen und Abkürzungen, werden Ihnen die Rechtschreibprüfung und die automatische Ersetzung schnell zu einer großen Hilfe.

Eine Schreibhilfe, die Sie bisher vielleicht noch nicht verwendet haben, ist der Thesaurus, ein Synonymwörterbuch (synonym, griech. gleichbedeutend). Wenn Ihnen beim Schreiben Ihres Briefs partout das passende Wort nicht einfallen will, können Sie Word um Rat fragen. Word blendet Ihnen dann Synonyme ein, und mit ein wenig Glück ist genau das Wort dabei, das Ihnen auf der Zunge lag. Außerdem können Sie das Synonymwörterbuch auch verwenden, um Wiederholungen zu vermeiden. Wenn Sie in Ihrem Brief zum x-ten Mal einen bestimmten Begriff verwendet haben, können Sie im Thesaurus nach passenden Alternativen suchen.

Eine weitere Goldene Regel, die Sie beim Schreiben mit Word beachten sollten, lautet: Niemals mit Bindestrichen trennen! Word besitzt für die Silbentrennung eine eigene Funktion, die sehr zuverlässig arbeitet und sehr flexibel ist. Wenn Sie selbst Hand anlegen und Wörter mit Bindestrichen trennen, müssen Sie die Bindestriche auch wieder von Hand entfernen, wenn Sie nachträgliche Textänderungen vornehmen oder Ihren Text umformatieren und zum Beispiel eine andere Schriftart wählen. Bei der automatischen Silbentrennung nimmt Word die Trennungen auch wieder automatisch zurück, wenn Sie Ihren Text ändern.

Mit freundlichen Grüßen

Max Mustermann
Musterstraße 12
12345 Musterhausen

Tel.: 01234 12345
Fax: 01234 12346
maxmuster@muster.de

Abb. 5.30 Die Fußzeile mit den Adressangaben erscheint auf allen Seiten Ihres Briefs.

Absenderangabe über Empfängeradresse

Was Ihrem Standardbrief jetzt noch als i-Tüpfelchen fehlt, ist die Absenderangabe über der Empfängeradresse. Das sieht nicht nur besser aus, sondern hat einen ganz praktischen Nutzen: Bei der Verwendung von Fensterumschlägen ersparen Sie sich dadurch die Absenderangabe auf den Umschlägen.

Das Einfügen der Rücksendeadresse ist schnell erledigt:

1. Klicken Sie mit der Maus an den Anfang der Zeile, die sich zwei Absätze oberhalb der Empfängeradresse befindet, um die Einfügemarke dorthin zu bewegen.
2. Geben Sie Ihren kompletten Absender an und trennen Sie die Angaben Name, Straße und Postleitzahl durch Kommas voneinander.
3. Markieren Sie Ihre Absenderadresse, klicken Sie mit der rechten Maustaste darauf und setzen Sie sie etwas kleiner, zum Beispiel 8 pt groß und fett (s. Abb. 5.31), um sie optisch deutlich abzugrenzen und gut lesbar zu machen. Sie müssen dabei darauf achten, dass die Adresse insgesamt nicht länger als 8,5 cm wird, da der Fensterausschnitt eines Standardumschlags 9 cm breit ist. Die Breite Ihrer Adressangabe können Sie im Lineal ablesen. Bei längeren Namen oder Straßen- bzw. Ortsangaben sollten Sie mit Schriftgrößen von 7,5pt oder 7pt experimentieren. Das ist ja kein Lesetext.

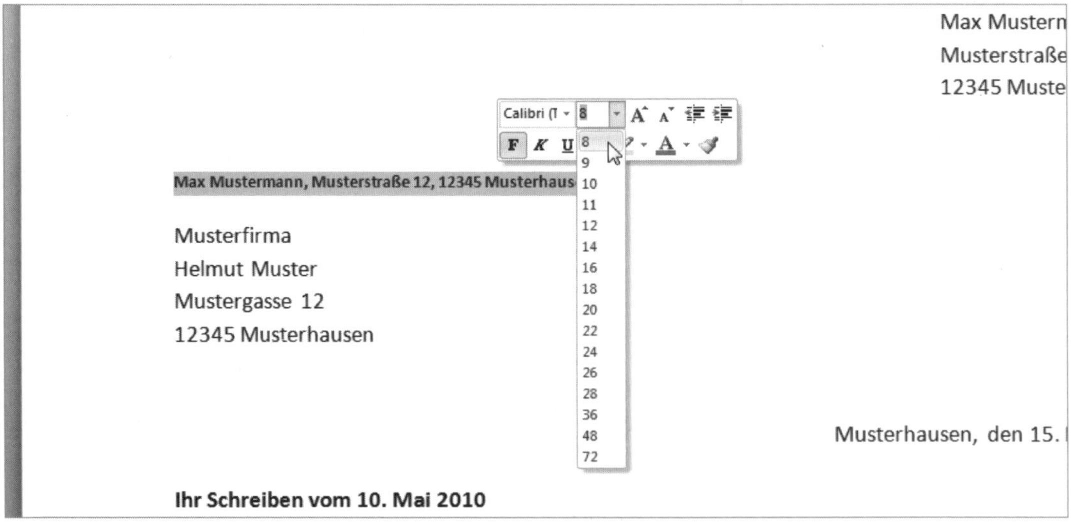

Abb. 5.31 Setzen Sie die komplette Rücksendeadresse etwas kleiner und fett.

Das war's auch schon. Ihr Brief braucht nun den Vergleich mit professionellen Standardbriefen wirklich nicht mehr zu scheuen. Sie können natürlich noch weitere Veränderungen vornehmen und zum Beispiel mit anderen Schriftarten für den Briefkopf experimentieren, zusätzlich Ihren Namen unter dem Unterschriftsbereich eintragen oder noch schnell den Schieberegler *Erstzeileneinzug* des Lineals zum Einsatz bringen und die ersten Zeilen aller Absätze mit einer Mausbewegung einrücken.

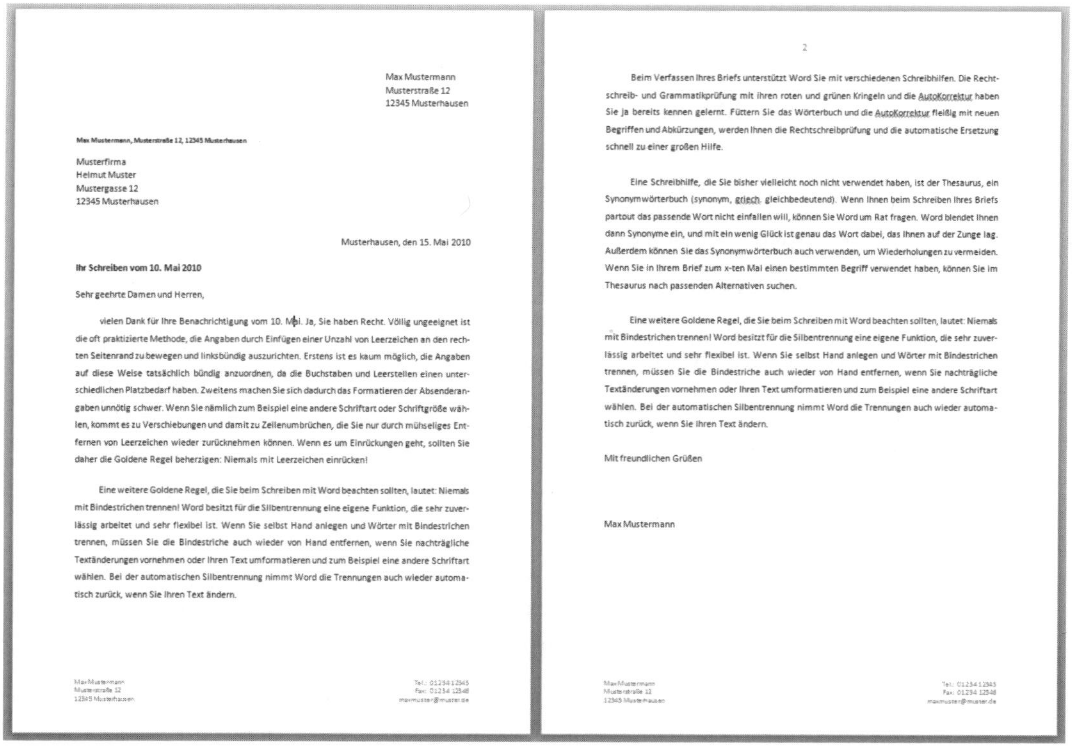

Max Mustermann
Musterstraße 12
12345 Musterhausen

Max Mustermann, Musterstraße 12, 12345 Musterhausen

Musterfirma
Helmut Muster
Mustergasse 12
12345 Musterhausen

Musterhausen, den 15. Mai 2010

Ihr Schreiben vom 10. Mai 2010

Sehr geehrte Damen und Herren,

vielen Dank für Ihre Benachrichtigung vom 10. Mai. Ja, Sie haben Recht. Völlig ungeeignet ist die oft praktizierte Methode, die Angaben durch Einfügen einer Unzahl von Leerzeichen an den rechten Seitenrand zu bewegen und linksbündig auszurichten. Erstens ist es kaum möglich, die Angaben auf diese Weise tatsächlich bündig anzuordnen, da die Buchstaben und Leerstellen einen unterschiedlichen Platzbedarf haben. Zweitens machen Sie sich dadurch das Formatieren der Absenderangaben unnötig schwer. Wenn Sie nämlich zum Beispiel eine andere Schriftart oder Schriftgröße wählen, kommt es zu Verschiebungen und damit zu Zeilenumbrüchen, die Sie nur durch mühseliges Entfernen von Leerzeichen wieder zurücknehmen können. Wenn es um Einrückungen geht, sollten Sie daher die Goldene Regel beherzigen: Niemals mit Leerzeichen einrücken!

Eine weitere Goldene Regel, die Sie beim Schreiben mit Word beachten sollten, lautet: Niemals mit Bindestrichen trennen! Word besitzt für die Silbentrennung eine eigene Funktion, die sehr zuverlässig arbeitet und sehr flexibel ist. Wenn Sie selbst Hand anlegen und Wörter mit Bindestrichen trennen, müssen Sie die Bindestriche auch wieder von Hand entfernen, wenn Sie nachträgliche Textänderungen vornehmen oder Ihren Text umformatieren und zum Beispiel eine andere Schriftart wählen. Bei der automatischen Silbentrennung nimmt Word die Trennungen auch wieder automatisch zurück, wenn Sie Ihren Text ändern.

Max Mustermann
Musterstraße 12
12345 Musterhausen

Tel.: 01234 12345
Fax: 01234 12346
maxmuster@muster.de

2

Beim Verfassen Ihres Briefs unterstützt Word Sie mit verschiedenen Schreibhilfen. Die Rechtschreib- und Grammatikprüfung mit ihren roten und grünen Kringeln und die AutoKorrektur haben Sie ja bereits kennen gelernt. Füttern Sie das Wörterbuch und die AutoKorrektur fleißig mit neuen Begriffen und Abkürzungen, werden Ihnen die Rechtschreibprüfung und die automatische Ersetzung schnell zu einer großen Hilfe.

Eine Schreibhilfe, die Sie bisher vielleicht noch nicht verwendet haben, ist der Thesaurus, ein Synonymwörterbuch (synonym, griech. gleichbedeutend). Wenn Ihnen beim Schreiben Ihres Briefs partout das passende Wort nicht einfallen will, können Sie Word um Rat fragen. Word blendet Ihnen dann Synonyme ein, und mit ein wenig Glück ist genau das Wort dabei, das Ihnen auf der Zunge lag. Außerdem können Sie das Synonymwörterbuch auch verwenden, um Wiederholungen zu vermeiden. Wenn Sie in Ihrem Brief zum x-ten Mal einen bestimmten Begriff verwendet haben, können Sie im Thesaurus nach passenden Alternativen suchen.

Eine weitere Goldene Regel, die Sie beim Schreiben mit Word beachten sollten, lautet: Niemals mit Bindestrichen trennen! Word besitzt für die Silbentrennung eine eigene Funktion, die sehr zuverlässig arbeitet und sehr flexibel ist. Wenn Sie selbst Hand anlegen und Wörter mit Bindestrichen trennen, müssen Sie die Bindestriche auch wieder von Hand entfernen, wenn Sie nachträgliche Textänderungen vornehmen oder Ihren Text umformatieren und zum Beispiel eine andere Schriftart wählen. Bei der automatischen Silbentrennung nimmt Word die Trennungen auch wieder automatisch zurück, wenn Sie Ihren Text ändern.

Mit freundlichen Grüßen

Max Mustermann

Max Mustermann
Musterstraße 12
12345 Musterhausen

Tel.: 01234 12345
Fax: 01234 12346
maxmuster@muster.de

Abb. 5.32 So könnte Ihr Standardbrief jetzt aussehen.

Ist alles erledigt, speichern Sie den aktuellen Stand mit einem Klick auf die *Speichern*-Schaltfläche in der Schnellzugriffsleiste.

5.2 Im Handumdrehen eine eigene Briefvorlage

Sie haben jetzt einen Standardbrief, den Sie immer wieder neu öffnen, mit anderen Inhalten versehen und unter einem anderen Namen speichern können. Der fertige Standardbrief könnte also gleichzeitig Ihre Briefvorlage sein. Word bietet Ihnen zu diesem Zweck allerdings eine etwas elegantere Lösung an, die noch einfacher zu verwenden ist und den Vorteil hat, dass Sie Inhalte der Vorlage nicht aus Versehen ändern und speichern können: die Dokumentvorlage.

Eine Dokumentvorlage wird nicht als normales Word-Dokument, sondern als Vorlagendatei gespeichert. Haben Sie aus Ihrem Standardbrief eine Vorlage gemacht, geben Sie einfach an, dass Sie ein neues Dokument unter Verwendung dieser Vorlage erstellen möchten. Sie bekommen dann Ihren Standardbrief als eine Art Formular angezeigt, das Sie beliebig verändern und ergänzen können. Die Vorlagendatei, die Ihnen das Formular geliefert hat, bleibt aber von den Änderungen und Ergänzungen völlig unberührt.

Machen Sie den Briefbogen zur Dokumentvorlage

Wie das mit den Dokumentvorlagen funktioniert, probieren Sie an Ihrem Standardbrief aus. Um diesen zu einer Dokumentvorlage zu machen, reichen folgende Schritte:

1. Ersetzen Sie in Ihrem Standardbrief den eigentlichen Brieftext durch ein Wort, zum Beispiel durch „Inhalt“ (s. Abb. 5.33). Markieren Sie dazu den Text und geben Sie „Inhalt“ ein – die Absätze verschwinden und stattdessen steht nur noch das Wort Inhalt da. Der Text selbst ist ja überflüssig, durch die Ersetzung bleiben Ihnen aber die Eigenschaften erhalten, die Sie für den Text festgelegt haben.

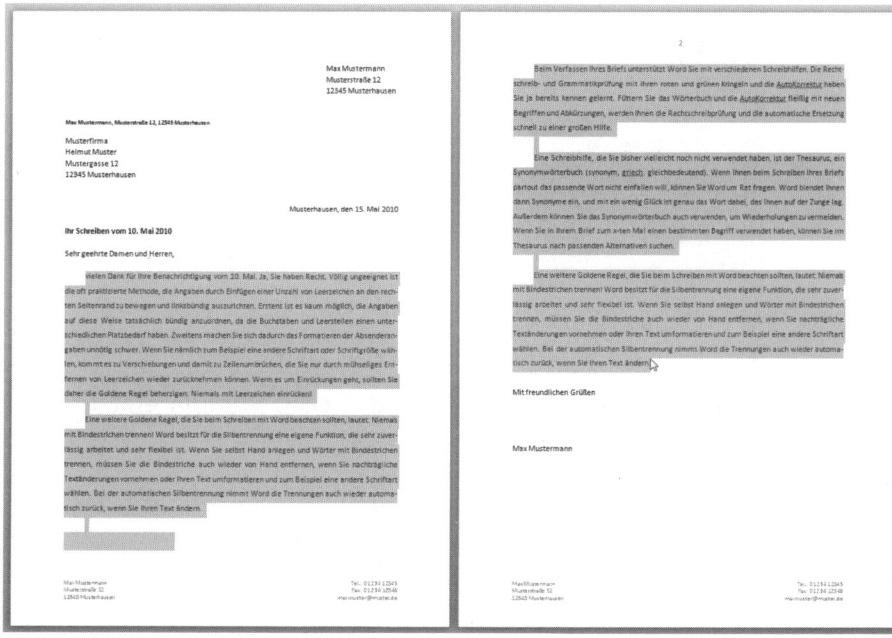

Max Mustermann
Musterstraße 12
12345 Musterhausen

Max Mustermann, Musterstraße 12, 12345 Musterhausen

Musterfirma
Helmut Muster
Mustergasse 12
12345 Musterhausen

Musterhausen, den 15. Mai 2010

Ihr Schreiben vom 10. Mai 2010

Sehr geehrte Damen und Herren,

vielen Dank für Ihre Benachrichtigung vom 10. Mai. Ja, Sie haben Recht. Völlig ungeeignet ist die oft praktizierte Methode, die Angaben durch Einfügen einer Unzahl von Leerzeichen an den rechten Seitenrand zu bewegen und linksbündig auszurichten. Erstens ist es kaum möglich, die Angaben auf diese Weise tatsächlich bündig anzuordnen, da die Buchstaben und Leerstellen einen unterschiedlichen Platzbedarf haben. Zweitens machen Sie sich dadurch das Formatieren der Absenderangaben unnötig schwer. Wenn Sie nämlich zum Beispiel eine andere Schriftart oder Schriftgröße wählen, kommt es zu Verschiebungen und damit zu Zeilenumbrüchen, die Sie nur durch mühseliges Entfernen von Leerzeichen wieder zurücknehmen können. Wenn es um Einrückungen geht, sollten Sie daher die Goldene Regel beherzigen. Niemals mit Leerzeichen einrücken!

Eine weitere Goldene Regel, die Sie beim Schreiben mit Word beachten sollten, lautet: Niemals mit Bindestrichen trennen! Word besitzt für die Silbentrennung eine eigene Funktion, die sehr zuverlässig arbeitet und sehr flexibel ist. Wenn Sie selbst Hand anlegen und Wörter mit Bindestrichen trennen, müssen Sie die Bindestriche auch wieder von Hand entfernen, wenn Sie nachträgliche Textänderungen vornehmen oder Ihren Text umformatieren und zum Beispiel eine andere Schriftart wählen. Bei der automatischen Silbentrennung nimmt Word die Trennungen auch wieder automatisch zurück, wenn Sie Ihren Text ändern.

2

Beim Verfassen Ihres Briefs unterstützt Word Sie mit verschiedenen Schreibhilfen. Die Rechtschreib- und Grammatikprüfung mit ihren roten und grünen Kringeln und die AutoKorrektur haben Sie ja bereits kennen gelernt. Füttern Sie das Wörterbuch und die AutoKorrektur fleißig mit neuen Begriffen und Abkürzungen, werden Ihnen die Rechtschreibprüfung und die automatische Ersetzung schnell zu einer großen Hilfe.

Eine Schreibhilfe, die Sie bisher vielleicht noch nicht verwendet haben, ist der Thesaurus, ein Synonymwörterbuch (synonym, griech. gleichbedeutend). Wenn Ihnen beim Schreiben Ihres Briefs partout das passende Wort nicht einfallen will, können Sie Word um Rat fragen. Word blendet Ihnen dann Synonyme ein, und mit ein wenig Glück ist genau das Wort dabei, das Ihnen auf der Zunge lag. Außerdem können Sie das Synonymwörterbuch auch verwenden, um Wiederholungen zu vermeiden. Wenn Sie in Ihrem Brief zum x-ten Mal einen bestimmten Begriff verwendet haben, können Sie im Thesaurus nach passenden Alternativen suchen.

Eine weitere Goldene Regel, die Sie beim Schreiben mit Word beachten sollten, lautet: Niemals mit Bindestrichen trennen! Word besitzt für die Silbentrennung eine eigene Funktion, die sehr zuverlässig arbeitet und sehr flexibel ist. Wenn Sie selbst Hand anlegen und Wörter mit Bindestrichen trennen, müssen Sie die Bindestriche auch wieder von Hand entfernen, wenn Sie nachträgliche Textänderungen vornehmen oder Ihren Text umformatieren und zum Beispiel eine andere Schriftart wählen. Bei der automatischen Silbentrennung nimmt Word die Trennungen auch wieder automatisch zurück, wenn Sie Ihren Text ändern.

Mit freundlichen Grüßen

Max Mustermann

Abb. 5.33 Markieren Sie den Text Ihres Standardbriefs und geben Sie „Inhalt" ein.

2. Da Sie alle weiteren Elemente Ihres Standardbriefs im konkreten Bedarfsfall anpassen können, speichern Sie Ihren Standardbrief jetzt als Dokumentvorlage, indem Sie das *Datei*-Menü öffnen und dort den Eintrag *Speichern unter* wählen (s. Abb. 5.34). Word zeigt Ihnen das Dialogfenster *Speichern unter*.

3. Geben Sie Ihrer Dokumentvorlage einen Namen und speichern Sie sie als *Word-Vorlage* im Ordner *Microsoft Word / Templates*, der Ihnen in der Navigationsleiste des Dialogfensters angezeigt wird. Wählen Sie also zunächst den Ordner *Templates*, tragen Sie dann in das Feld *Dateiname* zum Beispiel *Meine Briefvorlage* ein, öffnen Sie die Ausklappliste *Dateityp* mit einem Klick auf die Dreieckschaltfläche und wählen Sie den Listeneintrag *Word-Vorlage* (s. Abb. 5.35). Zum Speichern klicken Sie schließlich auf die *Speichern*-Schaltfläche. Das Dialogfenster verschwindet und in der Titelleiste Ihres Standardbriefs wird der Name *Meine Briefvorlage* angezeigt.

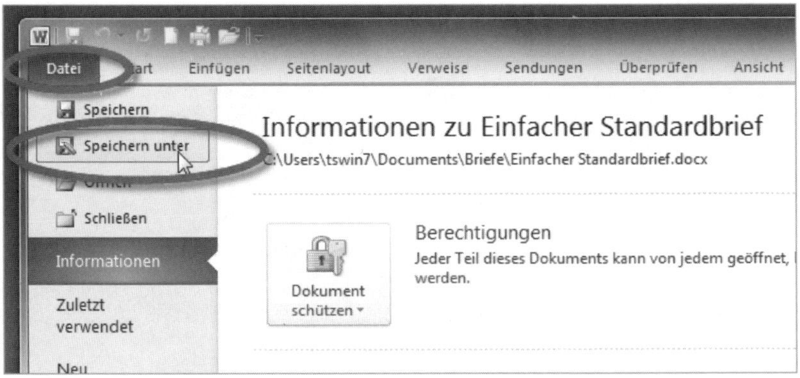

Abb. 5.34 Öffnen Sie das *Datei*-Menü und klicken Sie auf den Eintrag *Speichern unter*.

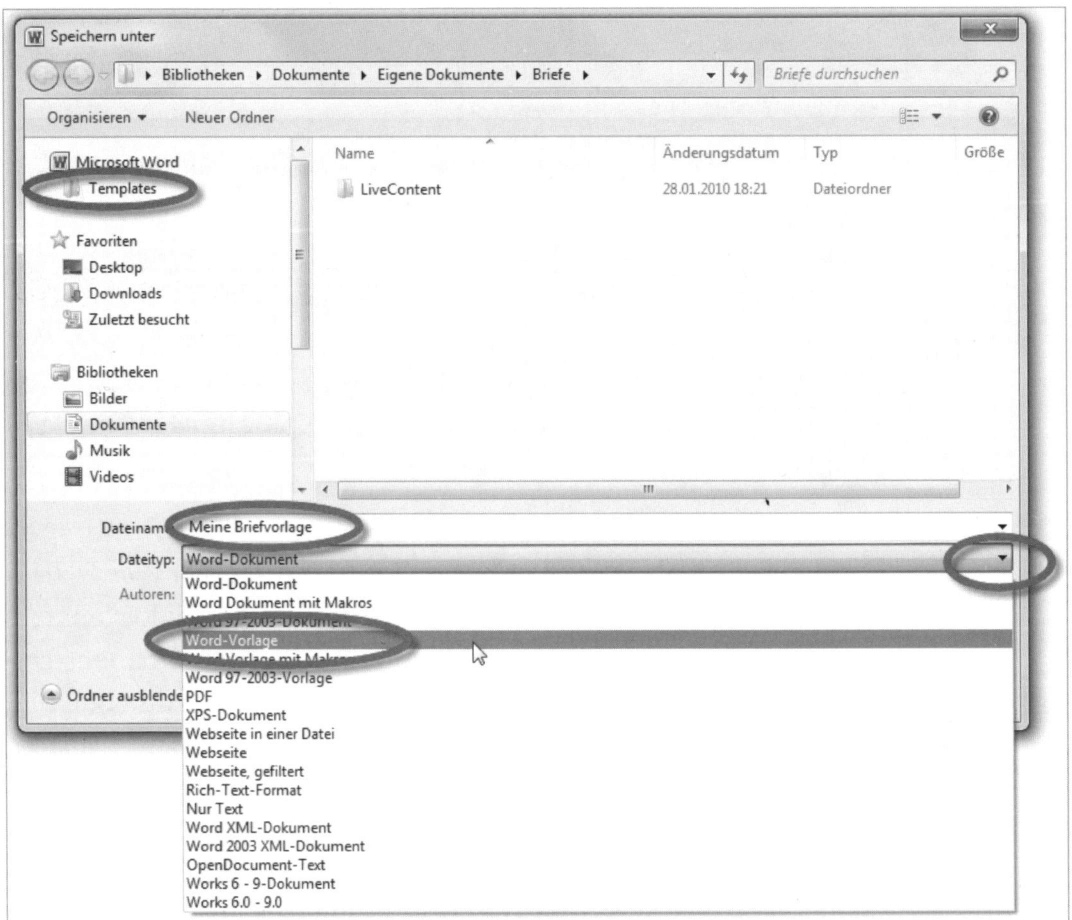

Abb. 5.35 Tragen Sie den Namen Ihrer Dokumentvorlage in das Feld *Dateiname* ein und klicken Sie auf die Schaltfläche *Speichern*.

4. Schließen Sie Ihre neue Dokumentvorlage mit einem Klick auf die *X*-Schaltfläche in der Titelleiste.

Ihr Standardbrief ist damit zur Dokumentvorlage mutiert, in die Sie ab sofort Ihre Briefe schreiben können.

So benutzen Sie die neue Dokumentvorlage

Wie Sie aus der Dokumentvorlage richtige Briefe machen, können Sie auch gleich ausprobieren:

1. Öffnen Sie das *Datei*-Menü, rufen Sie den Backstage-Bereich *Verfügbare Vorlagen* mit einem Klick auf den Menüeintrag *Neu* auf und klicken Sie dort auf die Symbolschaltfläche *Meine Vorlagen*. Das Dialogfenster *Neu* erscheint und zeigt Ihnen die Registerkarte *Persönliche Vorlagen*.

2. Klicken Sie im Dialogfenster *Neu* doppelt auf das Symbol *Meine Briefvorlage*.

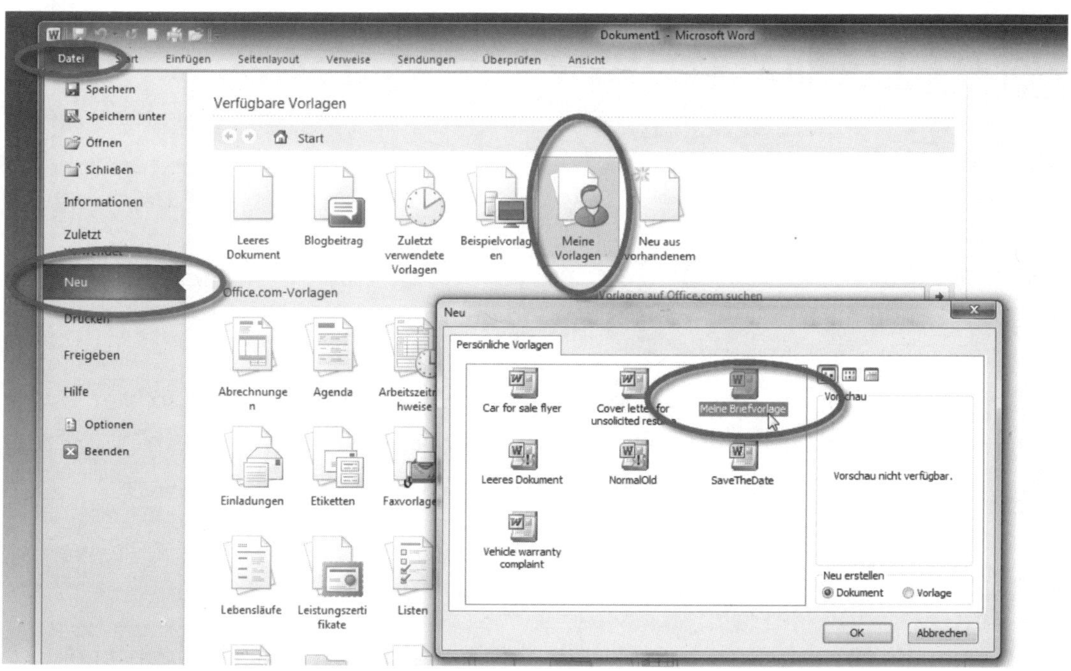

Abb. 5.36 So gelangen Sie zu Ihrer Briefvorlage.

Word zeigt Ihnen Ihre Briefvorlage jetzt genauso an, wie Sie sie gespeichert haben. Der einzige Unterschied ist, dass in der Titelleiste des neuen Dokumentfensters der Standardname *Dokument xx* auftaucht (s. Abb. 5.37). Dies ist ein kleiner Hinweis darauf, dass es sich eben nicht um das Originaldokument handelt. Ändern Sie die Angaben der Briefvorlage dem aktuellen Anlass entsprechend. Tragen Sie eine neue Empfängeradresse und eine neue Anrede ein, ändern Sie das Datum und überschreiben Sie den Hinweis *Inhalt* mit dem neuen Inhalt. Sämtliche Eigenschaften und Formatierungen, die Sie für Ihren ursprünglichen Standardbrief festgelegt haben, gelten auch für den neuen Inhalt.

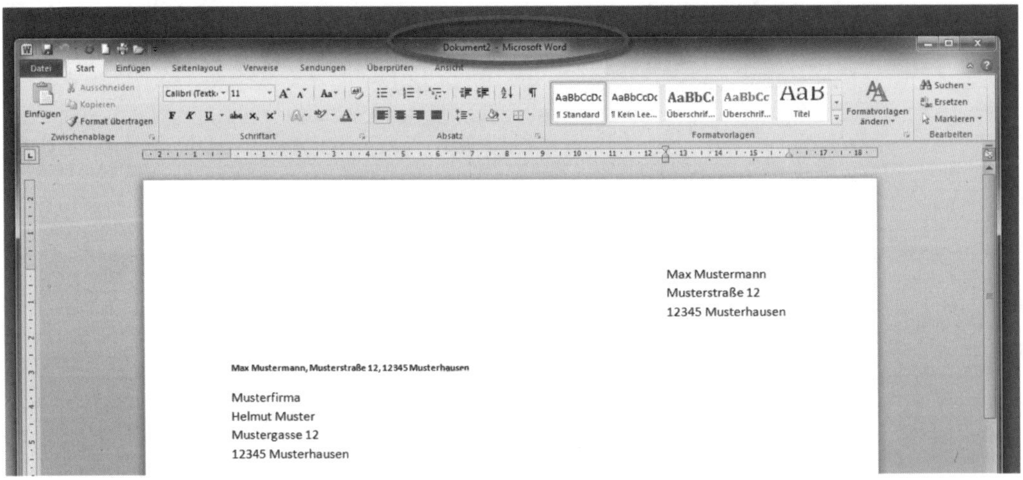

Abb. 5.37 Das Brief-„Formular" wird Ihnen als neues Dokument angezeigt, das Sie nun nach Belieben anpassen und mit neuem Inhalt füllen können.

3. Ist der Brief fertig, speichern Sie ihn in Ihrem Ordner *Briefe* und schließen ihn. Andere Korrespondenz (Verein o. ä.) sortieren Sie entsprechend ein.

5.3 So drucken Sie richtig

Bevor Sie Ihre Briefe verschicken können, müssen Sie sie drucken. Bisher haben Sie das Drucken mit einem Klick auf die *Dru-*

cken-Schaltfläche in der Schnellzugriffsleiste erledigt. Das funktioniert zwar wunderbar, Word verwendet für den Druck aber immer die Standardeinstellungen, die eben nicht immer optimal geeignet sind. So wird etwa immer das komplette Dokument in höchster Qualität gedruckt, auch wenn Sie eigentlich nur einen Ausdruck des Briefinhalts benötigen, um ihn in Ruhe Korrektur lesen zu können.

Für das Drucken bietet Ihnen Word eine ganze Reihe von Einstellmöglichkeiten. So können Sie zum Beispiel gleich mehrere Exemplare auf einmal drucken, bestimmte Druckbereiche festlegen oder die Druckreihenfolge umkehren. Zentrale Anlaufstelle für alle Druckfunktionen ist der Backstage-Bereich *Drucken*, den Sie über das *Datei*-Menü aufrufen und der Ihnen auch eine Druckvorschau zeigt.

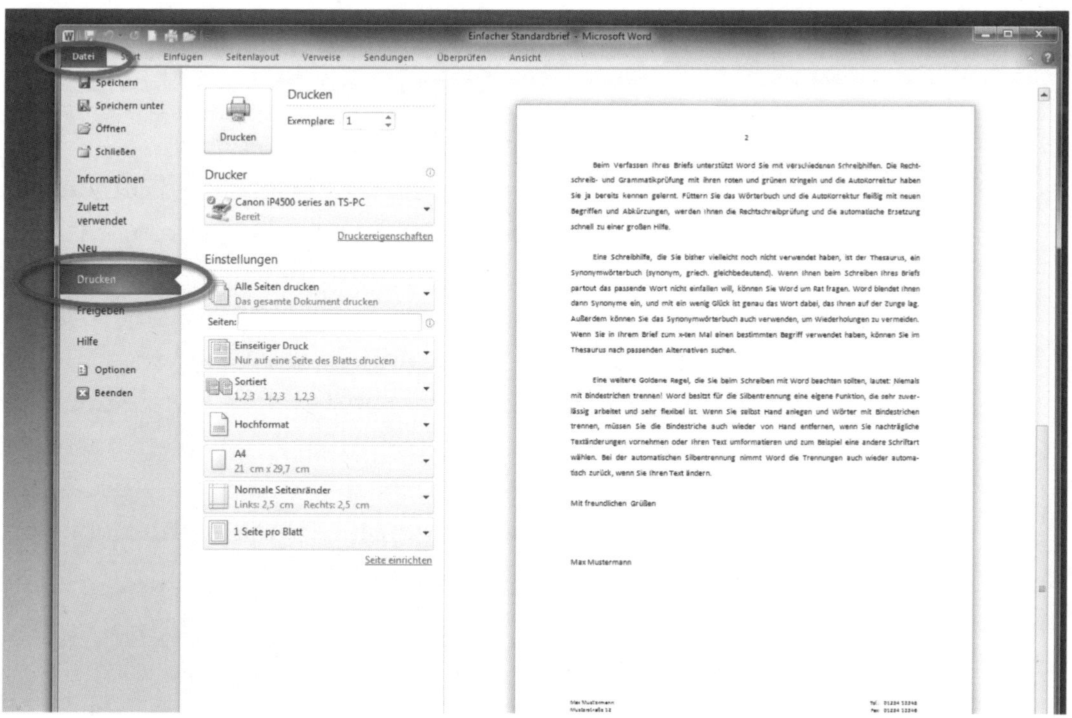

Abb. 5.38 Im Dialogfenster *Drucken* legen Sie die Druckeinstellungen für das aktuelle Dokument fest.

Die wichtigsten Einstellmöglichkeiten und Druckfunktionen können Sie gleich an Ihrem Standardbrief ausprobieren.

So drucken Sie mehrere Exemplare auf einmal

Bei wichtigen Briefen, zum Beispiel an Behörden oder andere offizielle Stellen, ist es durchaus sinnvoll, gleich ein oder zwei Kopien abzuheften und aufzubewahren. Bei Word erzeugen Sie diese Kopien indem Sie den Druckvorgang mehrmals wiederholen. Statt nun mehrfach auf die *Drucken*-Schaltfläche in der Schnellzugriffsleiste zu klicken, sollten Sie den Mehrfachdruck allerdings besser über den Backstage-Bereich *Drucken* erledigen. Dort können Sie nämlich nicht nur angeben, wie viele Exemplare Sie drucken möchten, sondern auch, dass diese gleich sortiert ausgegeben werden. Wenn Sie mehrere Exemplare Ihres aktuellen Dokuments auf einmal drucken möchten, teilen Sie Word dies auf folgende Weise mit:

1. Öffnen Sie den Backstage-Bereich *Drucken* (*Datei / Drucken*).

2. Geben Sie dort im Listenfeld *Exemplare* an, wie viele Exemplare Sie drucken möchten, indem Sie entweder so oft auf die kleinen Pfeilschaltflächen des Listenfelds klicken, bis die gewünschte Anzahl erscheint, oder indem Sie die Zahl im Feld markieren und gleich direkt überschreiben. Überprüfen Sie außerdem, ob in der Auswahlliste der Druckreihenfolge die Option *Sortiert* eingestellt ist, und stellen Sie sie gegebenenfalls um, damit Word die Exemplare komplett nacheinander und nicht jede Einzelseite x-mal druckt (s. Abb. 5.39). Sie müssen die gedruckten Exemplare dann nicht mehr von Hand sortieren, sondern nur noch teilen.

3. Klicken Sie auf die Schaltfläche *Drucken*, um den Druckvorgang zu starten.

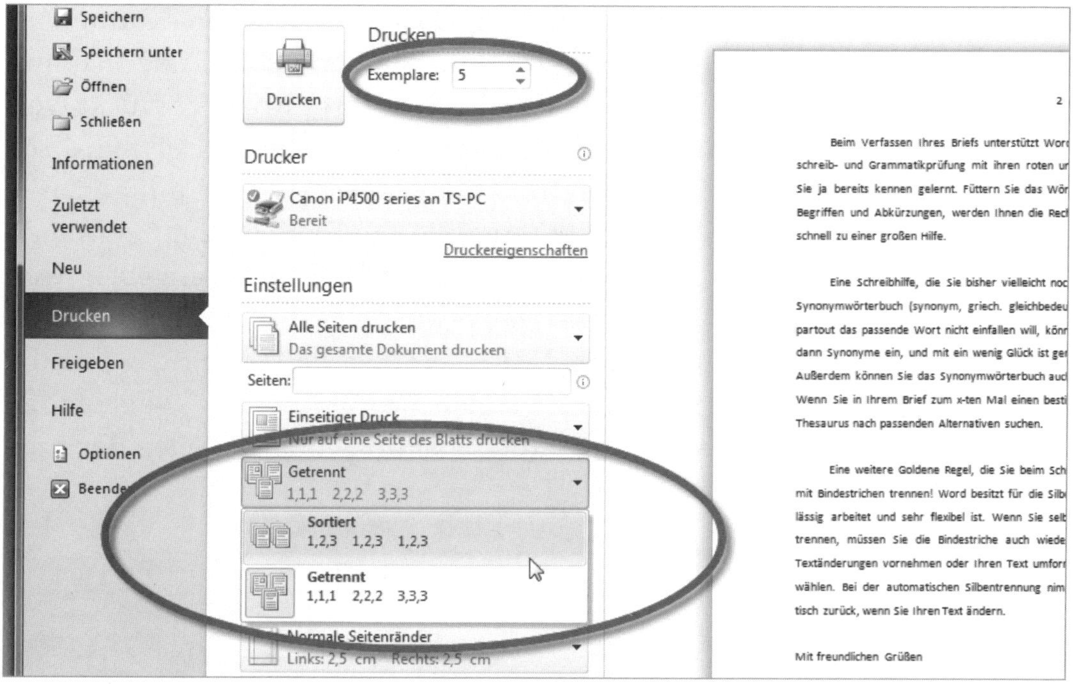

Abb. 5.39 Geben Sie im Listenfeld *Exemplare* an, wie viele Exemplare Sie drucken möchten, und aktivieren Sie die Option *Sortiert.*

So drucken Sie bestimmte Bereiche

Manchmal kommt es vor, dass Sie Briefe oder andere Dokumente gar nicht komplett drucken müssen. Auszüge, bestimmte Bereiche oder einzelne Seiten reichen völlig. Word ist dazu natürlich in der Lage und bietet Ihnen im Backstage-Bereich *Drucken* gleich mehrere Möglichkeiten, Ihre Druckbereichswünsche zu berücksichtigen.

Wie sich einzelne Bereiche drucken lassen, können Sie am Beispiel Ihres Standardbriefs sehr gut nachvollziehen:

1. Schalten Sie Ihren Drucker ein, öffnen Sie Ihren Standardbrief und lassen Sie sich im Backstage-Bereich *Drucken* anzeigen (*Datei / Drucken*).

2. Klicken Sie im Abschnitt *Einstellungen* auf den Eintrag *Alle Seiten drucken*, öffnet sich eine Ausklappliste, in der Sie nun festlegen können, welcher Bereich Ihres Briefs gedruckt werden soll. Aktivieren Sie die Option *Aktuelle Seite*, wird die Seite Ihres Briefs gedruckt, auf der sich die Einfügemarke gerade befindet. Aktivieren Sie die Option *Benutzerdefinierten Bereich drucken*, können Sie im Feld *Seiten* angeben, welche Seiten Ihres Briefs gedruckt werden sollen. Tragen Sie in das Feld zum Beispiel „2-3“ ein, werden die Seiten 2 und 3 gedruckt, Einzelseiten trennen Sie mit Kommas voneinander. Machen Sie sich mit den Einstellungsmöglichkeiten der Auswahllisten vertraut.

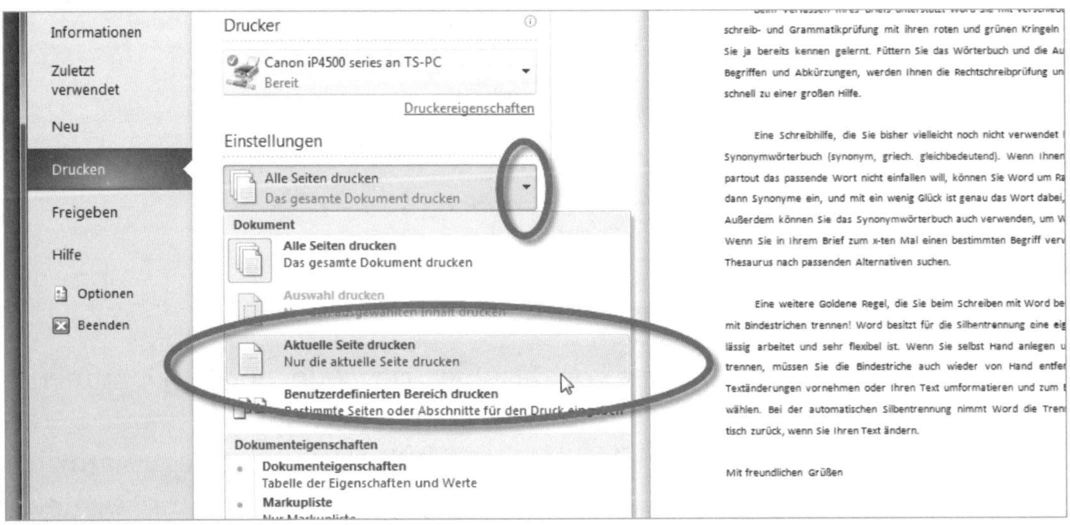

Abb. 5.40 In den Auswahllisten des Einstellungsbereichs legen Sie auch fest, welche Bereiche des aktuellen Dokuments gedruckt werden.

Möchten Sie dagegen nur eine bestimmte Passage ausdrucken, gehen Sie folgendermaßen vor:

1. Markieren Sie in Ihrem Standardbrief die entsprechende Passage und rufen Sie den Backstage-Bereich *Drucken* auf. In der Auswahlliste *Seitenbereich* wird der Eintrag *Auswahl drucken* schwarz dargestellt.

2. Aktivieren Sie den Eintrag *Auswahl drucken* mit einem Mausklick, schließt sich die Auswahlliste und zeigt nur noch den Eintrag *Auswahl drucken*.

3. Klicken Sie auf die Schaltfläche *Drucken*. Ihr Drucker druckt jetzt nur die Passage, die Sie zuvor markiert haben.

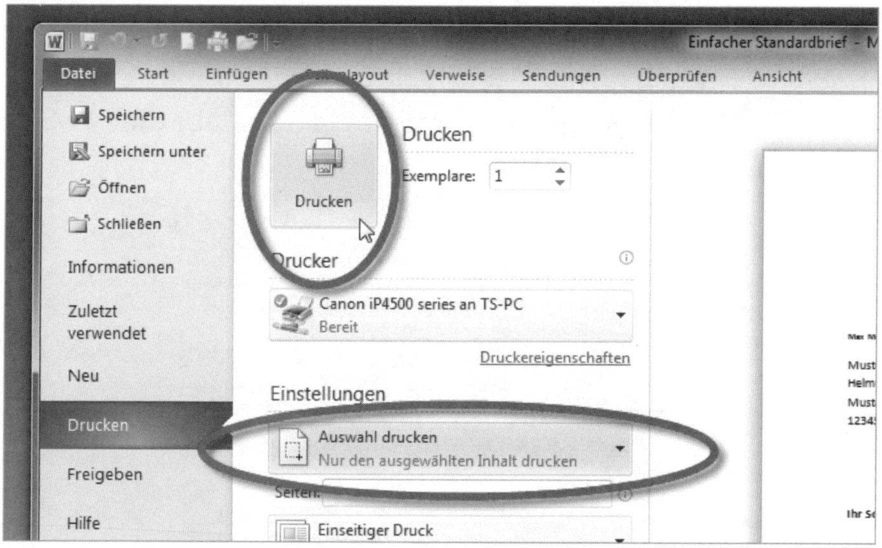

Abb. 5.41 Wählen Sie den Eintrag *Auswahl drucken* und klicken Sie auf die *Drucken*-Schaltfläche.

So drucken Sie von hinten nach vorn

Die meisten Tintenstrahldrucker geben Dokumente mit dem „Gesicht" nach oben aus. Das führt dazu, dass Sie ein mehrseitiges Dokument immer umsortieren müssen, um es in die richtige Seitenreihenfolge zu bringen. Bei einem Brief mit zwei Seiten ist dies natürlich nicht schlimm. Bei einem längeren Dokument mit 10 oder 20 Seiten kann es sehr lästig sein. Einfache Abhilfe schaffen Sie mit der Option *Seiten in umgekehrter Reihenfolge drucken*, die Sie auf folgende Weise für alle Druckvorgänge festlegen:

1. Rufen Sie das Dialogfenster *Word-Optionen* auf (*Datei / Optionen*) und klicken Sie dort auf den Eintrag *Erweitert*. Im Inhaltsbereich erscheint eine lange Liste mit diversen Einstellungsmöglichkeiten.
2. Lassen Sie sich mithilfe des Schiebereglers der Bildlaufleiste den Bereich *Drucken* anzeigen.
3. Aktivieren Sie die Option *Seiten in umgekehrter Reihenfolge drucken* mit einem Klick auf den Eintrag und schließen Sie das Dialogfenster mit einem Klick auf die *OK*-Schaltfläche.

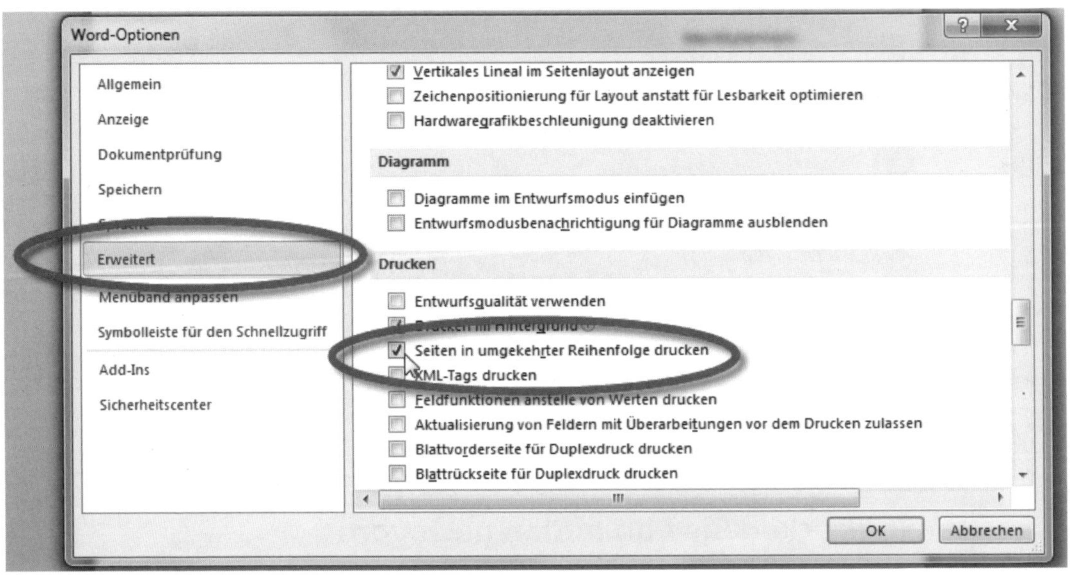

Abb. 5.42 Hier aktivieren Sie die Option *Seiten in umgekehrter Reihenfolge drucken*.

Das war's. Ab sofort gibt Ihr Drucker nicht nur alle Word-, sondern auch alle Excel-, PowerPoint- und alle anderen Office-Dokumente in umgekehrter Reihenfolge aus.

Kapitel 6

Ihr eigener Fotokalender

Nach all den Testdokumenten und Briefen nun zu etwas ganz anderem: Mit Word können Sie auch Kalender anfertigen. Mit Kalendern sind nicht etwa nur kalendarische Zahlenkolonnen in Reih und Glied gemeint, sondern schön anzusehende Fotokalender, die den Vergleich mit professionellen Fotokalendern nicht zu scheuen brauchen. Im Gegensatz zu den gekauften Exemplaren sind in Ihren Fotokalendern aber Ihre eigenen Fotos enthalten. Außerdem können Sie Ihre Kalender auch mit besonderen Daten anreichern, die bei gekauften Exemplaren natürlich fehlen: Ihr Hochzeitstag oder wichtige Geburtstage, auch die geplante Urlaubsreise könnte hier drinstehen.

Egal ob Tages-, Wochen- oder Monatsfotokalender – mit Ihrem Computer, Word und einem Farbdrucker fertigen Sie hübsche Exemplare an, die Sie sogar verschenken können. Und das Schöne dabei ist ja, dass Sie das Word-Dokument eines fertigen Kalenders buchstäblich im Handumdrehen für bestimmte Anlässe oder Personen anpassen können, indem Sie einfach nur die Fotos austauschen. Voraussetzung ist natürlich, dass Sie genügend Bildmaterial zu Verfügung haben.

Was halten Sie zum Beispiel von den beiden Kalenderblättern der folgenden Abbildung? Glauben Sie, dass Sie das erste Kalenderblatt mit einem Zeitaufwand von etwa einer halben Stunde anfertigen können? Das klappt! Das ist nämlich das fertige Kalenderblatt dieses Praxiskapitels. Andere Blätter dauern dann nur noch wenige Minuten, wenn das Gerüst steht. Ihr persönlicher Kalender ist in etwa eineinhalb Stunden fertig.

Abb. 6.1 Zwei Blätter des Monatskalenders, den Sie gleich anfertigen werden

In diesem Kapitel lernen Sie die Word-Tabellen kennen. Auch wenn es vielleicht auf den ersten Blick etwas anders wirkt, ist jedes Blatt des Fotokalenders, den Sie in Abbildung 6.1 sehen, nichts weiter als eine hübsch gestaltete Tabelle mit einem Bild darin. Ein anderes wichtiges Thema dieses Kapitels ist daher das Einfügen von Bildern.

6.1 Von der Tabelle zum Kalender

Bevor Sie loslegen und Ihren eigenen Fotokalender anfertigen, noch einige grundsätzliche Bemerkungen zum Thema Word-Tabellen und zur Planung eines Monatskalenders.

Kleine Tabellenkunde

Wie jede Tabelle besteht auch eine Word-Tabelle aus Zeilen und Spalten, die einzelne Zellen bilden. Eine Word-Tabelle ist aber kein starres Gebilde mit einer bestimmten Anzahl festgefügter Zeilen und Spalten, sondern ein sehr flexibles Gerüst, dessen Streben und Einzüge Sie Ihrem Bedarf entsprechend anpassen, erweitern und entfernen können. Mit ein paar Mausklicks ändern Sie Spaltenbreiten und Zeilenhöhen, verbinden oder unterteilen Zellen und blenden einzelne Rahmenlinien ein oder aus. Auch das Hinzufügen von Spalten und Zeilen erledigen Sie mit einigen wenigen Mausklicks.

Jede Zelle einer Word-Tabelle ist eine eigenständige Einheit, die Sie völlig unabhängig von den anderen Zellen formatieren und mit Inhalten füllen können. Jede Zelle ist wie ein kleines eigenständiges Word-Dokument, für das Ihnen sämtliche Bearbeitungswerkzeuge und Funktionen zur Verfügung stehen, die Sie auch in einem großen Word-Dokument verwenden. Egal, ob es um Textauszeichnungen, Absatzausrichtungen oder das Einfügen von Bildern geht – in dem kleinen Rahmen einer Zelle einer Word-Tabelle funktioniert dies im Grunde genauso wie im großen Rahmen eines Dokuments.

Da sich bei Word-Tabellen Zellen verbinden und Rahmenlinien ausblenden lassen, sind sie immer dann eine große Gestaltungs- und Formatierungshilfe, wenn es darum geht, Informationen aller Art strukturiert zu präsentieren. Die Bandbreite reicht dabei von der klassischen Übersichtstabelle mit sichtbaren Zeilen- und Spaltenlinien bis hin zu unsichtbaren Tabellen, mit denen komplette Internetangebote gestaltet werden.

Kein Kalender ohne Planung

Wenn es stimmt, dass Planung alles ist, dann bei Gestaltungsarbeiten, die Sie mit einem Computer ausführen. Nur wenn Sie einigermaßen genau wissen, was Sie erreichen möchten, können Sie dies effektiv und zielgerichtet umsetzen. Da die Anfertigung eines eigenen Fotokalenders ja vor allem eine Gestaltungsarbeit ist, sollten Sie diese vorbereiten.

Fertigen Sie eine Skizze an

Am einfachsten ist es, wenn Sie sich einen Stift und ein Blatt Papier nehmen und skizzieren, wie eine Seite Ihres Fotokalenders aussehen könnte. Üblicherweise hat ein Monatskalender eine Wochentagseinteilung, ein Kalendarium, vielleicht noch eine Wochenzählung und einen Hinweis auf den aktuellen Monat. Und dann brauchen Sie noch Platz für ein großes Foto. Außerdem müssen Sie noch darüber nachdenken, ob der Kalender im Hoch- oder Querformat gedruckt werden soll.

Ist es Ihnen nach einigen vergeblichen Versuchen gelungen, alle Elemente in einer Skizze zusammenzuführen, können Sie daraus dann den Aufbau Ihrer Tabelle ableiten.

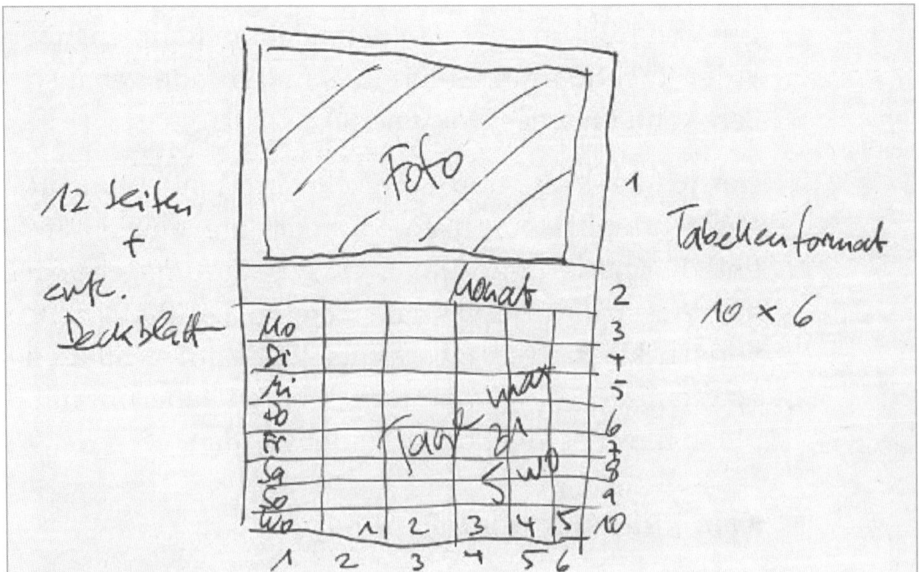

Abb. 6.2 Nicht schön, aber hilfreich – Skizze für den Tabellenaufbau

Legen Sie die Tabelleneigenschaften fest

Die Tabelleneigenschaften, die sich aus der vorliegenden Tabellenplanung ergeben, sind folgende: Sie benötigen eine Tabelle mit 10 Zeilen und 6 Spalten. Da das Foto möglichst groß erscheinen soll, brauchen Sie Platz. Um diesen zu schaffen, können Sie die Zellen der ersten Zeile miteinander verbinden und die Zeilenbegrenzung weit nach unten verschieben. Da die Monatsangabe allein in einer Zeile steht, sollten Sie auch dort die Zellen verbinden. Bei den restlichen Zellen geht es dann eigentlich nur noch darum, sie möglichst gleichmäßig zu verteilen.

Wie gehen Sie am besten bei der Gestaltung Ihres Fotokalenders vor?

Nun, für Ihren Fotokalender benötigen Sie ein leeres Word-Dokument, in das Sie eine Tabelle einfügen, die die gesamte Seite ausfüllt. Passen Sie die Größe der Tabelle an, geben Sie die Inhalte ein und formatieren Sie sie. Ist die Tabelle fertig, kopieren Sie sie auf die Folgeseiten und passen die Inhalte dem jeweiligen Monat an.

Was so kompliziert klingt, ist tatsächlich schnell erledigt.

6.2 So schaffen Sie die Grundstruktur

Die Grundstruktur Ihres Fotokalenders besteht aus einer Tabelle, deren Größe und Form so angepasst werden, dass sie ein großes Bild und ein Kalendarium aufnehmen kann. Für Sie geht es also zunächst einmal darum, eine Tabelle anzufertigen und entsprechend anzupassen.

Tabelle einfügen

Die Tabelle erhalten Sie auf folgende Weise:

1. Rufen Sie Word auf oder wählen Sie, falls Word bereits läuft, im *Datei*-Menü die Einträge *Neu / Leeres Dokument*. In Ihrem

Word-Programmfenster wird ein neues Dokument angezeigt.

2. Stellen Sie, um das Dokument möglichst genau überblicken zu können, die Seitenlayoutansicht ein (Registerkarte *Ansicht / Seitenlayout* oder Symbol *Seitenlayoutansicht* rechts unten im Programmfenster) und legen Sie die Zoom-Größe auf etwa 80% fest (*Zoom* auch rechts unten im Programmfenster).

Abb. 6.3 Verwenden Sie die Seitenlayout-Ansicht und eine verkleinerte Darstellung, damit Sie die Seite gut im Blick haben.

3. Wechseln Sie zur Registerkarte *Einfügen*, klicken Sie auf die Symbolschaltfläche *Tabelle* und wählen Sie in der Ausklappliste den Eintrag *Tabelle einfügen* (s. Abb. 6.4). Das Dialogfenster *Tabelle einfügen* erscheint.

4. Geben Sie im Dialogfenster die Größe der gewünschten Tabelle an. Tragen Sie in das Feld *Spaltenanzahl* eine *6* und in das Feld *Zeilenanzahl* eine *10* ein und klicken Sie auf die *OK*-Schaltfläche (s. Abb. 6.5). In Ihrem Dokument erscheint eine Tabelle mit den gewünschten 10 Zeilen und 6 Spalten.

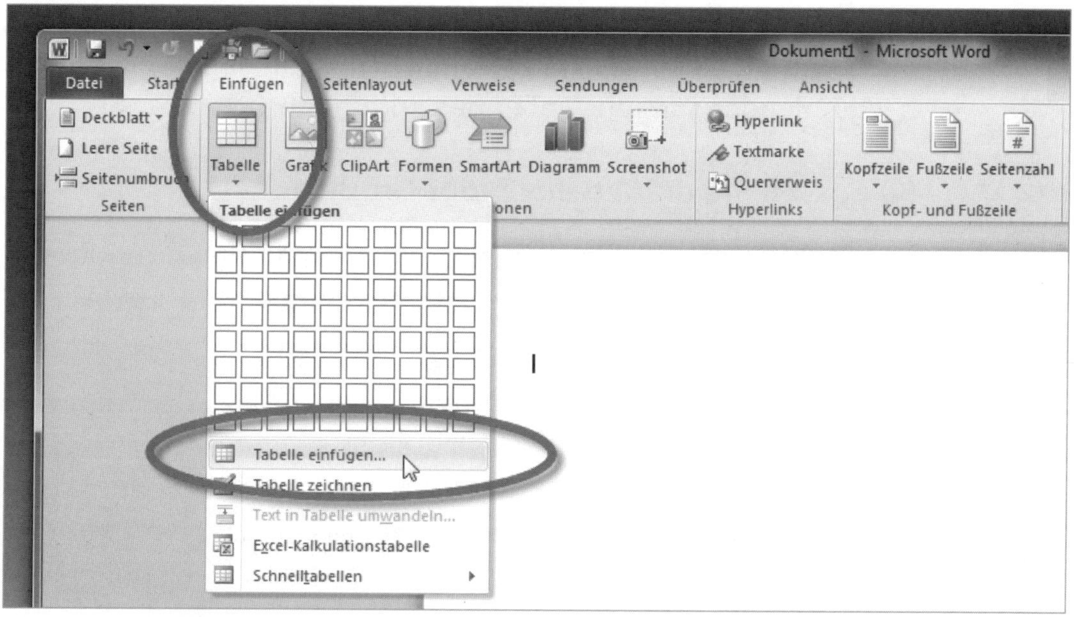

Abb. 6.4 Klicken Sie in der Ausklappliste auf den Eintrag *Tabelle einfügen*.

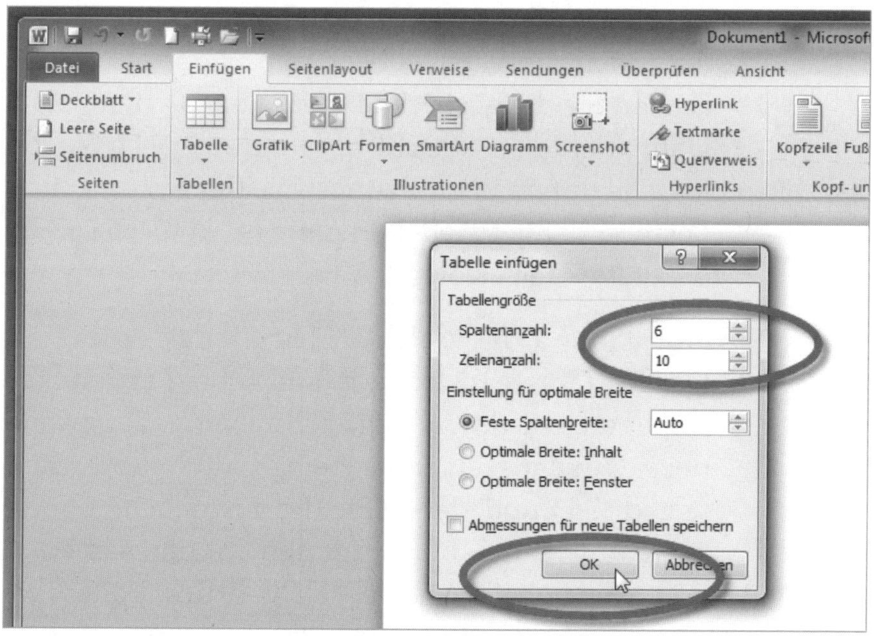

Abb. 6.5 Geben Sie die gewünschte Tabellengröße ein und klicken Sie auf die *OK*-Schaltfläche.

Das war's auch schon. Mit ein paar Mausklicks haben Sie eine Tabelle in Ihr Dokument eingefügt, auch wenn die noch gar nicht nach Kalender aussieht – aber das kommt noch.

So passen Sie die Tabelle in der Größe an

Jetzt geht es darum, das Tabellengerüst so anzupassen, dass es für die Aufnahme der Kalenderinhalte geeignet ist. Diese Anpassung erledigen Sie mit der Maus, und zwar so:

1. Schaffen Sie Platz für das Foto. Führen Sie dazu den Mauszeiger langsam auf die untere Begrenzungslinie der ersten Zeile Ihrer Tabelle. Sind Sie an der richtigen Position angekommen, verändert der Mauszeiger seine Form und wird zu einer Doppellinie mit einem nach oben und einem nach unten weisenden Pfeil. Mit diesem Mauszeiger können Sie die Begrenzungslinie verschieben. Drücken Sie die linke Maustaste und halten Sie sie gedrückt. Es erscheint eine gestrichelte Linie, die Ihnen die Verschiebeposition anzeigt (s. Abb. 6.6 links). Ziehen Sie die gestrichelte Linie nach unten, bis Sie etwa die Hälfte der Seite erreicht haben, und lassen Sie die Maustaste los. Die untere Begrenzungslinie der ersten Zeile saust an die Position der gestrichelten Linie (s. Abb. 6.6 rechts). Sie haben die erste Zeile erfolgreich vergrößert.

2. Nun kommt die Zeile für den Monatseintrag an die Reihe. Das Verfahren ist exakt das gleiche: Führen Sie den Mauszeiger auf die untere Begrenzungslinie der zweiten Zeile, bis der neue Mauszeiger erscheint, halten Sie die linke Maustaste gedrückt und ziehen Sie die gestrichelte Linie etwa 1,5 cm nach unten, um Platz für den Monatsnamen zu schaffen. Wenn Sie dabei die Taste Alt gedrückt halten, wird Ihnen in einem Lineal am linken Bildrand sogar eine Bemaßung angezeigt. Lassen Sie die Maustaste los, wird die untere Begrenzungslinie eingefügt (s. Abb. 6.7).

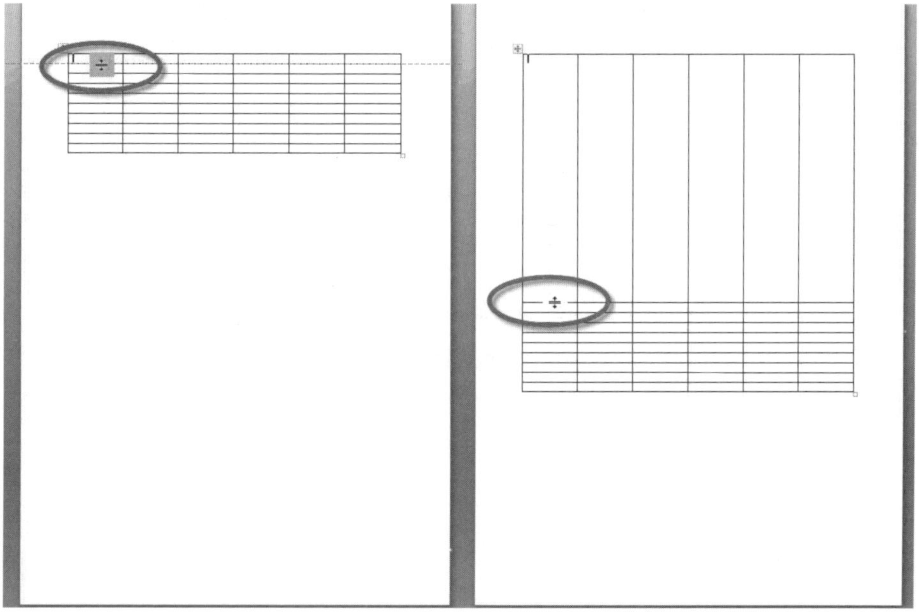

Abb. 6.6 Ziehen Sie die untere Begrenzungslinie der ersten Zeile etwa in die Mitte Ihres Dokuments.

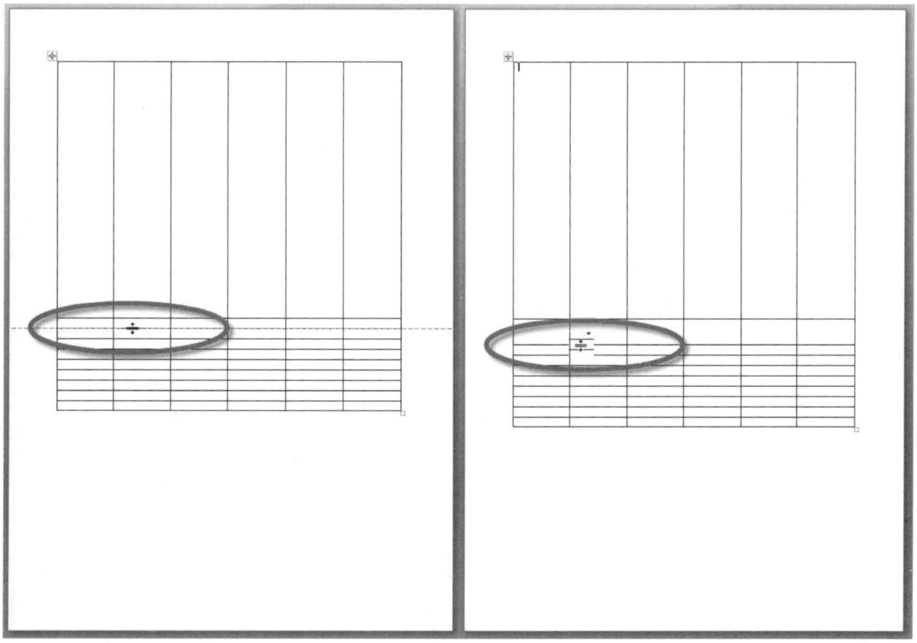

Abb. 6.7 Ziehen Sie die untere Begrenzungslinie der zweiten Zeile etwas weiter nach unten.

3. Verschieben Sie nun mit dem gleichen Verfahren die untere Begrenzungslinie der Tabelle möglichst weit nach unten, damit das Kalenderblatt die komplette Seite ausfüllen kann (s. Abb. 6.8). Wie weit Sie die Begrenzungslinie verschieben können, müssen Sie ausprobieren. Schieben Sie zu weit, fügt Word eine neue Seite an, auf der dann ein Teil Ihrer Tabelle zu sehen ist. Ein Klick auf die *Rückgängig*-Schaltfläche in der Schnellzugriffsleiste bringt Sie schnell wieder an den Ausgangspunkt zurück.

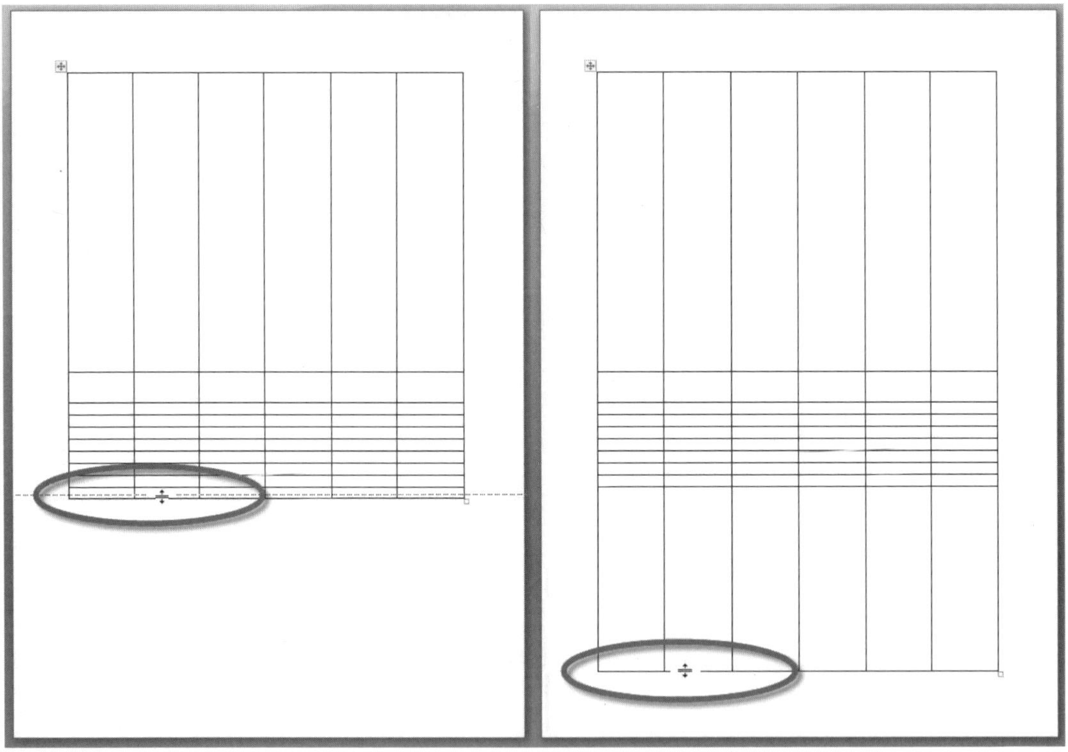

Abb. 6.8 Machen Sie die Tabelle durch das Verschieben der unteren Begrenzungslinie so groß, dass sie die Seite komplett ausfüllt.

4. Jetzt müssen Sie noch den Tabellenbereich vorbereiten, in dem die Wochentage und die Wochenzählung erscheinen sollen. Dazu markieren Sie den betreffenden Bereich mit der

Maus, klicken mit der rechten Maustaste auf die Markierung und wählen den Kontextmenübefehl *Zeilen gleichmäßig verteilen* (s. Abb. 6.9 links). Die Zeilen des markierten Bereichs werden gleichmäßig angeordnet (s. Abb. 6.9 rechts).

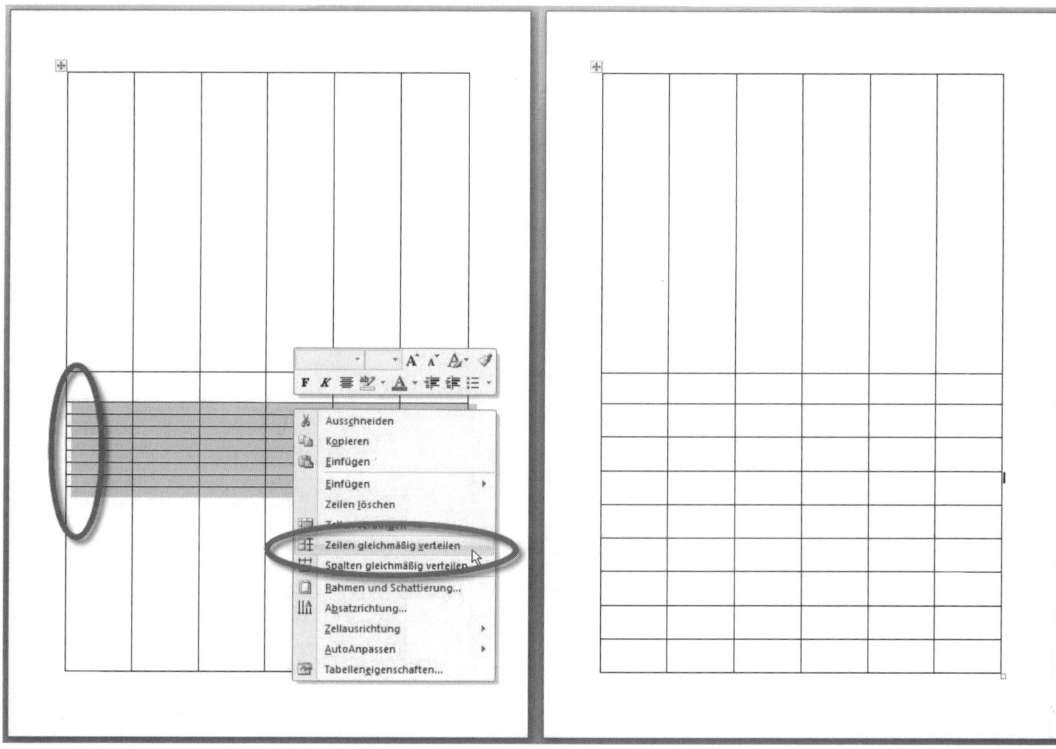

Abb. 6.9 Markieren Sie den Bereich, in dem das Kalendarium erscheinen soll, und lassen Sie die Zeilen gleichmäßig verteilen.

5. Was jetzt noch stört, sind die Begrenzungslinien der Zellen in den beiden Bereichen, in denen das Foto und der Monatsname erscheinen sollen. Um diese Bereiche jeweils zu einer großen Zelle zu erweitern, müssen Sie die Zellen miteinander verbinden. Dazu markieren Sie die erste Zeile (Mauszeiger vor die Zeile und klicken oder Maus mit gedrückter linker Maustaste über alle Zellen der Zeile führen), klicken mit der rechten Maustaste auf die Markierung und wählen

den Kontextmenübefehl *Zellen verbinden* (s. Abb. 6.10 links). Das Gleiche wiederholen Sie in der zweiten Zeile (markieren, Kontextmenü aufrufen, *Zellen verbinden*). Die Begrenzungslinien sind verschwunden, in der ersten und in der zweiten Zeile ist nur noch eine einzige große Zelle zu sehen (s. Abb. 6.10 rechts).

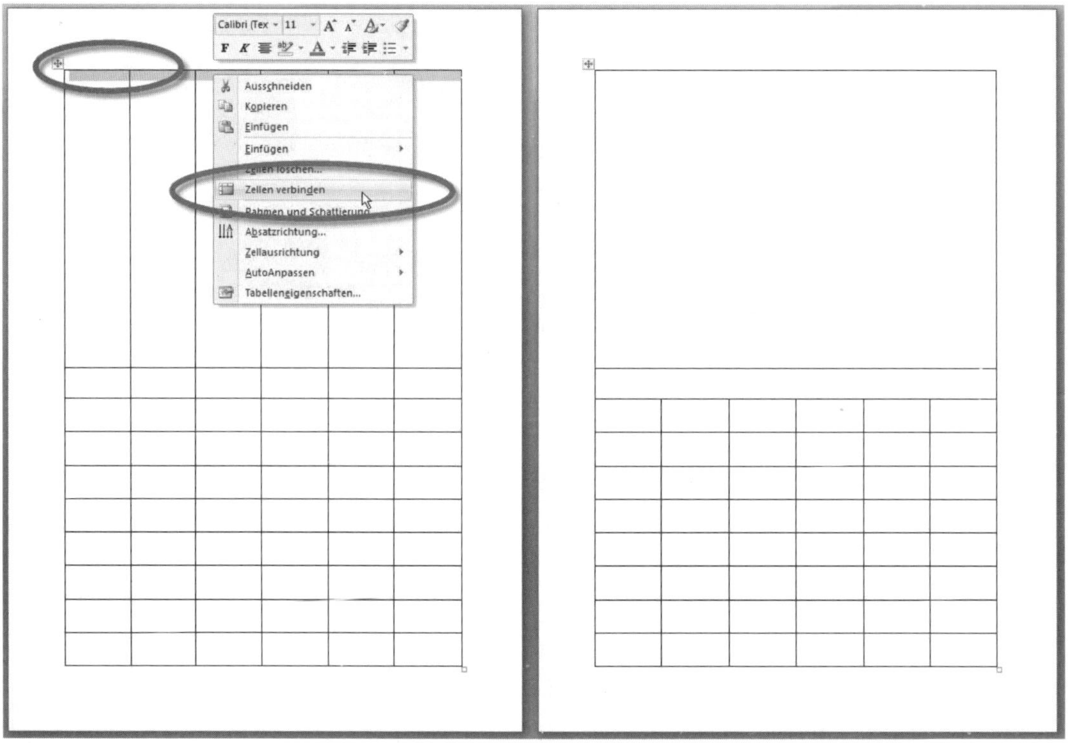

Abb. 6.10 Verbinden Sie die Zellen der beiden ersten Zeilen, um Platz für das Foto und den Monatsnamen zu schaffen.

6. Speichern Sie Ihren Kalenderentwurf im Ordner *Dokumente* unter dem Namen *Mein Fotokalender* (Schnellzugriffsleiste / *Speichern*, s. Abb. 6.11).

Damit ist die Grobanpassung erledigt. Sie haben die Grundstruktur für Ihren Fotokalender geschaffen und die Tabelle so vorbereitet, dass Sie jetzt die Inhalte einfügen und eingeben können.

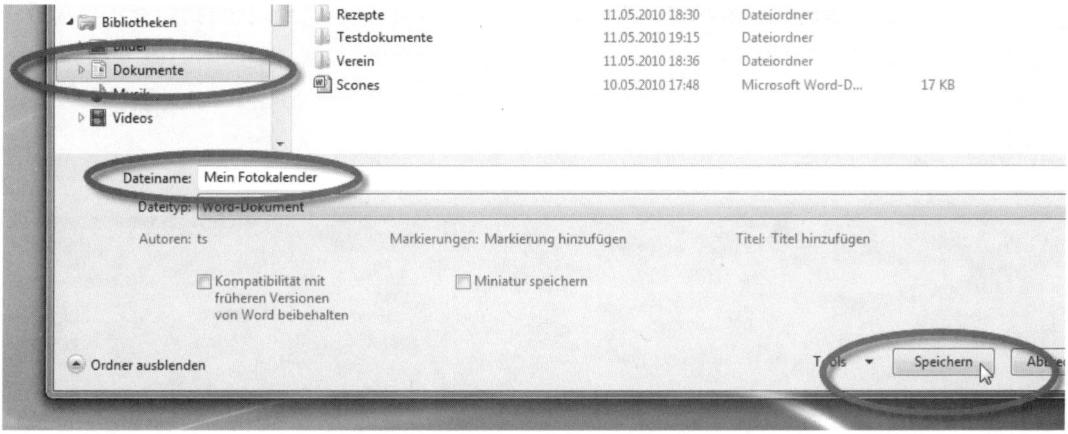

Abb. 6.11 Speichern Sie die Tabelle im Ordner *Dokumente*.

6.3 Bilder und Texte in die Tabelle einfügen

Da ein Fotokalender zum Glück nur wenig Text enthält, haben Sie das Einfügen und Eingeben der Inhalte schnell erledigt.

Foto ins Kalenderblatt einfügen

Bei Windows 7 sind einige Fotos mit dabei, die auf Ihrem Computer im Ordner *Beispielbilder* der Bibliothek *Bilder* gespeichert sind – bei Windows Vista finden Sie die Bilder im Order *Bilder / Beispielbilder*. Der Einfachheit halber ist in der folgenden Anleitung beschrieben, wie Sie eines dieser Fotos in die Tabelle hineinbekommen. Für Ihren Kalender sollten Sie natürlich eigene Fotos verwenden. Sie müssen dann nur den Ordner wählen, in dem die Fotos gespeichert sind.

Um ein Foto in die Tabelle einzufügen, tun Sie einfach Folgendes:

1. Klicken Sie in die große Zelle der ersten Zeile der Tabelle, um die Einfügemarke dorthin zu bewegen.
2. Aktivieren Sie Registerkarte *Einfügen* und klicken Sie dort auf die Symbolschaltfläche *Grafik*. Das Dialogfenster *Grafik einfügen* erscheint. Dort müssen Sie angeben, wo sich die Fotodatei befindet, die Sie einfügen möchten.

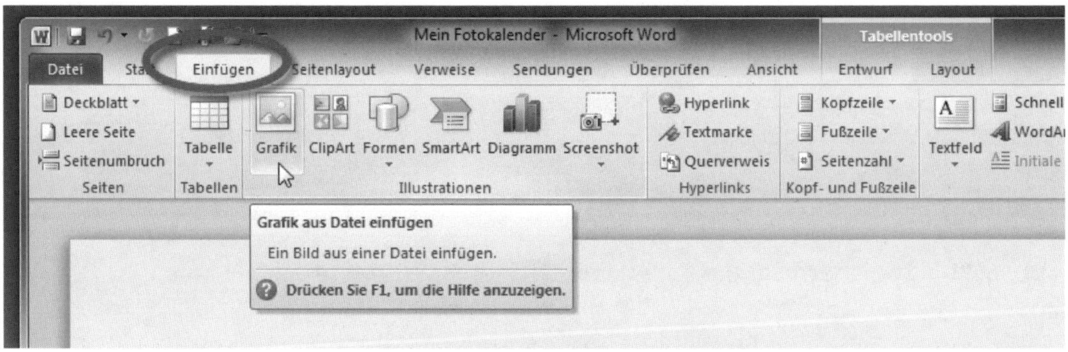

Abb. 6.12 Klicken Sie in der Registerkarte *Einfügen* auf die Symbolschaltfläche *Grafik*.

3. Wählen Sie bei Windows 7 die Bibliothek *Bilder* und öffnen Sie den Ordner *Beispielbilder* – bei Windows Vista ist es der Ordner *Bilder / Beispielbilder*. Im Inhaltsbereich werden die Bilder des Ordners *Beispielbilder* angezeigt.
4. Entscheiden Sie sich für das Beispielbild *Chrysantheme* oder ein anderes Bild. Klicken Sie doppelt auf den Bildeintrag. Das Bild wird in die erste Zeile Ihrer Kalendertabelle eingefügt.

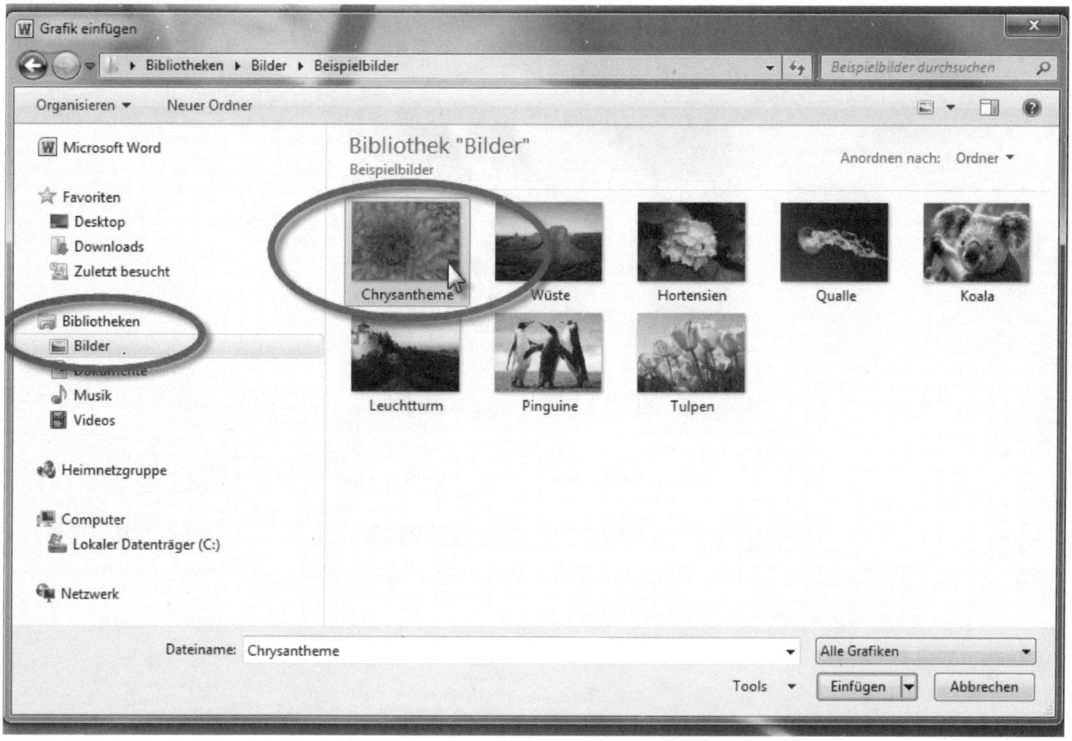

Abb. 6.13 Klicken Sie doppelt auf den Bildeintrag des gewünschten Bilds.

5. Da Word 2010 Ihnen auf der Registerkarte *Bildtools*, die automatisch erscheint, wenn ein Bild markiert ist, bereits einige vorgefertigte Bildeffekte zur Verfügung stellt, öffnen Sie dort die Ausklappliste und klicken auf die Symbolschaltfläche *Rechteck mit weichen Kanten* (s. Abb. 6.14), um die Darstellung des Fotos zu optimieren. Sollte bei Ihnen unter dem Foto noch ein weißer Rand zu sehen sein, liegt dies daran, dass die Zelle Ihrer ersten Zeile etwas zu hoch ist. Dies können Sie aber leicht korrigieren, indem Sie die untere Begrenzungslinie der Zelle ein wenig nach oben schieben.

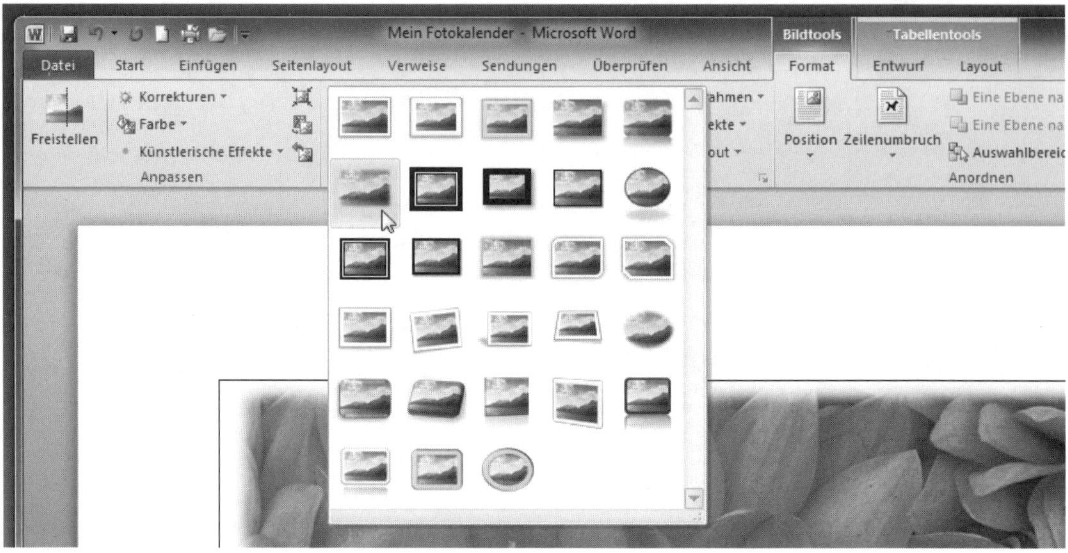

Abb. 6.14 Klicken Sie in der Gruppe *Bildformatvorlagen* auf die Symbolschaltfläche *Rechteck mit weichen Kanten*.

Textinhalte einfügen

Jetzt sind die anderen Inhalte an der Reihe – Monatsangabe, Wochentage, Wochenzählung und natürlich die Datumsangaben. Es hilft nichts, Sie müssen tippen. Geben Sie einfach alles ein, ohne irgendwelche Formatierungen vorzunehmen. Die Formatierung erledigen Sie in einem Rutsch, wenn sämtliche Inhalte eingegeben sind.

Dann legen Sie los:

1. Klicken Sie in die zweite Zeile, um die Einfügemarke dorthin zu bewegen, und tragen Sie Monat und Jahr ein: *August 2012*.
2. Tragen Sie ab der dritten Zeile in der ersten Spalte die Wochentage Montag bis Sonntag und die Wochenzählungshinweise *Woche* ein. Word unterstützt Sie dabei noch mit der AutoText-Funktion, die Ihnen ab dem dritten Buchstaben den jeweiligen Wochentag anbietet, den Sie dann mit der Eingabetaste übernehmen können.

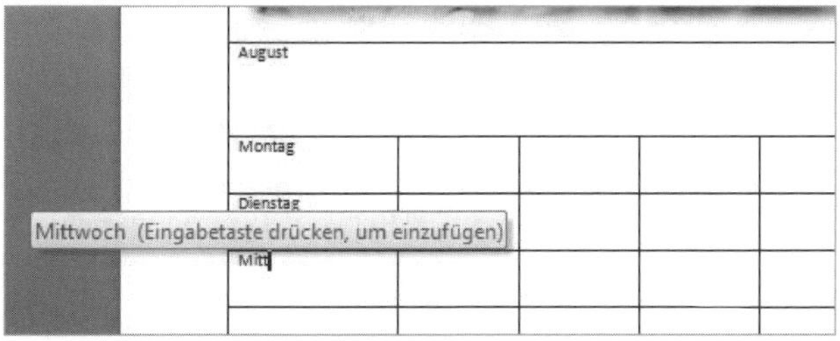

Abb. 6.15 Die AutoText-Funktion hilft Ihnen beim Eintragen der Wochentage.

3. Ist dies erledigt, tragen Sie die Zahlen für das Datum und die Wochenzählung ein. Da der 1. August ein Mittwoch ist, beginnen Sie in Zeile 5, Spalte 2 mit einer *1* und arbeiten sich dann Zelle für Zelle durch, bis Sie alle Zellen ausgefüllt haben (s. Abb. 6.16). Da der 1. September 2012 ein Samstag ist, tragen Sie auch den 1. und 2. September und rückwirkend auch noch den 30. und 31. Juli mit ein. Die Wochenzählung beginnt mit der 31. Woche.

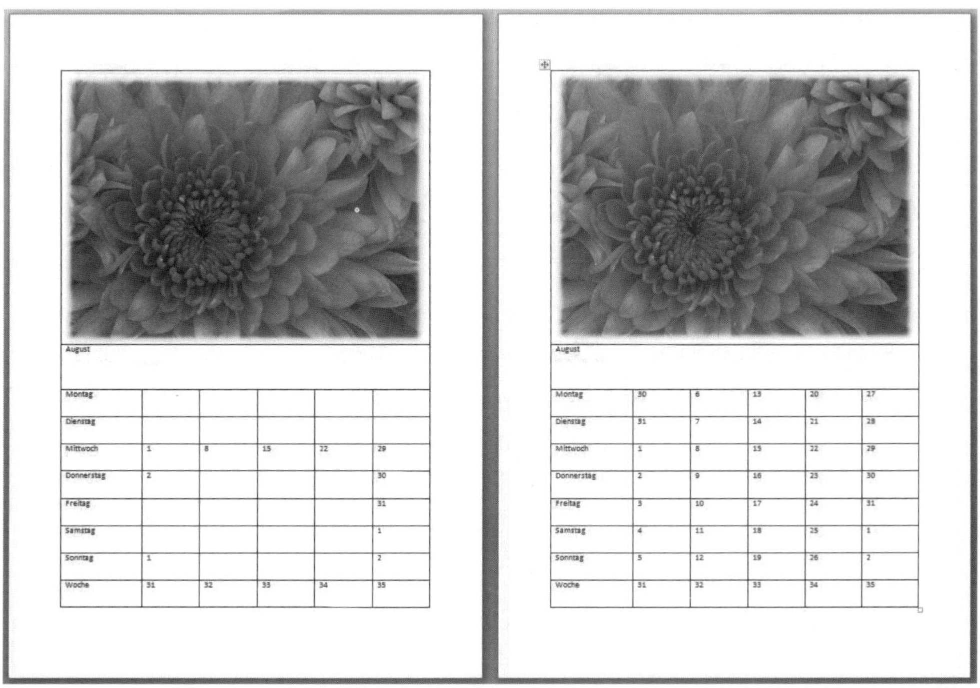

Abb. 6.16 Nach welchem System Sie die Zahlen eingeben, ist egal, wichtig ist nur, dass Ihre Tabelle am Ende so aussieht wie die rechte Tabelle im Bild.

Und schon sind die Inhalte des ersten Kalenderblatts komplett. Was jetzt noch zu tun bleibt, ist das Formatieren.

6.4 So formatieren Sie die Tabelleninhalte

Da Sie am Foto nichts mehr ändern müssen, beschränkt sich die Formatierung zunächst auf die Textinhalte. Mit der Wahl unterschiedlicher Ausrichtungen, Schriftgrößen und Schriftarten bestimmen Sie das Aussehen Ihres Fotokalenders. Da Formatierung immer auch Geschmackssache ist, können und sollten Sie auch noch mit anderen Einstellungen experimentieren.

So legen Sie Schriftgrößen und Ausrichtungen fest

Bei der Formatierung der Textinhalte legen Sie zuerst die Schriftgrößen und die Ausrichtungen fest, bevor Sie sich für eine oder mehrere Schriftarten entscheiden oder die Tabellenlinien ausblenden.

Die Schriftgrößen und Ausrichtungen ändern Sie auf folgende Weise:

1. Die Monatsangabe muss wesentlich größer werden, und vielleicht könnte auch eine andere Ausrichtung nicht schaden. Probieren Sie's aus: Markieren Sie die komplette Monatsangabe und wählen Sie unterschiedliche Schriftgrade. Entscheiden sollten Sie sich für einen Schriftgrad, der groß, aber deutlich kleiner ist als die Höhe der Zelle. Eine Schriftgröße von 28 pt ist zum Beispiel sehr gut geeignet.

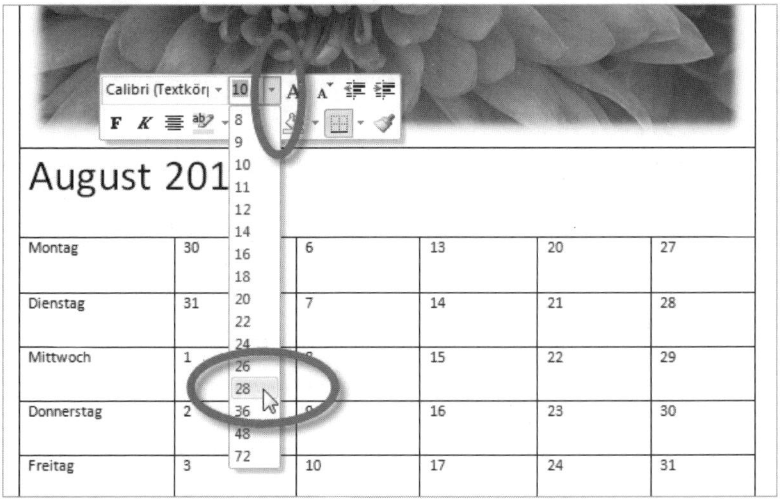

Abb. 6.17 Eine Schriftgröße von 28 pt ist für den Monatsnamen sehr gut geeignet.

2. Die Ausrichtung können Sie zwar mit den Ausrichtungsschaltflächen der *Format*-Symbolleiste verändern, bei Tabellen gibt Ihnen Word aber noch ein anderes, wesentlich besseres Instrument in die Hand – die *Zellausrichtung*. Bei dieser Funktion können Sie nämlich die üblichen Ausrichtungen linksbündig, zentriert und rechtsbündig mit den zusätzlichen Optionen *oben*, *mittig* oder *unten* kombinieren. Normalerweise werden in einer Zelle Angaben linksbündig oben angeordnet. Dies ist der Grund dafür, dass die Monatsangabe jetzt zu weit oben in der linken Ecke erscheint. Dies können Sie aber leicht ändern, indem Sie mit der rechten Maustaste in die Zelle klicken und den Kontextmenüeintrag *Zellausrichtung* wählen. Es erscheint dann ein Untermenü mit Symbolschaltflächen für die unterschiedlichen Ausrichtungsmöglichkeiten, die Sie jetzt alle einmal ausprobieren sollten, um sich für die beste – vielleicht rechtsbündig mittig? – entscheiden zu können.

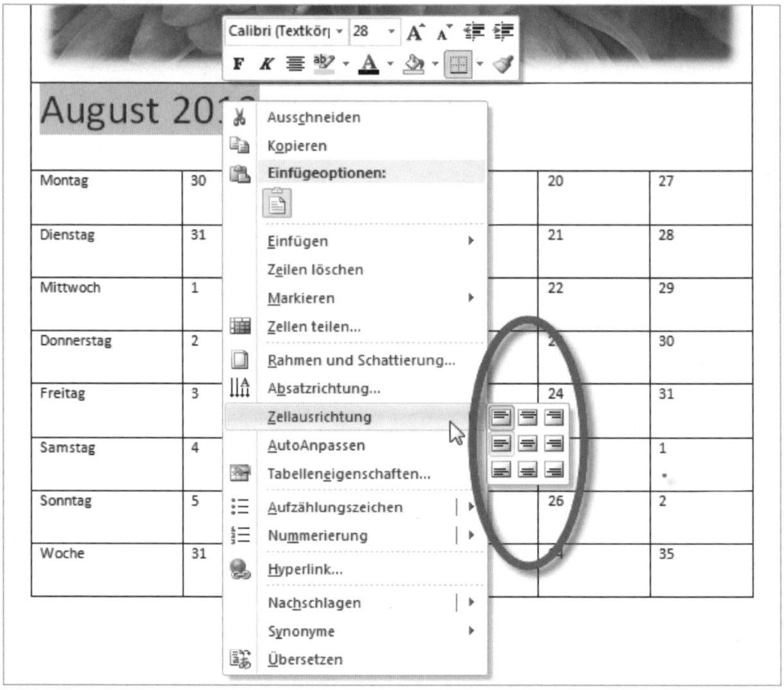

Abb. 6.18 Am besten probieren Sie alle Zellausrichtungen einmal aus, Sie können sie auch für die anderen Zellen Ihrer Kalendertabelle gut gebrauchen.

3. Die Wochentage könnten Sie auch etwas größer – zum Beispiel 14 pt – und zumindest mittig setzen. Dazu markieren Sie die Wochentagseinträge, klicken mit der rechten Maustaste darauf und wählen im Kontextmenü den Schriftgrad 14 pt. Dann wählen Sie die Kontextmenüoption *Zellausrichtung* und klicken auf die Symbolschaltfläche *Linksbündig mittig*.

4. Ist dies erledigt, rücken Sie nun den Zahlenangaben zu Leibe. Markieren Sie sie und probieren Sie unterschiedliche Größen- und Ausrichtungseinstellungen aus. Empfehlenswert ist zum Beispiel eine Variante mit der Schriftgröße 18 pt und Ausrichtung *Zentriert mittig*.

				August 2012	
Montag	30	6	13	20	27
Dienstag	31	7	14	21	28
Mittwoch	1	8	15	22	29
Donnerstag	2	9	16	23	30
Freitag	3	10	17	24	31
Samstag	4	11	18	25	1
Sonntag	5	12	19	26	2
Woche	31	32	33	34	35

Abb. 6.19 Nach der Anpassung der Schriftgrößen und Ausrichtungen könnte Ihr Kalenderblatt jetzt so aussehen.

Damit haben Sie die Schriftgrößen und Ausrichtungen festgelegt. Anpassungen und Änderungen sind natürlich jederzeit möglich und vielleicht sogar nötig, wenn Sie sich jetzt für die Schriftart oder Schriftarten entscheiden.

Schriftarten festlegen und Tabellenlinien ausblenden

Natürlich ist auch die Entscheidung für den Einsatz bestimmter Schriftarten Geschmackssache. Dennoch sollten Sie bei der Wahl von Schriftarten immer den Grundsatz „Weniger ist mehr" beherzigen. Auch wenn Word Ihnen vielleicht mehr als hundert Schriftarten zur Verfügung stellt, heißt dies nicht, dass Sie immer möglichst viele davon benutzen sollten.

Um Ihrem Kalenderblatt nun mit der Wahl der passenden Schriften und dem Ausblenden der Tabellenlinien den letzten Schliff zu geben, machen Sie Folgendes:

1. Markieren Sie zunächst alle Angaben auf einmal, indem Sie auf das Vierfachkreuz-Symbol links oben vor der Tabelle klicken, und probieren Sie mehrere Schriftarten aus, die Ihnen

zusagen. Word hilft Ihnen bei der Schriftauswahl dadurch, dass es Ihnen in der zuständigen Auswahlliste den Schriftnamen bereits in der betreffenden Schriftart anzeigt. Doch nicht nur das. Wenn Sie den Mauszeiger auf einem Schriftarteintrag ruhen lassen, werden Ihnen die Einträge Ihrer Kalendertabelle in einer Live-Vorschau gleich in der betreffenden Schriftart angezeigt. Stellen Sie auf diese Weise fest, dass Ihnen zum Beispiel die Schriftart *Lucida Calligraphy* besonders zusagt, setzen Sie zunächst alle Angaben mit einem Klick auf den Schrifteintrag in dieser Schrift.

2. Dann widmen Sie sich den einzelnen Bereichen und versuchen, sie durch unterschiedliche Auszeichnungen, zum Beispiel Fettsetzen der Zahlenangaben und Kursivsetzen der Wochentage, zu optimieren.

August 2012					
Montag	30	6	13	20	27
Dienstag	31	7	14	21	28
Mittwoch	1	8	15	22	29
Donnerstag	2	9	16	23	30
Freitag	3	10	17	24	31
Samstag	4	11	18	25	1
Sonntag	5	12	19	26	2
Woche	31	32	33	34	35

Abb. 6.20 Oft reicht bereits die Verwendung einer Schriftart in unterschiedlichen Auszeichnungen aus, um ein ansehnliches Ergebnis zu erzielen.

Gefällt Ihnen das Ergebnis nicht, versuchen Sie, passende Schriften für die unterschiedlichen Bereiche zu finden, bis das Ergebnis nach Ihrem Geschmack ist.

Eine zusätzliche Wirkung erzielen Sie dadurch, dass Sie die Tabellenlinien ausblenden. Dazu markieren Sie die komplette

Tabelle mit einem Klick auf das Vierfachkreuz-Symbol links oben vor der Tabelle, das immer erscheint, wenn sich der Mauszeiger innerhalb der Tabelle befindet, klicken mit der rechten Maustaste auf die Markierung und wählen die Kontextmenüoption *Rahmen und Schattierung*. Es erscheint ein Dialogfenster, in dem Sie dann die Einstellung *Ohne* wählen und auf die *OK*-Schaltfläche klicken.

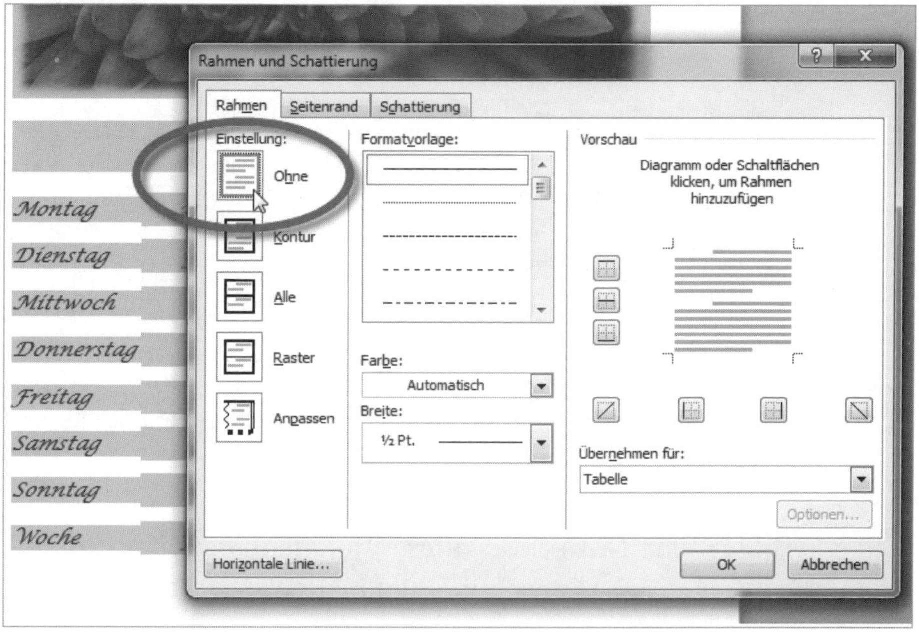

Abb. 6.21 Geben Sie im Dialogfenster an, dass kein Rahmen gesetzt werden soll, und klicken Sie auf die *OK*-Schaltfläche.

Die Tabellenlinien verschwinden und das Kalenderblatt sieht wesentlich attraktiver aus.

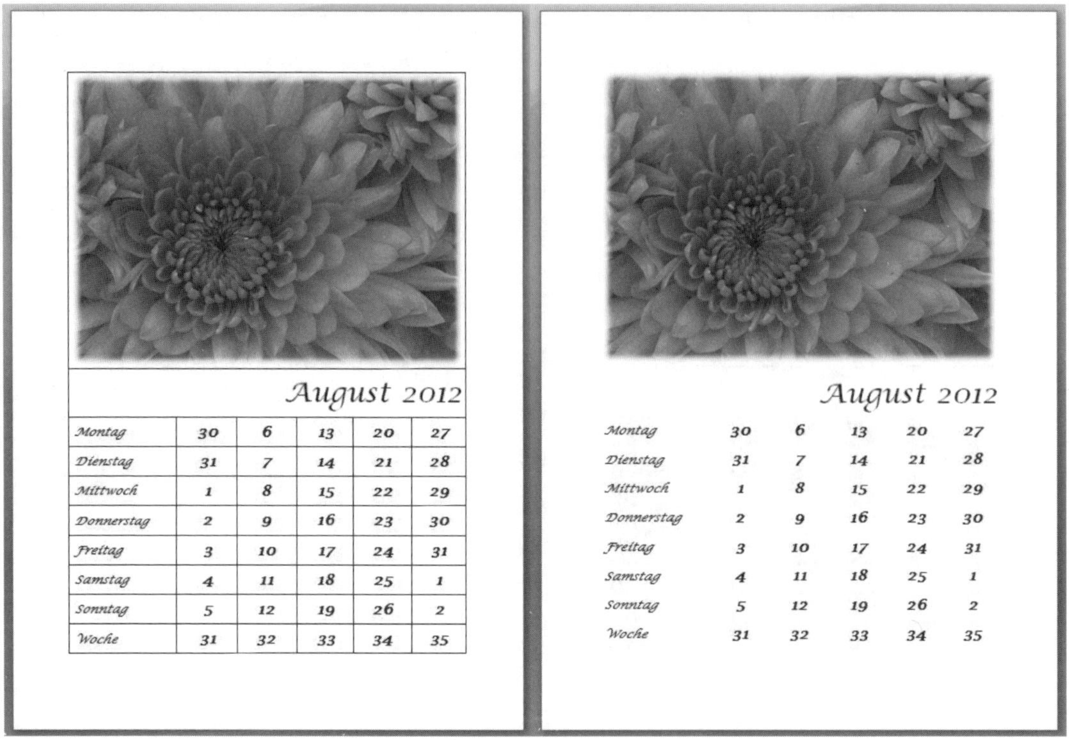

Abb. 6.22 Kleine Änderung mit großer Wirkung – ohne Tabellenlinien wirkt das Kalenderblatt viel ruhiger.

Das war fast schon alles. Vielleicht möchten Sie jetzt noch ein wenig mehr Farbe ins Spiel bringen?

So ändern Sie Schriftfarbe und Hintergrundfüllung

Mit der Farbe ist es wie mit den Schriften: Setzen Sie Akzente, aber treiben Sie es nicht zu bunt. Außerdem müssen Sie beim Farbeinsatz immer an die Fähigkeiten Ihres Farbdruckers denken. Viele Farbdrucker drucken zwar Fotos sehr gut, sind aber nicht in der Lage, Schriften auf einem farbigen Hintergrund sauber zu drucken.

So setzen Sie in Ihrem Kalenderblatt einige Farbakzente:

1. Üblicherweise werden Sonntage in einem Monatskalender rot dargestellt. Das können Sie natürlich auch machen. Markieren Sie die Sonntagszeile bis auf den Septembereintrag, öffnen Sie im Kontextmenü die Auswahlliste *Schriftfarbe* und klicken Sie auf den Farbeintrag *Rot*. Die Sonntagseinträge werden rot dargestellt.

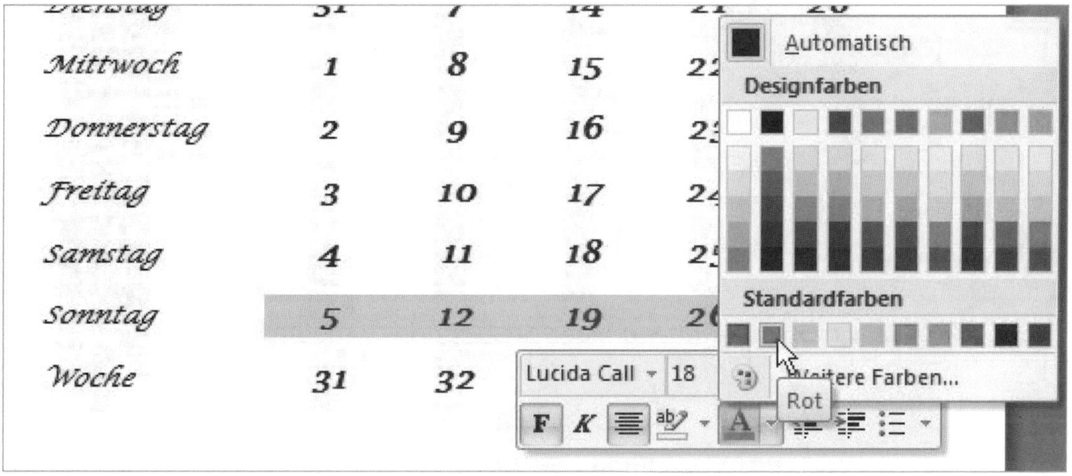

Abb. 6.23 Markieren Sie die Sonntage und wählen Sie die Schriftfarbe *Rot*.

2. Färben Sie die Juli- und Septembereinträge hellgrau, die Tageszählung passend zum Monatsfoto dunkelorange und die Wochenzählung blau. Denken Sie auch daran, Ihre persönlichen Feiertage und Ereignisse durch besondere Farben bei den Datumsangaben hervorzuheben.

3. Sehr wirkungsvoll, aber vielleicht eine Überforderung Ihres Farbdruckers ist der Einsatz einer farbigen Hintergrundfüllung. Geeignet sind allerdings nur helle Farben, zum Beispiel ein helles Orange, da sonst die Kalendereinträge nicht oder nur schlecht zu erkennen sind. Die Hintergrundfüllung bekommen Sie eingeblendet, wenn Sie die Registerkarte *Seitenlayout* aktivieren, dort auf die Symbolschaltfläche *Seiten-*

farbe klicken und im Auswahlmenü eine bestimmte Farbe wie zum Beispiel ein helles Orange anklicken.

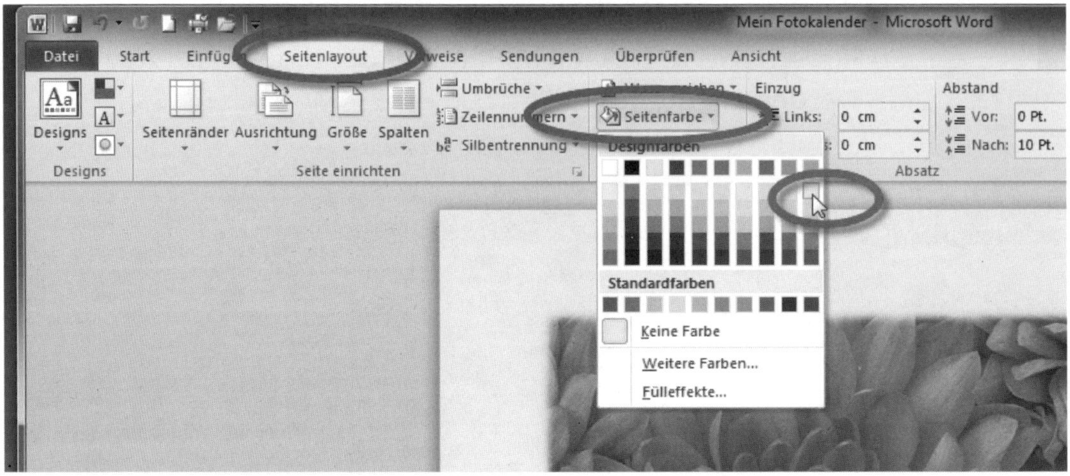

Abb. 6.24 Die Hintergrundfüllung legen Sie über die Symbolschaltfläche *Seitenfarbe* fest.

Das war's. Das erste Kalenderblatt ist fertig und kann von Ihnen nun als Vorlage für die anderen Blätter Ihres Kalenders verwendet werden.

6.5 Kalenderblatt kopieren und aktualisieren

Die Folgeblätter Ihres Kalenders können Sie nun, da die erste Seite fertig ist, schnell zusammenstellen. Wenn Sie das fertige Blatt kopieren und auf einer neuen Seite einfügen, müssen Sie in der Kopie das Foto austauschen, den Monatsnamen ändern und natürlich die Zahlenangaben dem Monat entsprechend eingeben. Pro Blatt sollten Sie dafür aber nicht länger als fünf Minuten Zeit benötigen.

Achten Sie doch einmal darauf, wie lange die Anpassung des Kalenderblatts für den Monat September bei Ihnen insgesamt dauert.

So kopieren Sie das August-Kalenderblatt

Die Anpassung beginnt mit dem Kopieren des August-Kalenderblatts, das Sie auf folgende Weise vornehmen:

1. Führen Sie die Einfügemarke mit der Maus oder den Pfeiltasten unter die August-Tabelle, halten Sie Taste `Strg` gedrückt und drücken Sie die Taste `Enter`. Sie erzwingen dadurch einen Seitenwechsel. Word zeigt Ihnen eine neue Seite an.

2. Wechseln Sie zurück auf die erste Seite, markieren Sie die komplette Tabelle mit einem Klick auf das Vierfachkreuz-Symbol links oben vor der Tabelle (s. Abb. 6.25 links) und klicken Sie in der *Start*-Registerkarte auf die *Kopieren*-Schaltfläche oder drücken Sie die Tastenkombination `Strg` + `C`.

3. Wechseln Sie auf die zweite Seite und klicken Sie auf die *Einfügen*-Schaltfläche in der *Start*-Registerkarte oder drücken Sie die Tastenkombination `Strg` + `V`. Die Kopie der August-Tabelle wird auf der zweiten Seite eingefügt.

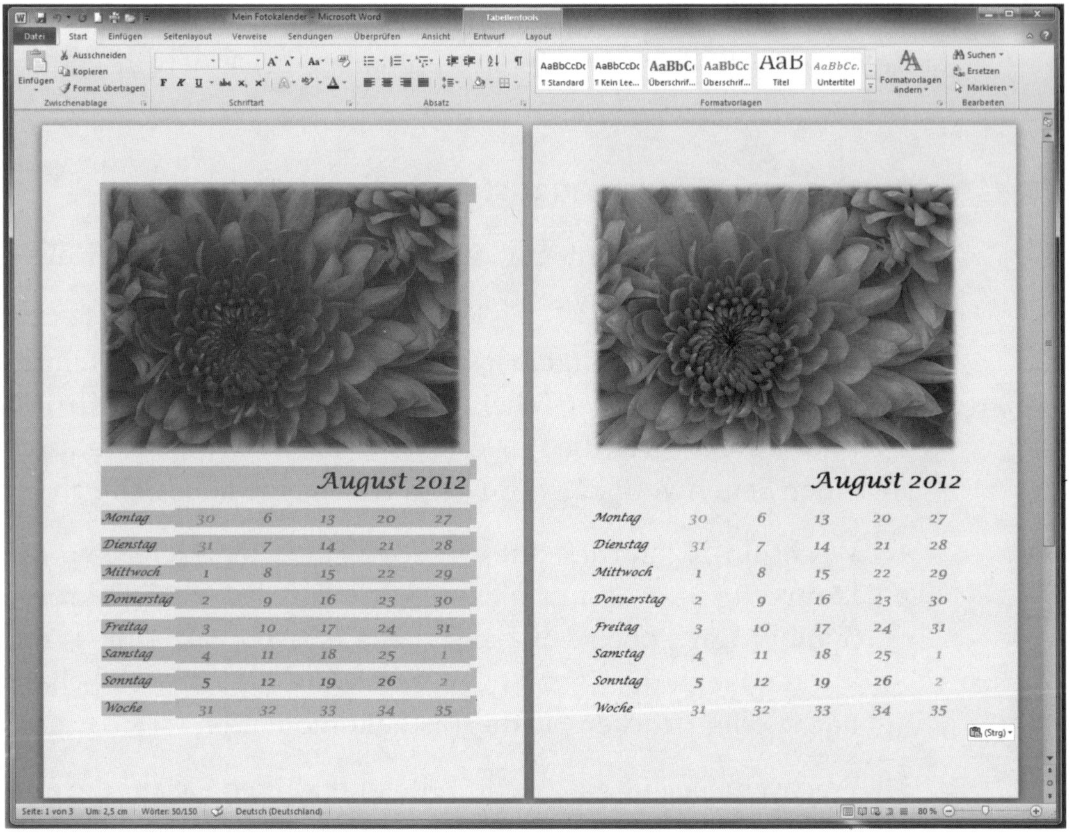

Abb. 6.25 Markieren und kopieren Sie die komplette August-Tabelle und fügen Sie sie auf der zweiten Seite ein.

Jetzt haben Sie die Kopie und können sie inhaltlich wunschgemäß anpassen.

So tauschen Sie Foto und Inhalt aus

Nicht nur das Kopieren, auch die inhaltliche Anpassung ist schnell erledigt, wenn Sie dabei auf folgende Weise vorgehen:

1. Klicken Sie in der Kopie des August-Kalenderblatts auf das Foto, um es zu markieren, klicken Sie mit der rechten Maustaste auf die Markierung und wählen Sie den Kontext-

menüeintrag *Bild ändern*. Das Dialogfenster *Grafik einfügen* erscheint.

2. Lassen Sie sich im Dialogfenster *Grafik einfügen* den Inhalt des Ordners *Beispielbilder* anzeigen und klicken Sie z. B. doppelt auf den Bildeintrag *Leuchtturm*. Anstelle des alten erscheint das neue Bild in Ihrem Kalenderblatt.
3. Markieren Sie den Monatseintrag *August* und überschreiben Sie ihn mit „September".
4. Ändern Sie die Zahlenangaben. Markieren Sie eine Zahlenangabe und überschreiben Sie sie mit dem jeweiligen Wert für September – der 1. September ist ein Donnerstag, vergessen Sie nicht, die letzten drei Augusttage mit einzutragen.
5. Nehmen Sie die Farbanpassungen vor – alle Sonntage rot, Tage des vorigen und des nächsten Monats grau, Wochenzählung passend zum Bild vielleicht braun und Ihre persönlichen Feiertage in Farben Ihrer Wahl.

Und schon sind Sie fertig und haben jetzt zwei Kalenderblätter. Speichern Sie Ihr Werk und machen Sie sich, wenn Sie noch Lust haben, gleich ans nächste Kalenderblatt für den Monat Oktober.

Abb. 6.26 Die beiden fertigen Kalenderblätter für August und September

Ist der Kalender mit allen 12 Kalenderseiten komplett, können Sie ihn im Handumdrehen für alle möglichen Anlässe anpassen, indem Sie nur noch die Bilder austauschen.

Kalender drucken

Für den Druck sollten Sie möglichst hochwertiges Papier verwenden, zum Beispiel mattes Fotopapier. Im Fachhandel sind Kalender-Papiersets erhältlich, bei denen die Spiralbindung gleich mit dabei und das Papier entsprechend gelocht ist. Sie müssen allerdings vor dem Kauf darauf achten, ob Ihr Drucker für das Spezialpapier geeignet ist.

Kapitel 7
Tischkarten selbst gemacht

Word kann nicht nur mit Texten und Schriften, sondern auch mit Fotos und Grafiken ganz hervorragend umgehen. Und weil das so ist, können Sie Word nicht nur zum Schreiben, sondern auch zum Gestalten aller möglichen Druck-Erzeugnisse einsetzen, in denen Texte und Bilder vorkommen. Egal ob Grußkarte, Geschenkanhänger oder Briefkopf für Ihr persönliches Briefpapier – mit Word können Sie all dies selbst erledigen.

Ihre eigenen Produkte sind auf jeden Fall persönlicher und vielleicht sogar schöner anzusehen als vieles, was es fertig zu kaufen gibt. Sie brauchen dafür allerdings geeignetes Bildmaterial und eine gewisse Routine im Umgang mit den von Word angebotenen Gestaltungsmöglichkeiten. Bilder- und Grafiksammlungen gibt es auf CD und DVD zu kaufen, im Internet wimmelt es von kostenlosen und kostenpflichtigen Bildern und Grafiken (zum Beispiel *www.pixelio.de*, *www.designerzone.de* oder *www.clipserver.de*) und auch Word stellt Ihnen eine umfangreiche Grafiksammlung sogenannter ClipArts zur Verfügung. Die Routine müssen Sie sich selbst aneignen – zum Beispiel dadurch, dass Sie Tischkarten, Speisekarte und Einladungen für die nächste Familienfeier selbst gestalten.

Wie Sie schnell und einfach zu wirkungsvollen Tischkarten kommen, erfahren Sie in diesem Kapitel.

Bei der Gestaltung der Tischkarten geht es vor allem um folgende Themen:

- Seitenorientierung ändern
- Tabellen einfügen und verändern
- Word-Grafiken (ClipArts) suchen, einfügen und verändern
- Grafiken verschieben und beliebig positionieren
- Hintergrundfüllung festlegen
- Drucken auf farbigem Papier

7.1 Tischkarten planen, gestalten und drucken

Bei Feiern mit einer festen Sitzordnung sind Tischkarten ein einfaches Mittel, alle Gäste auf die richtigen Plätze zu bekommen. Unaufdringlich zeigen diese kleinen Namensschilder an, für welchen Gast welcher Platz vorgesehen ist. Üblicherweise handelt es sich dabei um kleine Aufsteller, die auf oder hinter den Gedecken stehen und farblich an die Tischdekoration angepasst sind. Außer dem eigentlichen Namen sind auf Tischkarten oft noch Schmuckelemente zu sehen.

Wegen ihrer einfachen Form und ihrem simplen Inhalt lassen sich Tischkarten sehr leicht mit Word anfertigen. Wie, können Sie sofort ausprobieren.

Tischkarten entwerfen und gestalten

Der erste Schritt ist, wie immer bei Gestaltungsarbeiten, die Planung. Sie müssen sich für eine bestimmte Grundstruktur entscheiden, überlegen, wie die Tischkarten eigentlich aussehen sollen und welche Inhalte Sie darin unterbringen möchten. Außerdem müssen Sie festlegen, welche Namen auf den Tischkarten erscheinen sollen. Sie benötigen also eine Gästeliste, für die Sie auch eine Word-Tabelle anlegen können. Eine solche Tabelle hat den Vorteil, dass Sie Ihre Gästeliste später für den Seriendruck der Einladungen nutzen können. Auf dieser Grundlage brauchen Sie Ihre Tischkarten dann nur noch mit Word gestalten. Sie setzen die Grundstruktur um und füllen sie mit Inhalt.

So entwerfen Sie die Grundstruktur

Die meisten Tischkarten sind kleine „Dächer", die aus einem rechteckigen Blatt Papier bestehen, das in der Mitte gefaltet ist. Üblicherweise sind Tischkarten zwischen 8 und 15 cm breit und 3 bis 5 cm hoch. Auf einer der beiden Seiten ist der Name zu lesen. Bei Familienfeiern ist meist nur der Vorname angegeben. Auf vielen Tischkarten sind außerdem jahreszeitliche oder festliche Motive zu sehen.

Für Ihre Planung ergibt sich daraus, dass eine Tischkarte etwa 12 x 8 cm groß ist. Sie müssen die Tischkarten natürlich nicht einzeln drucken. Bei der anvisierten Größe bekommen Sie vier Tischkarten auf ein A4-Blatt im Querformat, das Sie nach dem Druck allerdings von Hand schneiden müssen. Genau wie beim Fotokalender könnten Sie sich auch bei den Tischkarten eine Musterseite anfertigen und sie im Anschluss auf die benötigten Folgeseiten kopieren. Sie brauchen dann nur noch die Namen zu ändern und können alle Tischkarten auf einmal drucken.

Tischkarten werden Visitenkarten

Das Format der Tischkarten ist auch sehr gut für Visitenkarten geeignet. Im Handumdrehen können Sie aus Ihren Tischkarten auch Visitenkarten zaubern.

Wie aber bekommen Sie vier Tischkarten auf eine Seite? Am einfachsten mit einer Tabelle. Wenn diese Tabelle dann nur aus vier Zellen besteht, können Sie die Begrenzungslinien auch gleich als

Schnittmarkierungen fürs Ausschneiden verwenden. Entscheiden Sie sich dafür, für jede der beiden Außenseiten einer Tischkarte eine eigene Tabellenzelle anzulegen, haben Sie acht Zellen auf einer Seite und durch die zusätzliche Begrenzungslinie gleich auch eine Falzmarkierung. Am besten machen Sie zuerst eine Skizze.

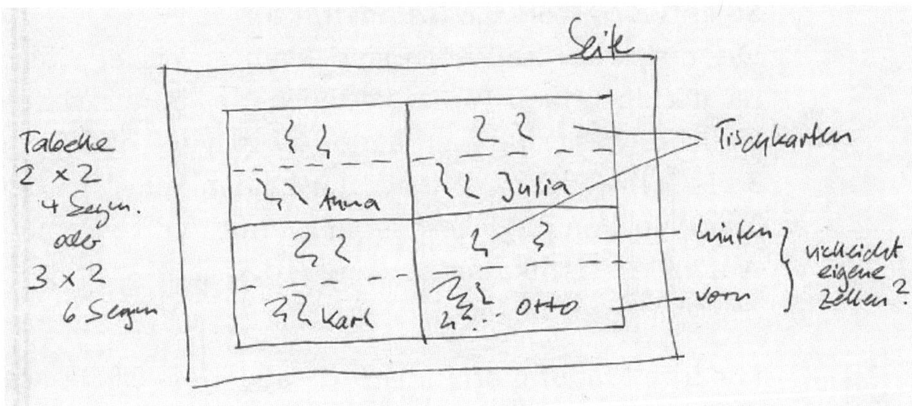

Abb. 7.1 So könnten Sie die Tischkarten-Musterseite skizzieren.

In die Zellen der Tabelle tragen Sie pro Seite dann vier Gästenamen ein und verzieren jede Zelle mit einer passenden Grafik. Vielleicht wäre auch die Wahl einer farbigen Hintergrundfüllung eine gute Idee.

So fügen Sie die notwendige Tabelle ein und passen sie an

Ausgangspunkt für Ihre Tischkarten ist ein leeres Word-Dokument, das Sie sich diesmal allerdings nicht wie bisher üblich im Hoch-, sondern im Querformat anzeigen lassen und in das Sie dann die Tabelle einfügen:

1. Starten Sie Word oder wählen Sie – falls Sie Word bereits geöffnet haben – im *Datei*-Menü die Optionen *Neu / Leeres Dokument*. Word zeigt Ihnen ein leeres Dokument im Hochformat an.

2. Aktivieren Sie die Registerkarte *Seitenlayout*, klicken Sie dort auf die Symbolschaltfläche *Ausrichtung* und wählen Sie in der Ausklappliste den Eintrag *Querformat*. Word zeigt Ihnen die leere Seite nun im Querformat an.

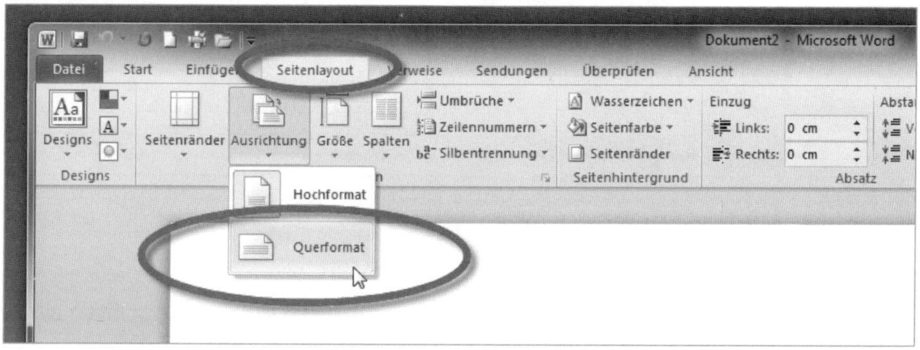

Abb. 7.2 Stellen Sie Ihr Word-Dokument auf der Registerkarte *Seitenlayout* auf das Querformat um.

3. Wählen Sie mit dem Schieberegler *Zoom* am rechten unteren Rand Ihres Word-Programmfensters eine Zoom-Einstellung, in der Ihnen die komplette Seite angezeigt wird – zum Beispiel *80 %*.

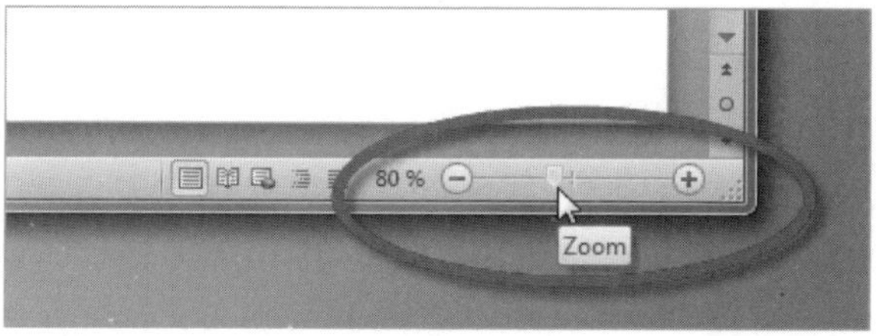

Abb. 7.3 Wählen Sie eine Zoom-Einstellung, bei der Sie die Seite komplett sehen.

4. Fügen Sie nun die Tabelle ein. Klicken Sie in der Registerkarte *Einfügen* auf die Symbolschaltfläche *Tabelle*, wählen Sie mit gedrückter linker Maustaste in der Ausklappliste das Tabellenformat *2 x 4* und lassen Sie die Maustaste los. Die Tabelle wird in Ihr Dokument eingefügt.

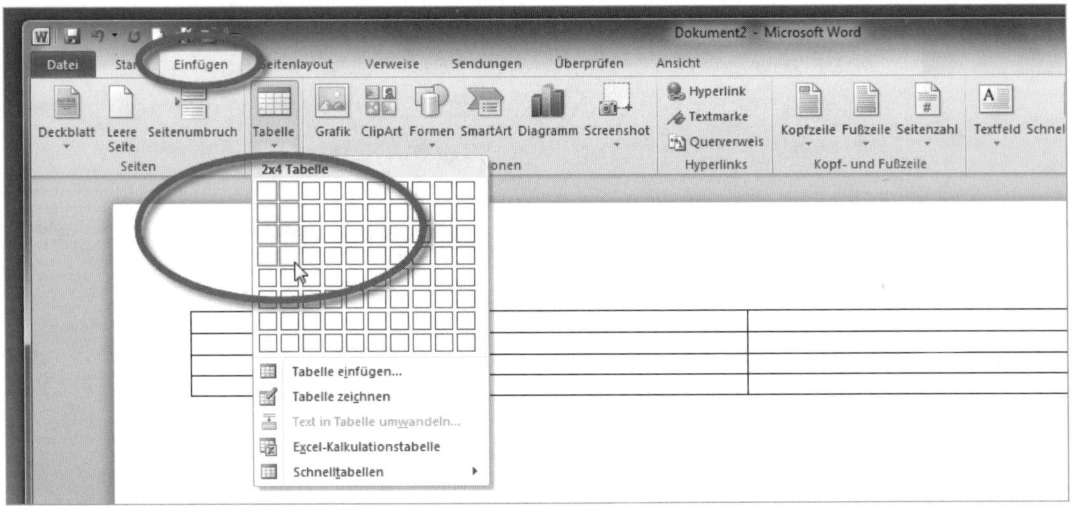

Abb. 7.4 Die Tabellenformate werden Ihnen in der Ausklappliste auf sehr anschauliche Weise zur Auswahl gestellt.

5. Vergrößern Sie die Tabelle nun so, dass sie die gesamte Seite gleichmäßig ausfüllt. Führen Sie dazu den Mauszeiger auf das kleine quadratische Symbol vor der rechten unteren Ecke der Tabelle. Der Mauszeiger wird zu einem diagonalen Doppelpfeil. Drücken Sie linke Maustaste, wird der Mauszeiger zu einem Kreuz. Halten Sie die linke Maustaste gedrückt und ziehen Sie das Kreuz nach unten. Eine gestrichelte Linie zeigt an, wie sich die Größe der Tabelle verändert (s. Abb. 7.5 links). Sind Sie etwa 2 cm vom unteren Seitenrand entfernt, lassen Sie die Maustaste los. Die Tabelle wird in der veränderten Größe angezeigt, die Zellenhöhen werden automatisch angepasst (s. Abb. 7.5 rechts).

Damit haben Sie die notwendige Anpassung der Tabelle bereits erledigt. Die Tabelle bildet sozusagen Ihr Tischkartenformular, in das Sie jetzt die ersten vier Namen Ihrer Gästeliste eintragen können.

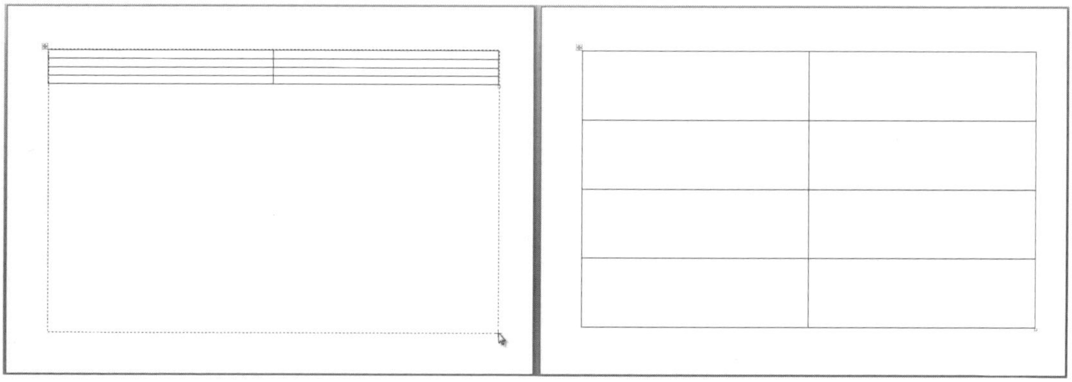

Abb. 7.5 Mit der Maus machen Sie aus der kleinen eine große Tabelle.

So geben Sie die Namen ein und passen sie an

Das Eintragen der Namen ist schnell erledigt. Was wesentlich länger dauert, ist die Entscheidung für eine bestimmte Schriftart. Funktionieren wird das Ganze jedenfalls auf folgende Weise:

1. Tragen Sie in die Zellen der Zeilen 2 und 4 der Tabelle die ersten vier Namen Ihrer Gästeliste ein – zum Beispiel *Peter, Martin, Petra* und *Martina*. Klicken Sie in die erste Zelle und tippen Sie den Namen *Peter*. Der Name erscheint in der Zelle. Klicken Sie in die nächste Zelle und geben Sie den nächsten Namen ein – und so weiter (s. Abb. 7.6 links).

2. Markieren Sie alle vier Namen. Dies können Sie wie gewohnt erledigen, indem Sie die linke Maustaste gedrückt halten und die Maus dann über alle vier Einträge ziehen. Sie können aber auch einfach auf das Vierfachkreuz-Symbol klicken, das sich vor der linken oberen Ecke der Tabelle befindet. Ein Klick auf das Symbol markiert den gesamten Inhalt einer Tabelle. Da die vier Namen bisher der einzige Tabelleninhalt sind, erwischen Sie sie auch auf diesem Weg (s. Abb. 7.6 rechts).

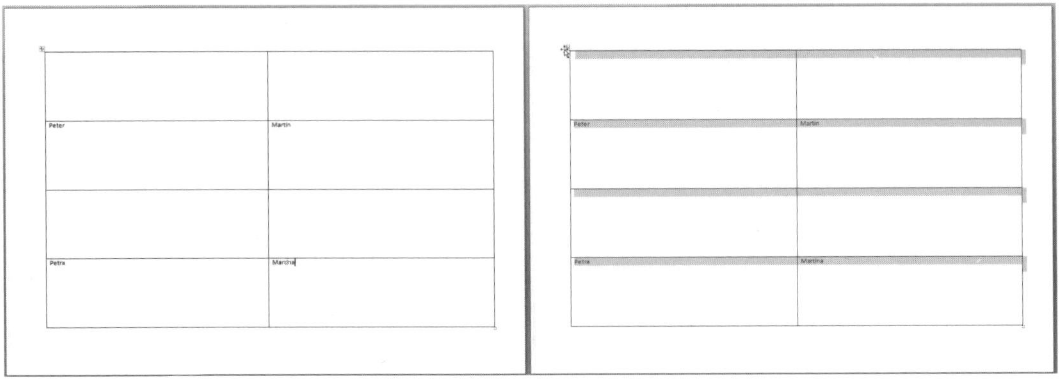

Abb. 7.6 Geben Sie die ersten vier Namen ein und markieren Sie sie mit einem Klick auf das Vierfachkreuz-Symbol.

3. Wählen Sie nun die passende Schriftart und -größe aus. Probieren Sie ruhig mehrere Schriftarten aus. Bei dem großen Angebot an Schmuckschriften fällt die Wahl nicht leicht. Entscheiden Sie sich zum Beispiel für *Broadway* in der Größe *36pt*.

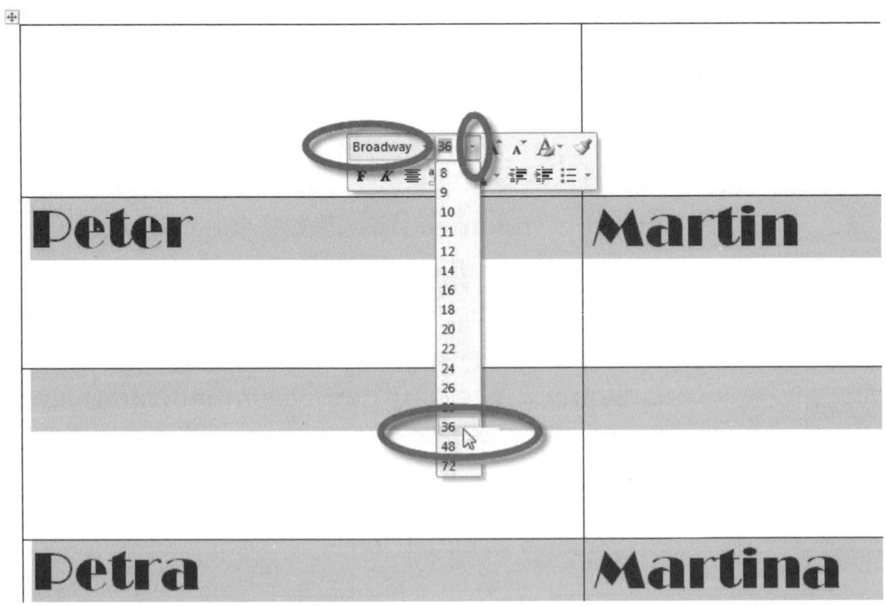

Abb. 7.7 Wählen Sie eine dekorative Schriftart, setzen Sie sie 36 pt groß und richten Sie die Namenseinträge zentriert aus.

4. Fügen Sie nun vor jedem Namen einen Leerabsatz ein und zentrieren Sie die Namen dann. Klicken Sie vor dem ersten Namen, um die Einfügemarke dort hinzubewegen, und drücken Sie die Taste `Enter`. Wiederholen Sie das Ganze bei den anderen drei Namenseinträgen, markieren Sie die komplette Tabelle, klicken Sie mit der rechten Maustaste auf die Markierung und wählen Sie im Kontextmenü die Schaltfläche *Zentriert*. Die Namen werden zentriert. Die Zellausrichtung *mittig zentriert*, die Sie alternativ nehmen könnten, führt leider zu Problemen bei der Ausrichtung der Grafiken, die Sie gleich in Ihre Tischkarten übernehmen.

Das war's. Das Grundgerüst steht und die Namen sind fertig formatiert. Langsam können Sie auch schon die Form der Tischkarten erahnen.

Speichern nicht vergessen

Vergessen Sie nicht, Ihren Entwurf frühzeitig zu speichern. Klicken Sie auf die *Speichern*-Schaltfläche in der Schnellzugriffsleiste, wählen Sie im Dialogfenster *Speichern unter* den Ordner *Dokumente / Einladungen* und geben Sie dem Dokument einen aussagekräftigen Namen, zum Beispiel „Meine Tischkarten". Klicken Sie dann von Zeit zu Zeit auf die *Speichern*-Schaltfläche, um den Speicherstand zu aktualisieren.

So finden Sie eine passende ClipArt-Grafik und fügen sie ein

Jetzt peppen Sie die Tischkarten noch mit einigen Grafiken auf. Word bringt eine recht umfangreiche Grafiksammlung mit, aus der Sie sich bedienen können. Für den Zugriff auf diese so genannten ClipArts stellt Ihnen Word sogar eine eigene Suchfunktion zur Verfügung, mit deren Hilfe Sie sich den Bestand erschließen. Sie geben ein Stichwort ein und bekommen dazu passende ClipArt-Grafiken angezeigt. Ist eine geeignete Grafik dabei, können Sie sie mit einem Mausklick in Ihr Word-Dokument übernehmen.

Wie das im Einzelnen funktioniert, probieren Sie bei der weiteren Gestaltung Ihrer Tischkarten direkt aus:

1. Bewegen Sie die Einfügemarke vor den ersten Namen und klicken Sie in der Registerkarte *Einfügen* auf die Symbolschaltfläche *ClipArt*. Der Aufgabenbereich *ClipArt* erscheint.

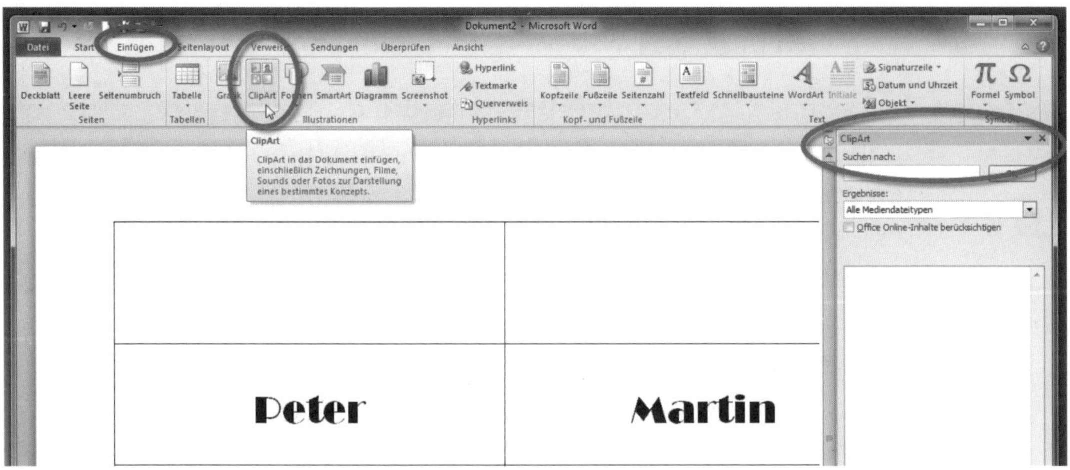

Abb. 7.8 Mit einem Klick auf die Symbolschaltfläche *ClipArt* blenden Sie den Aufgabenbereich *ClipArt* ein.

2. Im oberen Teil des Aufgabenbereichs geben Sie die Suchbedingungen an. Tragen Sie im Feld *Suchen nach* zum Beispiel den Suchbegriff *Fest* ein und klicken Sie auf die *OK*-Schaltfläche. Im unteren Teil des Aufgabenbereichs zeigt Ihnen Word eine Auswahl von ClipArt-Grafiken zum Thema *Fest*.

3. Schauen Sie die Grafiken an, entscheiden Sie sich für ein passendes Motiv und fügen Sie die betreffende Grafik in die Tischkartentabelle ein. Wie wäre es zum Beispiel mit dem Kürbis – ideal für den Herbst und Halloween? Um den Kürbis in die Tabelle einzufügen, klicken Sie ihn einfach an. Der

Kürbis erscheint in der Tabelle an der Position der Einfügemarke und bläht mit seiner Größe die Zelle auf. Die Folge ist, dass die unterste Zeile der Tabelle auf die nächste Seite rutscht.

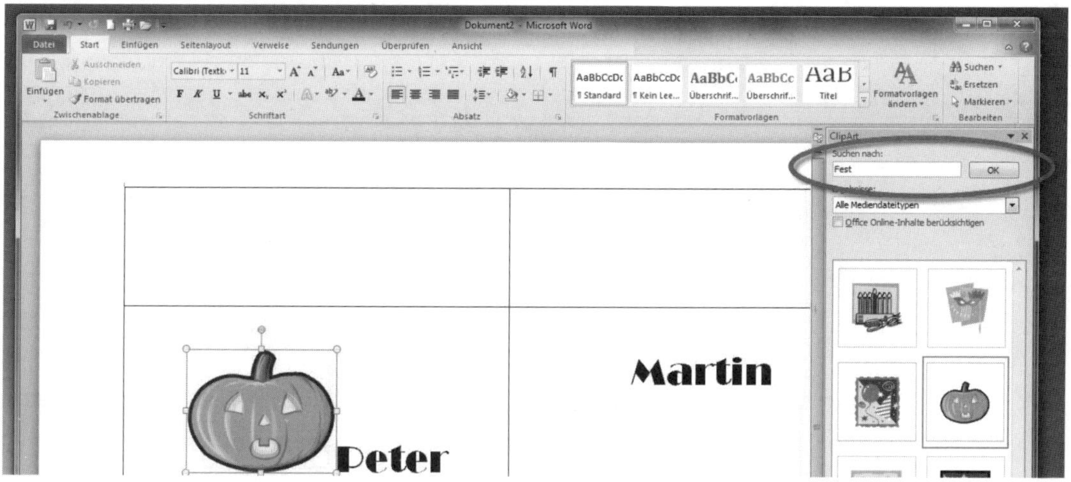

Abb. 7.9 Klicken Sie auf den Kürbis in der Auswahlliste, erscheint er in der Tabelle und bläht die Zelle auf.

4. Schließen Sie den Aufgabenbereich *ClipArt* mit einem Klick auf die *X*-Schaltfläche in der Titelleiste des Bereichs oder klicken Sie auf die Symbolschaltfläche *ClipArt* der Registerkarte *Einfügen*.

5. Um das Malheur der aufgeblähten Zelle zu beheben, klicken Sie auf die Grafik. Die Grafik wird markiert und Word zeigt Ihnen automatisch die Registerkarte *Bildtools* an. Klicken Sie dort in der Gruppe *Anordnen* auf die Symbolschaltfläche *Textumbruch* und wählen Sie in der Ausklappliste den Eintrag *Vor den Text*. Dadurch erreichen Sie, dass die Grafik unabhängig vom Text in einer Ebene angezeigt wird, die über dem Text liegt – von oben betrachtet also vor dem Text liegt. Die Tabelle zieht sich wieder zusammen und der Kürbis liegt nun über dem ersten Namenseintrag.

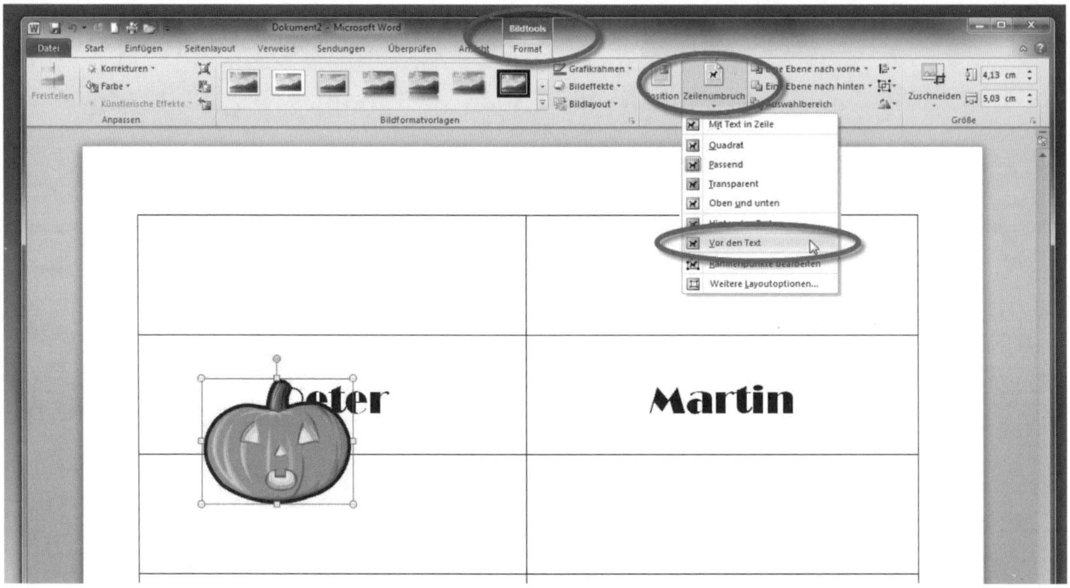

Abb.7.10 Wählen Sie den als Textumbruch den Eintrag *Vor den Text*, bekommt die Tabelle wieder ihre ursprüngliche Form – der Kürbis liegt nun über dem Text.

So passen Sie die ClipArt-Grafik an und vervielfältigen sie

Wie Sie vielleicht bemerkt haben, hat die Markierung der Kürbis-Grafik einen Rahmen mit acht kleinen weißen Punkten. An diesen Punkten können Sie die Grafik mit der Maus „anfassen" und ihre Größe verändern. Mit den Eckpunkten vergrößern oder verkleinern Sie proportional, mit den anderen Punkten vergrößern oder verkleinern Sie nur die betreffende Seite. Außerdem gibt es noch einen grünen Punkt, mit dem Sie die Grafik sogar drehen können. Führen Sie den Mauszeiger auf einen der Punkte, verändert der Mauszeiger seine Form und wird zu einem Doppelpfeil oder Kreispfeil.

Abb. 7.11 Die Größe der Kürbis-Grafik kann über die Anfasserpunkte verändert und gedreht werden.

Die ist für Sie das Zeichen, dass Sie die Grafik nun mit gedrückter linker Maustaste in der Größe verändern oder drehen können. Wollen Sie die komplette Grafik verschieben, führen Sie den Mauszeiger direkt darauf, halten die linke Maustaste gedrückt und ziehen die Grafik an die gewünschte Position.

Probieren Sie es aus:

1. Vergrößern, verkleinern, verzerren, verschieben und drehen Sie den Kürbis. Haben Sie sich ausgetobt, setzen Sie den Kürbis schließlich relativ klein und leicht nach rechts gedreht vor den ersten Namen.

Abb. 7.12 Setzen Sie die Kürbis-Grafik kleiner und leicht nach rechts gedreht vor den Namen.

2. Kopieren Sie die Grafik nun vor die anderen drei Namen. Sie könnten dafür die *Kopieren und Einfügen*-Funktion verwenden. Wesentlich einfacher geht es aber, wenn Sie die Grafik mit einem Klick markieren, die Taste Strg gedrückt

halten und das Bild dann an die gewünschte Position vor dem nächsten Namen ziehen. Sie verschieben dabei nämlich nicht die Grafik selbst, sondern nur eine Kopie davon. Lassen Sie beide Tasten los, wird die Kopie eingefügt, das Original bleibt an Ort und Stelle. Kopieren Sie auf diese Weise den Kürbis vor alle Namen.

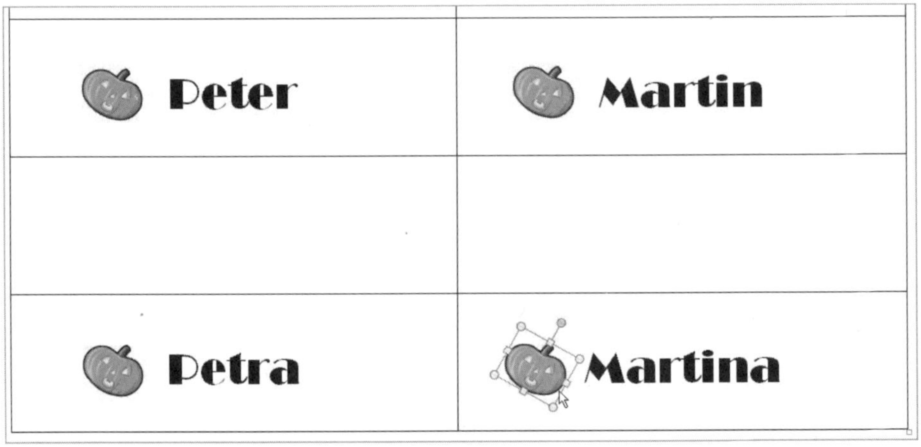

Abb. 7.13 Kopieren Sie die Kürbis-Grafik unter Zuhilfenahme der Taste Strg vor alle Namen.

3. Fügen Sie nun einen Kürbis hinter dem ersten Namen ein. Ziehen Sie eine Kopie des Kürbisses, der sich vor dem ersten Namen befindet, hinter den Namen und drehen Sie sie dann ein wenig (s. Abb. 7.14), sodass der Stiel leicht nach links zeigt.

Abb. 7.14 Fügen Sie eine Kopie der Kürbis-Grafik hinter dem ersten Namen ein und drehen Sie sie nach links.

4. Vervielfältigen Sie den nach links weisenden Kürbis und fügen Sie unter Zuhilfenahme der Taste [Strg] Kopien hinter den anderen Namenseinträgen ein.

5. Jetzt verzieren Sie noch die Rückseite der Tischkarte mit einem großen Kürbis. Kopieren Sie dazu einen der vorhandenen Kürbisse und ziehen Sie ihn bei gedrückter [Strg]-Taste auf die Rückseite einer Tischkarte. Da die Tischkarte ja in der Mitte gefaltet und ausgestellt wird, drehen Sie die Grafik auf den Kopf. Ist dies geschehen, fassen Sie einen der Eckpunkte und vergrößern die Grafik so, dass sie fast die gesamte Höhe der Zelle ausfüllt.

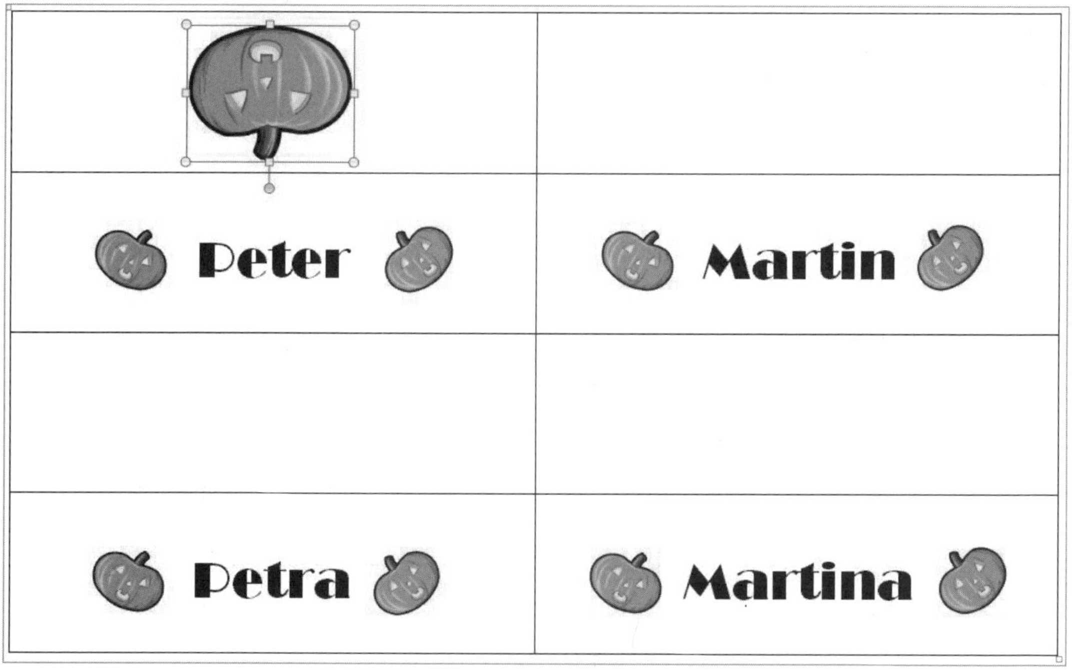

Abb. 7.15 Vervielfältigen Sie die nach links weisenden Kürbisse und kopieren, drehen und vergrößern Sie die Kürbis-Grafik für die Rückseite.

6. Nun – Sie haben es sich schon gedacht – kopieren Sie den großen Kürbis unter Zuhilfenahme der Taste [Strg] in die drei anderen Rückseiten-Zellen.

7. Schwächen Sie nun noch die Tabellenlinien ein wenig ab. Da sie nur als Schnittmarkierungen dienen, aber sonst nicht weiter auffallen sollen, reicht es, wenn sie hellgrau oder gestrichelt sind. Um dies zu erreichen, markieren Sie die komplette Tabelle mit einem Klick auf die Vierfachkreuz-Schaltfläche, klicken mit der rechten Maustaste auf die Markierung und wählen die Kontextmenüoption *Rahmen und Schattierung*. Es erscheint das gleichnamige Dialogfenster, in dem Sie dann den Farbpaletteneintrag *Weiß, Hintergrund 1, dunkler 25%* wählen. Schließen Sie das Dialogfenster mit einem Klick auf die *OK*-Schaltfläche.

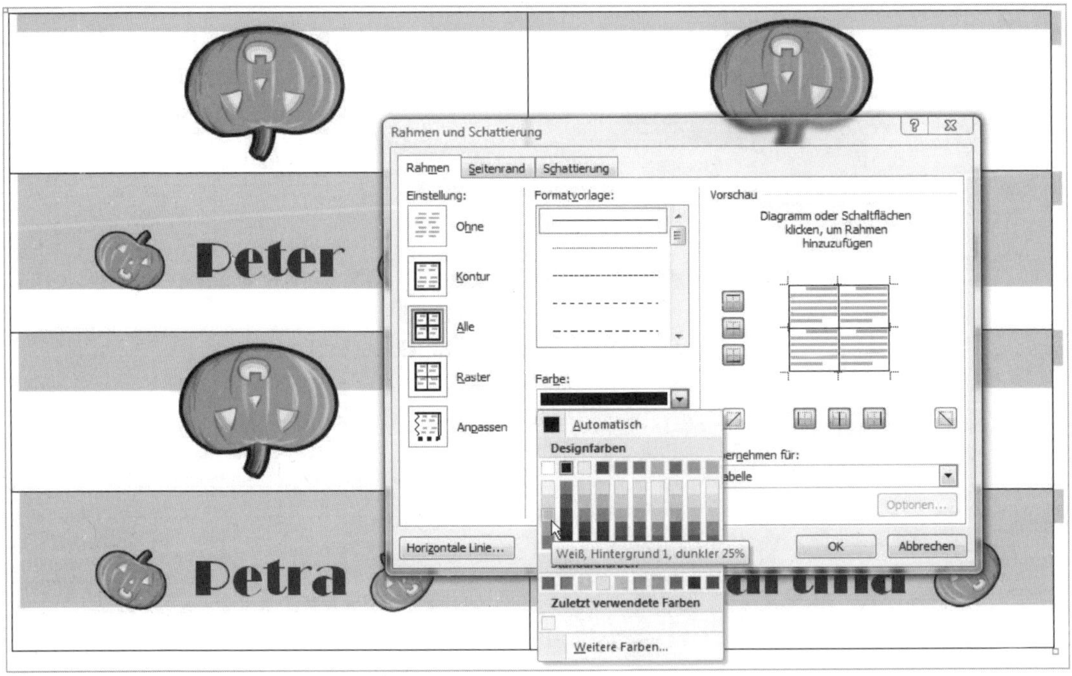

Abb. 7.16 Kopieren Sie Rückseiten-Kürbisse, markieren Sie die komplette Tabelle und färben Sie die Tabellenlinien hellgrau.

Das war's! Damit ist die Gestaltung der Tischkarten eigentlich beendet. Sie können die einzelnen Grafiken jetzt vielleicht noch etwas genauer ausrichten und in der Größe anpassen, aber im

Grunde ist die Musterseite fertig. Was noch fehlt, ist die Farbe für den Hintergrund, mit der Sie die Tischkarten an die Tischdekoration anpassen könnten.

Hintergrundfüllung oder farbiges Papier?

In Bezug auf die Hintergrundfarbe müssen Sie eine Grundsatzentscheidung treffen. Sie können mit wenigen Mausklicks einen farbigen Hintergrund einblenden und auf hochwertigem weißen Papier oder dünnen Karton drucken. Die Frage ist aber, ob Ihr Drucker sauber genug druckt. Die Alternative ist farbiges Papier, das ja im Fachhandel in allen möglichen Varianten angeboten wird.

Um entscheiden zu können, welches die bessere Lösung ist, sollten Sie es aber zunächst mit einem farbigen Hintergrund probieren. Nach dem Druck sehen Sie ja dann, ob die Druckqualität in Ordnung ist. Sollte sie es nicht sein, entfernen Sie den farbigen Hintergrund und drucken auf farbigem Papier oder Karton.

Den farbigen Hintergrund fügen Sie auf folgende Weise ein:

1. Klicken Sie in den Inhaltsbereich der Tischkarten-Tabelle, aktivieren Sie in der Multifunktionsleiste die Registerkarte *Seitenlayout* und klicken Sie dort auf die Symbolschaltfläche *Seitenfarbe*. Eine Ausklappliste mit einer Farbpalette erscheint.

2. Probieren Sie mehrere Varianten aus. Sobald Sie den Mauszeiger auf einen Farbeintrag führen, wird der Hintergrund Ihres Tischkarten-Dokuments in dieser Farbe angezeigt. Die endgültige Farbwahl erfolgt mit einem Mausklick. Entscheiden Sie sich zum Beispiel für den Farbeintrag *Orange, Akzent 6, heller 80%*.

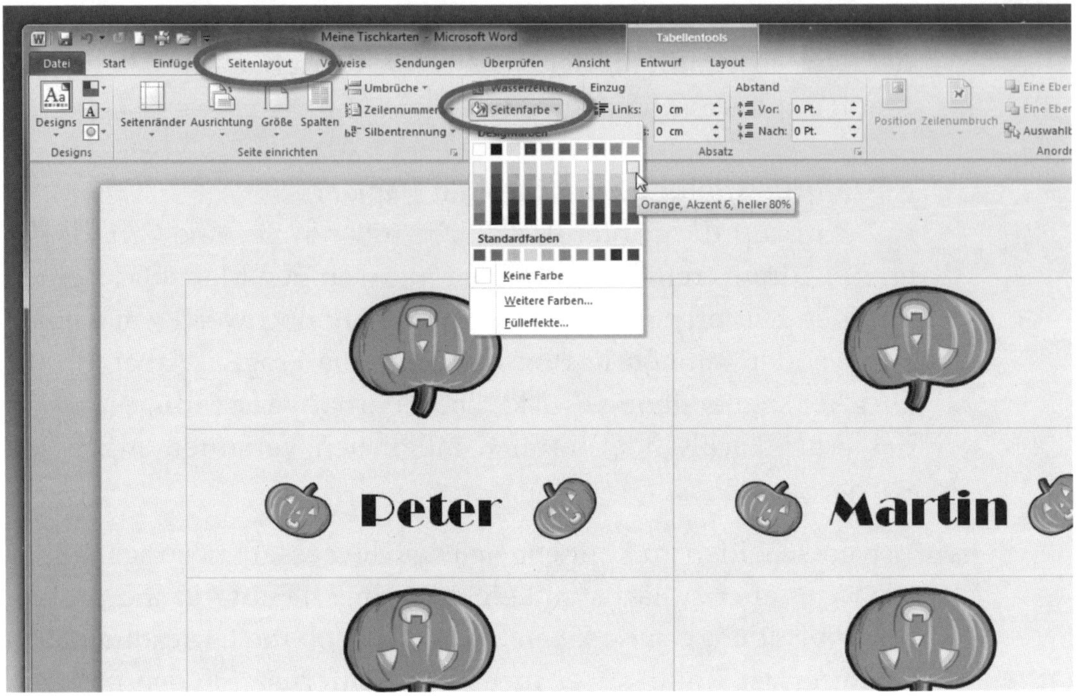

Abb. 7.17 Klicken Sie in der Palette auf die Hintergrundfarbe Ihrer Wahl, um sie für Ihr Dokument zu übernehmen.

Sollte Ihnen keine Farbe der Farbpalette zusagen, erhalten Sie ein umfangreicheres Farbangebot, wenn Sie auf die Schaltfläche *Weitere Farben* klicken. Es erscheint dann das Dialogfenster *Farben*, das Ihnen eine wabenförmige Farbpalette zeigt und Ihnen außerdem noch die Registerkarte *Benutzerdefiniert* zur Verfügung stellt, auf der Sie eigene Farben anmischen können.

Tischkarten probeweise drucken, ausschneiden und falten

Haben Sie sich für eine Hintergrundfarbe entschieden, ist die Musterseite fertig und Sie können sie ausdrucken. Achten Sie beim Druck darauf, dass Ihr Drucker in höchster Qualität druckt, damit das Druck-Ergebnis optimal wird.

Stellen Sie nach dem Probedruck fest, dass es zu unschönen Farbverläufen zwischen Buchstaben und Hintergrundfarbe kommt, probieren Sie es mit einer sehr hellen Hintergrundfarbe einfach noch einmal. Führt auch dies nicht zu einem befriedigenden Ergebnis, müssen Sie ganz auf die Hintergrundfarbe verzichten.

Jetzt basteln Sie die Tischkarten

Aus der gedruckten Musterseite können Sie nun vier Tischkarten basteln. Nehmen Sie eine Schere und schneiden Sie die Tischkarten aus. Die hellgrauen Tabellenlinien sind Ihre Schnittmarkierungen. Achten Sie nur darauf, dass Sie nicht aus Versehen die Vorder- und Rückseiten der Tischkarten trennen.

Falten Sie die vier Tischkarten entlang der Mittellinie und stellen Sie sie auf.

Tischkarten fertigstellen

Nun können Sie die Tischkarten für die weiteren Gäste anfertigen, indem Sie den Inhalt Ihrer Musterseite auf leere Folgeseiten kopieren und dann einfach die Namen Ihrer Gästeliste entsprechend ändern. Bei längeren Namen müssen Sie vielleicht die Position der Grafiken anpassen.

So kopieren Sie die Musterseite auf die folgenden Seiten

Die Musterseite kopieren Sie auf folgende Weise:

1. Führen Sie die Einfügemarke mit der Maus oder den Pfeiltasten unter die Tischkarten-Tabelle der Musterseite, halten Sie die Taste `Strg` gedrückt und drücken Sie die Taste `Eingabe`. Sie erzwingen dadurch einen Seitenwechsel. Word zeigt Ihnen eine neue Seite an.

2. Legen Sie mithilfe der Tastenkombination `Strg` + `Enter` die erforderliche Anzahl von Seiten an.

3. Wechseln Sie zurück auf die erste Seite, markieren Sie die komplette Tabelle mit einem Klick auf das Vierfachkreuz-Symbol links oben vor der Tabelle und klicken Sie auf der Registerkarte *Start* auf die *Kopieren*-Schaltfläche oder drücken Sie die Tastenkombination `Strg` + `C`.
4. Wechseln Sie auf die zweite Seite und klicken Sie in der Registerkarte *Start* auf die *Einfügen*-Schaltfläche oder drücken Sie die Tastenkombination `Strg` + `V`. Die Kopie der Tischkarten-Tabelle wird auf der zweiten Seite eingefügt.
5. Wiederholen Sie den Einfügevorgang auf allen Folgeseiten.

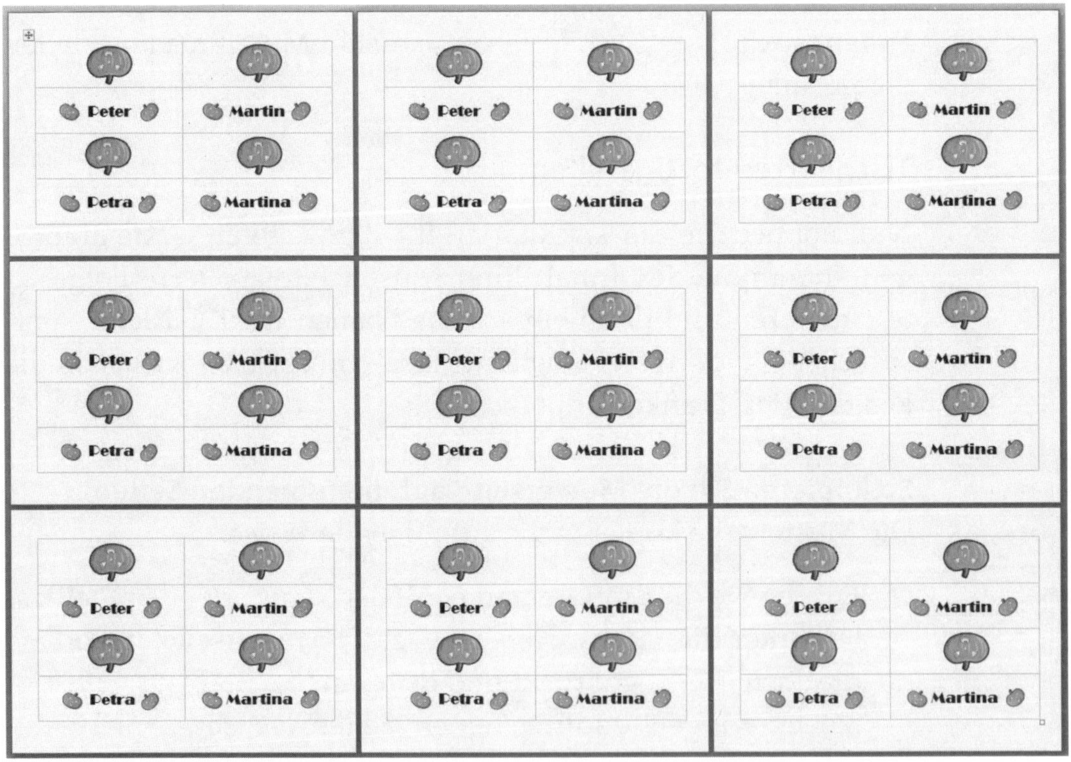

Abb. 7.18 Mithilfe der Tastenkombinationen können Sie die Folgeseiten im Handumdrehen anlegen und mit dem Inhalt der Musterseite füllen.

So ändern Sie die Namensangaben

Haben Sie die erforderliche Anzahl von Seiten zusammengestellt, müssen Sie nur noch die Namen ändern:

1. Wechseln Sie auf die Seite 2 Ihrer Tischkartensammlung, markieren Sie den ersten Namen mit einem Doppelklick und überschreiben Sie ihn mit dem nächsten Namen Ihrer Gästeliste.

Abb. 7.19 Markieren und überschreiben Sie den ersten Namen.

2. Überschreiben Sie alle weiteren Namen mit den Namen Ihrer Gästeliste und passen Sie bei Bedarf die Position der Kürbisse an.

3. Speichern Sie Ihr Tischkartendokument mit einem Klick auf die *Speichern*-Schaltfläche in der Schnellzugriffsleiste und drucken Sie es aus.

4. Schließen Sie das Dokument mit einem Klick auf die *X*-Schaltfläche in der Titelleiste.

Viel Spaß beim Basteln!

Index